CLOUD-INCUBATING

A REVOLUTION OF ENTREPRENEURIAL INCUBATION
BASED ON SHARING ECONOMY

众创空间大众孵化体系的管理运营模式

分享经济时代的
云孵化

安永钢（An Yonggang） 著

后浪出版　浙江人民出版社

现在一切美好的事物，无一不是创新的结果。

All good things which exist are the fruits of originality.

——约翰·斯图亚特·穆勒（John Stuart Mill）

在移动互联网时代，分享经济的出现给我们带来更多的幸福和快乐。目前，分享经济已经覆盖了我们经济生活的众多领域，然而在企业孵化界，用分享经济的理念进行运营还处在初步探索阶段，这是一块还没有被分享经济触及的处女地。在这个创新创业的时代，创业已经成为创业者的一种生活方式，而创新创业则是创业者的一场艰辛旅程。用分享经济的理念来运营管理众创空间新型孵化器将是创新创业时代的一场孵化革命。

分享经济发轫于移动互联网，基于闲置资源使用权的精准匹配与连接，实现生产要素的社会化，提高闲置资产的使用率，使社会资源更加优化、社会协同更加有效，是互联网技术＋生态文明催化下的新经济业态，它能给人类的社会生活带来减少污染、绿色环保、节能减排的生态理念。

众创空间作为一种新型的孵化器，建立云孵化分享服务平台是对分享经济理论的最好的诠释。

众创空间新型孵化器可以有效降低创新创业成本，提高创新创业效率，以众创空间云孵化为创业服务平台，高效集成整合利用多元化、开放式全球创新创业资源。在分享型数据云孵化平台上，充分发挥市场配置资源的决定性作用，以构建创新创业生态环境为目标，形成大众孵化体系。

众创空间新型孵化器通过提供全链条增值服务，完善服务模式，以满足创业者个性化、多样化的需求和客户端体验为出发点，强化创业辅导及对等教练机制，营造宽容失败、敢为人先的创业创新文化，同时促进创新创意与社会资本的有效对接，创建在线创新社区，建立创业共存生态圈。

众创空间新型孵化器是万众创新的时代载体，它为充满了激情与梦想的创业者插上了奔向成功彼岸的翅膀。

导　论

Prolegomena

在人类文明的进程中，分享与独占反复被提出、被探讨，它们是人类物质需求和情感需要的两种外在体现。随着人类文明的不断发展、社会的不断进步，分享作为一种经济理论逐渐被人类认识和接受。

过去由于受到启蒙运动、个人主义和工业革命思潮的影响，人类建立了一个以"所有权"为根基的经济和工业体系。但互联网的蓬勃发展改变了传统的经济和工业结构，尤其是当前，我们处在不可确定预测的移动互联时代，商业规则、形态及模式发生了前所未有的改变，分享经济[1]被激活并融入到现有的经济体系中。在这个信息分享的时代，所有的闲置资源都将被激活，所有的高利润中介代理都将被分享型平台所取代，所有权与使用权将逐步分离。[2]

1　分享经济作为一种新型经济模式有两种中文译名，即分享经济和共享经济。分享经济强调分享主体，强调以个体为中心的分享，属于自由市场经济的范畴；而共享经济则强调共有、共享，并不强调分享主体，弱化了自由市场经济的概念。本书使用分享经济概念。

2　分享经济是一个飞速变化的经济，比如刚刚诞生不久的优步（Uber），它的商业模式也可能很快就会被无人驾驶电动车替代。

　　脱胎于互联网思维的分享经济，其无限分享的特性直到移动互联时代才得到更广泛的普及和应用。分享经济的生态系统有诸多表象形态，即需要运用信息技术赋予不同人类个体（自然人、法人代表）、组织机构（社团、企业、联盟、非营利性机构等），对资源（生产资料、产品、分销渠道等）及交易或消费过程中的产品和服务的优质分享、分配和再利用。

分享经济的理论历程
A Brief History of Sharing Economy

　　从 20 世纪 70 年代开始，欧美学者就对分享经济进行了深入研究和探讨，并逐步应用到各个领域。

　　1978 年，美国得克萨斯州立大学社会学教授马库斯·费尔森（Marcus Felson）与伊利诺伊大学社会学教授乔·斯佩思（Joe L.Spaeth）提出了协同消费(collaborative consumption)的概念。[1] 1984 年，美国经济学家马丁·劳伦斯·威茨曼（Martin Lawrence Weitzman）提出了分享经济（sharing economy）理论。[2] 2002 年，哈佛大学法学院教授及伯克曼互联网与社会中心主任尤查·本科勒（Yochai Benkler）提出了社会化生产思想"共同对等生产"（commons-based peer production）[3]的概念，进一步丰富了分享经济理论。

　　到了 2010 年，雷切尔·博茨曼（Rachel Botsman）与路·罗杰斯（Roo Rogers）强调全球市场将从过度消费经济转变为分享经济，从而给消费模式带来革命性的影响。[4] 2013 年 3 月，《经济学人》（The Economist）以"崛起中的分

1　Marcus Felson, Joe L.Spaeth, *Community Structure and Collaborative Consumption: A Routine Activity Approach,* American Behavioral Scientist, March 1978, vol. 21 no. 4 614-624.

2　Martin Lawrence Weitzman, *Sharing Economy*, Harvard University Press, 1990.

3　Yochai Benkler, *The Wealth of Networks*, Yale Universty Press, 2002.

4　雷切尔·博茨曼、路·罗杰斯著，唐朝文译：《共享经济时代：互联网思维下的协同消费商业模式》，上海：上海交通大学出版社，2016 年第 3 版。

享经济"为标题，阐述了通过网络的沟通与协调，使供需双方互通有无的新时代新型创新服务模式。

2014年，杰里米·里夫金（Jeremy Rifkin）集中探讨了极致生产力、协同共享、生产者和消费者、生物圈生活方式等新型生态概念，认为生产者和消费者正在以前所未有的廉价方式制作并分享资源信息、娱乐、绿色能源及3D打印产品。[1] 同年，英国的内斯塔（Nesta）给出分享经济的范畴，即凡是利用网络科技连接分散群体，促使货品、技能及其他有用事物能得到更有效利用的情形，均属分享经济的范畴。

在欧洲，英国是分享经济概念的发源地。他们对分享经济的定义是：由网络平台分享自有资产、资源、时间及技能，并通过资源分享获得收入。在美国，《哈佛商业评论》（*Harvard Business Review*）把分享经济定义为产能过剩的商品和服务的共享。

本书认为，分享经济是建立在人类和资源分享平台基础上的社会经济生态系统。它源自信息技术的有力整合支撑、移动互联时代经济形势的推动，以及人类消费价值观念的改变。

分享经济是适应信息社会发展的新理念，是指利用互联网、移动互联网等现代信息技术，整合、分享巨量分散及闲置资源，从而形成满足人类多样化需求的新经济活动形态的综合生态链。分享经济同时又是互联网、移动互联网时代的一种租赁经济模式，是经济发展周期中的又一个新阶段，是促使供需双方实现最优资源配置的极佳方案和模式。[2]

信息社会[3]强调以人为本和可持续发展，崇尚最佳体验及人类生态环境的优化。[4] 并且，信息社会充分体现了人类新生代的消费与发展观，而分享经济充分适应了移动互联信息社会的革命性理念。

1　杰里米·里夫金著，赛迪研究院专家组译：《零边际成本社会》，北京：中信出版社，2014年第2版。
2　面对资源短缺与闲置浪费共存的困境，移动互联网时代的分享经济能够迅速整合各类碎片化的闲置资源，精准定位多样化需求，高效实现供需双方的有效资源配置，并大幅降低交易成本。
3　社交网络和大数据推介系统保障交易各方建立信任；移动支付可以及时解决在线支付问题；互联网和移动互联网使得现实中需求和供给的匹配及交易变得更加便捷和低成本。
4　工业社会强调生产和利润最大化，崇尚资源与财富的占有率。

分享经济又是极典型的端到端经济（协作、协同消费经济）。这种经济是指人类个体、组织机构，通过社会生态化平台分享闲置（盈余）资源，以少于或低于专业组织机构的边际成本提供社会化全生态服务，并获得利润。在这一表象下，其实质是以租赁方式代替买卖交易，使资源的所有权与使用权分离，而资源的重复叠加利用有助于个体或组织机构提升其商业价值。分享经济的参与者，他们的动机来源于更少消费和更多合作所带来的潜在收益（包括社会效益和环境效益）。分享经济强调的是协同消费。

分享经济的基本特征是，需求和供应原本就已经存在，平台方所要做的只是高效率服务双方，让供需匹配。由于共享内容的边际成本极低，所以相比大规模专业供应者具有价格优势。共享的内容为定制式，非常个性化，不能被规模供应，因此可以获得价格以外的竞争优势。

分享经济并不是免费的经济，从人类经济史的角度看，经济运行从来都不是免费的。分享经济是一种低成本、低价格的付费模式，盈利是为了保障更大的供给。它也不是个体无规律的随机行为，而是群体的、可预期的商业行为。

分享经济的飞速发展得益于互联网、移动互联的强大推动力，而便捷、参与感和信任是推动分享经济发展的首要动力。分享经济要达到的是连接、低成本和高效，让人们能够通过分享经济从商品未开发的潜力中获取价值。分享经济的核心要素是闲置的资源社会化[1]、多元供求一体化[2]，以及以移动互联为载体的分享服务平台[3]。

杰里米·里夫金认为，分享经济带来了一场改变人类生活方式的资源革命，个人用户将在边际成本趋于零的条件下越来越多地通过协作生产、消费以及分享自己的商品和服务，带来经济生活的全新组织方式，这是一种能够超越传统资本主义市场的模式。[4]

1　与传统的竞争性资源不同，其分享的乐趣远超于单纯的按需购买。
2　多端交互型经济组织共同形成的多点资源流动。
3　移动互联的即时快捷性使分享经济中的多端需求得到快速反应。
4　杰里米·里夫金著，赛迪研究院专家组译：《零边际成本社会》，北京：中信出版社，2014年第2版。

分享经济在全球的发展趋势
Global Trends of Sharing Economy

在分享经济时代，平台企业爆炸性增长，分享领域裂变式拓展，市场规模急速扩张，"独角兽"企业不断涌现，行业竞争格局跌宕起伏，呈现出前所未有的惨烈。在企业管理中，存在不确定因素成为新常态，但同时也给传统型企业带来新的发展契机。

如今，分享经济浪潮正席卷全球，从欧美不断向亚太、非洲、拉美等地区扩张。[1]美国的分享经济管理运营模式已趋于成熟，欧洲、亚洲各国平台型分享经济组织正在迅速崛起。[2]

领航企业的成功吸引了大量创业者、创业团队及初创企业进入分享经济领域，投资分享经济领域的金融机构数量呈指数级增加[3]，风险投资金额也呈爆发式积聚。目前，全球分享经济在几乎所有领域快速拓展，可以预期，未来的经济领域将会被分享经济的热浪所吞没，人类的工作和生活方式将随之产生深刻的变化。分享经济的崛起将会对现有的传统行业产生巨大的挑战。

分享经济具有迥异于传统经济的趋势，在分享经济时代，初创企业可以在瞬间成长为"独角兽"企业[4]，故随着分享领域的拓展、商业模式的创新巨变，众多"独

---

1 如截至 2015 年 12 月，Airbnb（空中食宿）在全球 190 多个国家和地区相继展开业务，共覆盖 34 000 多个城市，拥有 200 多万间房源，有超过 6 000 万客户在该系统接受服务并从中受益。Airbnb 市场估值 255 亿美元。

2 英国宣布（2014 年 9 月）将打造分享经济的全球中心。欧洲议会工业、研发和能源委员会与内部市场和消费者保护委员会联合发布对数字市场新战略的立场文件，阐明支持分享经济发展。加拿大安大略省、魁北克政府开始逐步进行新法律框架的拟定和修改，并启动初步调研工作，支持分享经济。澳大利亚政府对分享经济也持积极推动态度，2015 年悉尼政府采用政府主导、企业运营的模式，将"汽车使用分享"计划作为城市发展规划"悉尼 2030"的一项重要内容；新南威尔士州也将通过法律途径合法化 Airbnb 等分享经济行业。韩国政府对分享经济企业实施政府认证程序，同时对有突出贡献的企业给予资金支持，并计划于 2016 年对相关法律法规进行修改以适应分享经济的发展。

3 据 Crowd Companies 统计，在美国 2010 年只有不到 20 家机构投资于分享经济，而截至 2015 年 4 月底已增加到 198 家。

4 据著名调研公司 CB Insights 的数据显示，截至 2016 年 2 月 4 日，全球有 151 家私营公司价值在 10 亿美元以上。这些"独角兽"公司一般创业不到 5 年就达到上亿甚至上百亿美元的市场估值。

角兽"企业将接踵而来。

　　同时，全球分享经济尚处在起步阶段，不确定性成为分享经济时代的又一特质，稳定的格局将不断被打破。传统的先发优势、管理理念将受到挑战，用户规模和较高市场占有率将成为一种新的盈利模式。但是，当前分享经济型企业的收入还主要来源于中介收费、搜索排名、流量广告、金融收益等，尚未完全形成完善的可持续发展的盈利能力。

　　然而，它必将在不断的发展中逐步成长壮大，并日臻完善，成为新时代的主流经济成长模式。

目 录

前　言　　　　　　　　　　　　　　　　　　001

导　论　　　　　　　　　　　　　　　　　　003

第一章　分享经济与企业孵化器　　　　　　001

　　01　企业孵化器与风险投资　　　　　　　003

　　02　分享经济思维方式与服务创新理论　　007

第二章　分享经济时代的众创空间新型孵化器　013

　　03　众创空间新型孵化器　　　　　　　　015

　　04　创业分享理念　　　　　　　　　　　023

　　05　大众孵化体系　　　　　　　　　　　039

　　06　众创空间的社会价值　　　　　　　　051

　　07　众创空间的创建流程　　　　　　　　055

第三章　云孵化众创空间的革命　　　　　　063

　　08　建立云孵化分享服务平台　　　　　　065

　　09　云孵化生态链的运作管理　　　　　　077

　　10　云孵化产业集群的力量　　　　　　　095

第四章　众创空间的商业运营管理模式　　099

　　11　众创空间运营模式的设计及战略理论分析　　101

　　12　众创空间运营要素　　107

　　13　众创空间运营管理战略　　117

　　14　众创空间商业管理服务模式　　151

第五章　创客型众创空间孵化器　　167

　　15　创客与创客空间　　169

　　16　创客空间的创新教育　　173

　　17　创客空间运营管理模式分析　　177

附录 A　　191

　　国际著名创客空间　　191

　　中国创客型众创空间　　196

附录 B　　203

　　中国众创空间运营模式类型　　203

参考文献　　224

CONTENTS

Preface   001

Prolegomena   003

Chapter I   **Sharing Economy and Business Incubators**   001

    01   Business Incubators and Venture Capital   003

    02   Sharing Economy thinking and Sevice Innovation Theory   007

Chapter II   **Cloud-incubation Co-working Space in the**

               Sharing-economy Era   013

    03   Cloud-incubation Co-working Spaces   015

    04   Sharing of Entrepreneurship   023

    05   A Co-incubating System   039

    06   Social Value of Co-Working Spaces   051

    07   The Process of Establishing a Co-working Space   055

Chapter III **Revolution of Cloud-incubation Co-working Spaces**   063

    08   The Establishment of a Cloud-incubating and

          Service-sharing Platform   065

09 The Operation and Management of a Cloud-incubating Ecosystem 077

10 The Power of a Cloud-incubating Industrial Cluster 095

Chapter IV Operation Management Model of Co-working Spaces 099

11 Operation Design and Strategy analysis of Co-working Spaces 101

12 Critical Operating Factors of Co-working Spaces 107

13 Operation and Management Strategy of Co-working Spaces 117

14 Management and Services of Co-working Spaces 151

Chapter V Makers' Co-working Spaces 167

15 Makers and Makers' Spaces 169

16 Innovation Education of Makers' Spaces 173

17 Analysis of Operation Model of Makers' Spaces 177

Appendix A 191

International Famous Makers' Co-working Spaces 191

Chinese Makers and Co-working Spaces 196

Appendix B 203

Operation Typology of Co-working Spaces 203

Reference 224

第一章 | 分享经济与企业孵化器

Chapter I Sharing Economy and Business Incubators

01

企业孵化器与风险投资
Business Incubators and Venture Capital

1.1 企业孵化器的功能及作用
Functions of a Business Incubator

　　约瑟夫·熊彼特（Joseph Alois Schumpeter）以卡尔·马克思（Karl Marx）的技术发明及创新理论观点为基础，在 1912 年首次提出了技术创新理论。[1] 熊彼特认为，与技术新发明不同，创新（Innovation）是一个经济概念。发明仅指新技术的发现，而创新则是将发明应用到经济活动中去的过程，即把生产要素和生产条件重新组合并引入生产体系，使科技由知识形态转化为物质形态。创新包括理念创新、运作创新、绩效创新这三个互相衔接的环节。

　　人类的社会经济生活实践证明，企业孵化器是实现上述创新内容和环节的最

1　约瑟夫·熊彼特著，何畏、易家祥译：《经济发展理论》，北京：商务印书馆，1990 年第 1 版。

佳手段。企业孵化器是一个聚集各种资源，为初创企业提供各种增值服务的支持性体系。其中，资源包括有形资源（便捷的交通、低廉的办公场地租金、生产、研发、测试场地及其他商务硬件配套设施）和无形资源（法律咨询、政策咨询、技术支持、专利服务、市场调研、信息收集、商业定位、财务管理、工商税务审计、员工培训、人员招聘等一系列综合服务）。企业孵化器能够提高企业的技术转移能力、研发拓展能力、人力资本能力、市场运维能力，而它所聚集的无形资源是衡量企业孵化器优劣的主要评判标准。

　　创新是创业团队的原动力。初创企业的创新包括商业计划、战略定位、产品研发等理念创新，组织制度、市场预测、团队建设等运作创新，以及运营模式、产品市场化、售后服务等绩效创新。

　　然而有创新能力的创业团队在创业初期都会面临资金匮乏、人员稀缺、组织结构不完整等诸多难题，所以新的理念和优质的项目并不必然能导致成功。

　　在这种情况下，企业孵化器通过吸引更多的创业者、创业团队、投资基金、导师等创新资源，产生资源聚集效应，可以实现资源交叉分享，形成资源配置的平台（包括社会产业资源、创新资源、政策资源等）。因此企业孵化器毋庸置疑地成为创业者、创业团队、投资基金、导师等创新资源聚集池，为创新团队的项目开发、产品创新及后期进入市场等提供全流程立体化的服务，并为创业者和创业团队搭建平台，让他们能够在创业的艰难阶段实现对等教练式的互相学习。

　　所以，企业孵化器的特殊性在于，它既是生产创新优质企业的企业，同时也是流程化培育企业、塑造企业、促进企业产业化的组织。所以，企业孵化器进行孵化培育的过程是初创企业逐步完善的最优途径。

1.2 企业孵化器的特征
Characteristics of a Business Incubator

　　企业孵化器从诞生之日起，就是兼顾公益与效益的组织。孵化器增加了创业者和创业团队的创业信心及创业成功率，创造就业岗位的成本也远远低于政府创造就业岗位的平均成本，并且通过创业团队的成长与发展带动了区域经济发展。同时，孵化器又是创新科技的摇篮、促进科技转化的推手。所以企业孵化器激发了社会的创业热情，并为潜在的创业者起到积极的示范作用。

企业孵化器的社会角色决定了它应当承担社会责任，具有明确的公益性。同时，新型企业孵化器又是市场经济不可缺少的一部分，所以目前的发展趋势是，将孵化服务作价入股或者投资入股，在创业团队中占有一定的股份，与创业团队利益捆绑，形成创业者和企业孵化器共赢的商业模式，使公益和效益有机结合，达到完美的平衡。

目前，孵化器的类型有：综合性企业孵化器、垂直企业孵化器（专业技术型孵化器、专业人才孵化器）、政府投资孵化器及国际企业孵化器、众创空间新型孵化器等。企业孵化器正朝着多元化、产业化方向发展，为社会提供坚实的经济力量。

1.3　企业孵化器与风险投资
Business Incubators and Venture Capital

风险投资起源于 20 世纪 50 年代的美国，之后得到迅猛发展，形成了以私营组织为资本投资主体的美国式商业运营模式，以银行财团、大型企业组织为资本投资主体的日本式商业运营模式，以及以主权国家为资本投资主体的西欧式商业运营模式这三种典型的商业运营模式。风险投资能拓展初创企业融资渠道，解决创业过程中的资金缺口，促进初创企业的可持续成长，具有高收益性；但初创企业的不稳定性也决定了风险投资的高风险性。

初创企业因缺乏足够的社会信用，在向风险投资机构筹措资金时会遇到瓶颈，而信息不对称也给风险投资机构在筛选创业团队时，带来一定的困难。这时，企业孵化器就能够帮助风险投资机构充分获得有关创业团队及其项目的真实信息，减少信息不对称的程度，帮助双方建立良好、互信的合作关系，降低风险投资机构的投资风险。

当企业孵化器发展到一定规模，可在孵化器内设置孵化基金。投资拥有创新项目和发展潜力的创业团队，直接将孵化基金作为股本投入，成为企业股东，参与企业的经营决策，同时共担风险。

02

分享经济思维方式与服务创新理论
Sharing Economy thinking and Sevice Innovation Theory

2.1 分享经济的思维方式深刻改变了传统孵化器产业
Sharing Economy as a shaper of Traditional Incubator

分享经济的思维方式来源于互联网，但这种思维方式带来的革命性冲击与颠覆远远超过互联网本身，它更经济、更环保、更便捷的理念使分享变成人类的一种新型生活方式与状态。

随着分享经济理论研究及实践的不断深入，分享经济思维的风暴正席卷社会的各个经济领域。诸多成功的商业运营模式正在涌现，并且这些商业模式还在不断丰富与延伸。众创空间云孵化分享服务平台[1]就是分享经济思维在传统孵化器产

1　利用互联网、移动互联网、大数据、云计算，将创业资源需求者、硬件终端、平台软件、创业孵化资源聚集、连接、统一，实现孵化资源的对接、储存、处理、分享、计算等功能。即将云技术运用在创业孵化领域形成的分享型数据平台。

业里掀起的一场颠覆式革命。

分享经济对传统经济模式的颠覆，引发了云孵化新型生态链的诞生。这种新的发展理念和模式，使众创空间新型孵化器可以通过云孵化分享服务平台来创造更大的商业价值。

在分享经济思维下，众创空间新型孵化器将那些与创业孵化有关的要素聚集起来，通过云孵化分享服务平台实现需求和供给的对接，以及交易平台的搭建。

分享经济下的云孵化平台既是一个平的世界（时间概念），又是一个立体的世界（空间概念）。移动互联网、云计算、大数据、物联网、移动支付、基于位置的服务（LBS）等使分享经济成为云孵化的核心理念，而众创空间新型孵化器则是分享经济在孵化器行业实现云孵化的原动力。

分享经济思维下云孵化分享服务平台的特征包含多个层面：平台建设层面，云孵化分享服务平台是基于互联网及移动互联网的平台；参与主体层面，是创业者、创业资源提供者等与创业相关的个体及机构；连接属性层面，是孵化资源要素的快速流动与资源配置；文化权属关系层面，所有权与使用权分离，其特点是信任、连接、共享、不求独占；客户端体验层面，是更自由、更个性化、更定制化、更开放。

另外，分享经济思维下云孵化分享服务平台可持续发展的驱动力，包括创业者需求的提升、参与者提高效率的意愿、信息技术的推动、孵化器运营管理理念的转变、资本市场的与时俱进。

因此，面临当前创新、创业的时代风口，云孵化分享服务平台在扩大孵化的供给与需求、促进孵化经济增长、促进创新孵化资源有效对接方面的作用将越来越明显，同时也为众多商业经济环境中的创业者参与社会创新系统提供了空前的条件和机遇。云孵化分享服务平台将有利于促进社会公平与进步。

由于分享经济引发了众创空间新型孵化器商业模式的转型革命，所有的创业团队以及云孵化平台客户端同时利用线下资源及无边界线上资源进行连接、互动，通过协作和分享，扩大创业团队的销售渠道、促进团队信任等。这就给众创空间带来了全新的生存空间和组织方式的巨变，也给创业团队带来了多样化类型、多形态方式、信息更全面的孵化资源，于是降低了创业团队的失败率。

用分享经济的理念来整合传统孵化器，是将闲置的资源重新激活，不需要投入新的生产要素，因此众创空间有着传统孵化器不能比拟的高度节约性；另外，在云孵化分享服务平台中，可以使社会各类资源迅速高效聚集，除了比传统孵化器更高效孵化，还有着分享经济的共同特点，即绿色、环保、节能、减排。

2.2 服务创新理论

Service Innovation Theory

约瑟夫·熊彼特认为，"创新"是通过建立一种新的生产函数，将新的从未有过的生产要素和生产条件的"新组合"引入生产体系，并定义了 5 种创新活动。即创造一种新产品；采用一种新技术或新生产方法；开辟一个新市场；开发新型原材料，或获得新的原料或半成品的供应来源；实行一种新的管理体制统筹下的企业组织形式。[1]

随后，曼斯菲尔德（E. Mansfield）、施瓦茨（Schwartz）等继承并深化了熊彼特的技术创新理论[2]，明确了技术创新涵盖的范围，突出了技术创新多层次、多角度、高壁垒的特点，阐述了新技术的推广速度和模仿比例、模仿相对盈利率、投资额等多种与之相关的因素之间的关系。

之后，索洛（Solow）通过对 1909 年至 1949 年间的数据进行实证案例分析，发现技术进步和创新对美国制造业总产出的贡献达到 88 %。伊诺思（J. L. Enos）从行为集合的视角出发，将技术创新理解为"发明选择、资本投入保障、组织建立、制订计划、招聘工人和开辟市场等行为综合的结果"。弗里曼（Freeman）认为，技术创新是"由技术的、工艺的和商业化的全过程所导致的

---

1 李保明：《技术机会与技术创新的决策》，《科学管理研究》，1990 年第 5 期，第 61—62 页。
2 曼斯菲尔德和施瓦茨认为技术创新是指第一次引进一个新产品或新过程时所包含的技术、设计、生产、财务、管理和市场等诸多步骤。

新产品市场的实现和新技术工艺与装备的商业化应用",同时包括"新产品、新过程、新系统和新服务的首次商业化转化"。在技术创新领域,有贡献的其他学者还有施莫克乐(Schmooklet J)、多西(Dosing G)、撕拉沃·拉多舍维奇(Slavo Radosevic)、约翰·齐曼(John Ziman)、斋藤优等。

道格拉斯·诺斯(Douglass North)和克里斯托夫·弗里曼(Christopher Freeman)等研究了制度创新、国家创新及其与技术创新的关系。理查德·纳尔逊(Richard Nelson)的理解是,国家创新系统是一个非常复杂的系统,它不仅包括了制度及行为的多样性要素,同时包括了具有专业公共技能的专家、学者、教授、第三方科研机构等对新技术的探索及政府机构的投资、规划等。所以国家创新系统相对其他创新系统更为复杂,开展相关研究的还有兰斯·戴维斯(Lance Davids)等。

创新和发展相辅相成,是一对孪生兄弟,连续性或非连续性的创新活动带动了社会经济的发展。不论是制度创新,还是国家创新,随后的许多理论都建立在技术创新理论基础之上。随着服务业的兴起和成长,技术创新理论已经无法完全解释服务创新的概念和内涵,由此,服务创新理论随之而诞生,并建立了"平台 + 服务 + 资本"的创新创业模式,也给新型孵化器的成长提供了全新的理论基础。

将服务创新作为一个完整的系统进行研究始于 20 世纪 80 年代。欧洲第五次框架计划(1998—2002)专门负责公共部门创新研究的一个研究小组认为,由创新引发的变化过程,涉及的各方面都是服务创新。还有学者认为服务创新是一种全新的、有重大意义的变化,这种创新可能会专项地、有针对性地发生在服务理念、服务承载、客户管理、技术革新、服务传递系统中,也可能在上述各个环节的各种组合中同时发生。这种变化会导致企业创新技术、人力资本、组织能力、管理能力、组织架构、抗风险能力等发生结构性的变革,继而引发企业产生一种或多种新型服务功能,进一步改善企业对产品的市场销售能力和客户服务能力。[1]

1　Bart Van Ark(2003), *The Productivity Problem of the Dutch Economy : Implications for Economic and Social Policies and Business Strategy.* University of Groningen and The Conference Board. Sep 2003.

服务创新强调客户、客户端感受和服务的提供方与需求方的相互协作关系，从而共同提升服务效率、优化服务质量、增加服务模块、扩大服务渠道、完善各种服务形式，所以服务创新是一种过程。服务创新有着鲜明的特征：（1）学习型组织是服务创新的基石，服务创新需要学习型组织的推动，需要构建完善的、系统的培训流程和学习氛围；（2）人力资本投入是服务创新的关键要素，需要众多高端服务人员与消费者互动、协调、反馈，来获取第一手客户端信息，并加以分析提炼，制订改革计划；（3）资源是服务创新的必备条件，服务创新需要资源的大量投入，它倚重于组织创新和制度创新。服务创新的源头、核心及关键是客户端，也就是消费者。

创新的结果，即形成的服务产品是创新和创新活动的核心。服务组织通过服务理念、服务承载体系、服务传递系统、服务工作流程和客户管理等系统方面的优化和革新，向客户端提供更加高效、便捷、完善、精准、满意的服务产品，提高客户端忠诚度，创造良好的社会价值及经济效益，在给客户端带来独特的满足感的同时，形成良性循环。[1]

创新服务是区别孵化产业与其他产业服务的最主要因素，是新型孵化器服务理念的核心，没有创新服务，新型孵化器就不可能产生效益。

随着对服务创新理论研究的深入，企业对自身服务能力的属性和特征更加关注。克劳茨（Gallouj）通过对咨询行业的调查研究，提出了专门化创新、预期创新和形式创新三种创新形式，并分别对它们的概念进行了定义。专门化创新是以客户端需求及问题为前提，以客户端参与和企业分析为核心，提出满意的、基于客户端需求的解决方案；预期创新是通过学习进行知识的获取、流通、传播、内化、吸收，经济环境、经济发展趋势、新技术的产生、发展、进步，以及社会总体政治制度的演变所衍生出来的新的服务领域；形式创新是程序创新与机制创新的总和。

1　邢文刚、马钦海：《一种新的服务开发理念：可持续服务创新》，《商业研究》，2005年第17期，第40—42页。

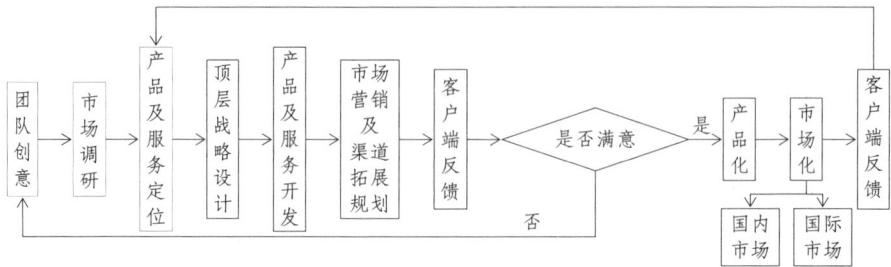

图 1-1　服务创新流程图

　　随着互联网、移动互联网时代社会经济的发展和科学技术的进步，产品和服务互相兼容的态势愈加明显，它们的目的都是满足客户和消费者需求、提高客户忠诚度，且两者兼容性越来越强。快速迭代的科学技术及日新月异的新型服务模式创新迅速整合为一体。比如在移动互联时代，制造业突破了传统的、只单纯地注重产品自身质量与价格的局限，把侧重点更多地放在客户端上，以客户端为导向，通过理念创新、流程再造、功能设计、组织管理等方面，进行灵活多样的创新服务。

　　分享经济的理念为服务创新提供了全新的平台和方式，所以在移动互联时代，分享经济使企业有机会更加迅速地获取客户端有效的需求信息，并通过充分理解和运用大数据、云计算等现代信息技术手段对它们进行分析，从而迅速地整合市场资源，设计出独特的产品及服务模式，强化占领市场份额的能力，赢得市场，这也是企业成功的最关键要素。所以，孵化器的定位应该是一个以服务为盈利点的行业。

第二章 | 分享经济时代的众创空间新型孵化器

Chapter II   Cloud-incubation Co-working Space in the Sharing-economy Era

03

众创空间新型孵化器
Cloud-incubation Co-working Spaces

3.1 众创空间的定义
Definition of Co-working Spaces

众创空间是一种新型的社会组织形态，是一种新型孵化器。它是根据移动互联网时代创新创业的特点和需求，通过市场化机制、专业化服务和资本化途径构建的低成本、高便利、全要素、开放式的新型创业服务平台的统称，能够为创业者提供集中办公空间、平台网络空间、互动社交空间和资源共享空间。

众创空间与以往的传统孵化器相比有着鲜明特征：（1）开放与市场化。面向所有公众群体开放，采取部分服务免费、部分收费，或者会员服务的制度，为创业者提供成本相对较低的成长环境。（2）协同与互助。通过沙龙、训练营、培训、大赛等活动促进创业者之间的交流和圈子的建立，共同的办公环境能够促进创业者之间互帮互助、相互启发、资源共享，达到协同进步，最后通过"聚合"产生

"聚变"的效应。（3）结合。团队与人才结合，创新与创业结合，线上与线下结合，孵化与投资结合。（4）便利化。通过提供场地、举办活动，方便创业者展示产品、分享观点和路演项目等。此外，还能向初创企业提供萌芽期和成长期的其他便利，比如金融服务、工商注册、法律法务、补贴政策申请等，帮助他们健康快速地成长。（5）全要素。提供创业创新活动必需的材料、设备和设施。[1]

3.2　众创空间的特征
Characteristics of Co-working Spaces

众创空间不是一个单纯的物理概念，而是在各类新型孵化器基础上的一个开放式创业生态系统，是培植初创企业集群的新型孵化器。

它主要服务于创业团队及创新型企业，采用以社交型营销为主导的多维整合营销体系，是一个将创新创业与资本整合在一起的全方位立体的孵化平台。同时，众创空间还提供全形态办公空间、全流程增值服务、全过程融资渠道服务，它要打造的是一个移动互联网时代下的创新生态社区。

众创空间的概念外延包含传统孵化器、集中办公区、创客空间、创业咖啡厅等新型孵化器模式。通过集中办公区，众创空间为创业团队的辅导培训、资源对接、商务路演等增值服务提供硬件资源支持。通过人性化的咖啡厅方式，众创空间则给所有创业团队提供了更轻松舒适优雅的集中办公环境。

目前，众创空间主要通过房租收入、增值服务（工商注册、法律咨询、财务、代理人力资本、创业辅导培训、投融资对接、招聘服务等），及股权投资获得盈利。

分享经济时代的众创空间新型孵化器的市场主体是一个复杂的联合体，集孵化器、风险机构与商业模式于一体，营造了一个有机的孵化器平台。同时，市场

1　2015 年 3 月 11 日，国务院办公厅印发"众创空间"纲领性文件《关于发展众创空间推进大众创新创业的指导意见》。首次提出"众创空间"平台，支持大众创新创业。

主体多元化的特点，给众创空间新型孵化器的管理经营带来了低稳定性。由于众创空间新型孵化器是一种完全市场化的孵化器，它除了能为社会积累大量财富外，还能使分享经济的理论与实践在孵化器领域得到延伸与发展。

众创空间新型孵化器的诞生，为孵化器注入了风险资本企业的性质，故众创空间新型孵化器是技术创新和金融创新相结合的产物，它发挥了风险资本企业的职能。所以，众创空间往往通过资源的超常规配置，运用风险资本的雄厚力量，来刺激创新和培育创新创业团队。

由于众创空间新型孵化器是"风险资本市场 + 互联网孵化"的商业模式，本身具有一定的不确定性和高风险性，而具有高风险性的企业往往会带来高收益。正是由于这种高额回报，众创空间吸引了各类投资者及投资机构基金，使得它的投资主体也呈现出多元化的特点。虽然投资主体多元化有助于分散风险，但是，这种特点给投资方带来的风险也不容忽视，尤其是个人投资者。可见，众创空间新型孵化器在投资主体、投资决策、运作方式、监管模式等方面，都与传统孵化器和一般资本市场有很大区别。

3.3 众创空间与传统孵化器的比较
A Comparison between Co-working Spaces and Traditional Incubators

传统孵化器主要分为以下三种：（1）政府主导型的传统孵化器，即政府无偿或者低价出让土地或者物业资产，以免费或低租金吸引创业团队、初创企业入孵，依靠房租补贴或其他政策性资金支持，通常以向入孵企业收取少量租金及服务费的方式来维持孵化器的运营。（2）依靠政府的产业优惠政策来对某一行业进行垂直孵化的专业孵化器。（3）有政府色彩的公司进行半市场化运作的孵化器。传统孵化器的共同特征是多注重高科技的转化，而对创业型企业孵化没有足够的重视，产业特色多为政府倾向型的产业。

传统孵化器大多注重物理性空间及设施，众创空间新型孵化器更注重孵化服务的软件配备、创业生态的拓展，以及为初创团队进行投融资的服务。众创空间并不刻意追求孵化面积的大小，而是更加注重整个孵化产业链的协调性和资源配置的合理性，其孵化作用远比传统孵化器在质量和数量上有绝对优势，因为众创空间新型孵化器可以提供更多的孵化服务，具有更多服务内涵、更多第三方资源、更多可扩展空间的特点，也就更具可持续发展的能力。

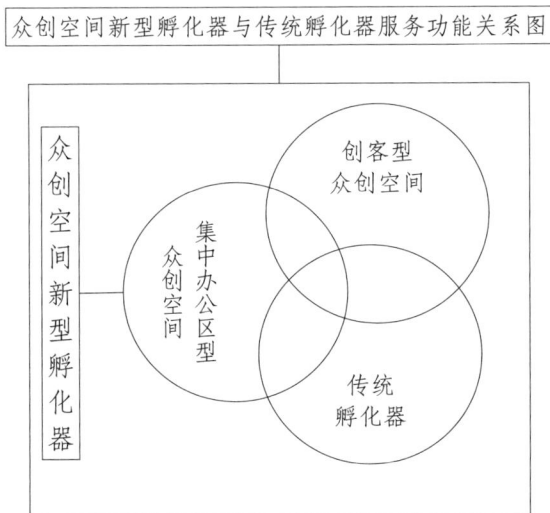

图 2-1　众创空间与传统孵化器服务功能关系图

　　传统孵化器的所有部门设置都是基于为初创公司提供基本的服务，并没有从市场管理的角度为初创团队提供全程整体的资源服务。如众创空间可以引入风险投资基金，为初创企业解决融资问题。

　　传统孵化器的管理只是采取物业出租的方式，而众创空间则积极地参与到初创公司的每一个管理层级，灵活性和积极性都是传统孵化器不可比拟的，传统孵化器常常选择初创企业为入孵企业，对高科技初创公司予以过多的青睐，而众创空间是以初创团队为服务对象，从团队的组建、融资、战略定位等方面进行全方位全生态链的孵化。

　　从商业模式来看，众创空间是更多地整合了风险投资、咨询公司、管理公司等为初创公司服务的多板块综合服务型公司。传统孵化器常常是以半公益的政府投资促进机构、产业园、孵化园、科技园、创业园等形式出现，资金主要来源于政府各类机构，从资金的性质上来看，是一个半公益性组织。而众创空间新型孵化器从诞生起，资金来源主要是企业、基金会、银行、保险公司、投资公司等金融投资机构，投资主体呈现多元化，它是市场经济的产物。

众创空间新型孵化器与传统孵化器之间的空间关系，包括三种：众创空间新型孵化器完全独立型；众创空间新型孵化器与传统孵化器双方联盟型；众创空间新型孵化器嵌入传统孵化器型。第三种情况是指传统孵化器在空间上嵌入众创空间，以弥补孵化服务的不足，来逐步改善孵化器的服务功能。

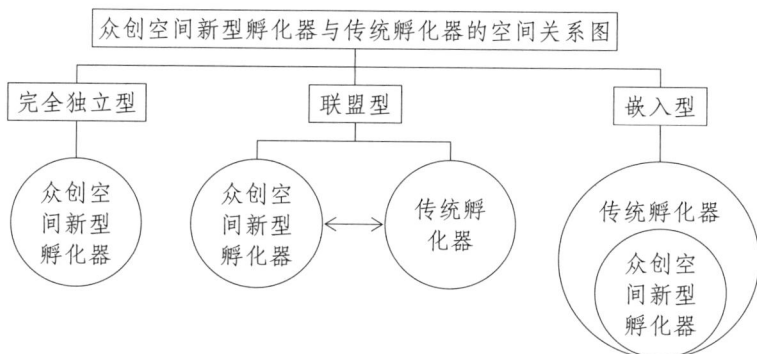

图 2-2   众创空间与传统孵化器的空间关系图

从盈利模式上看，众创空间是一个服务型盈利企业，通过为创业团队提供全方位孵化服务获得盈利，同时产生相应的社会效益，众创空间新型孵化器可以将学术界、产业界以及政府自由连接起来，形成相辅相成的资源整合联盟。而传统孵化器则主要由政府投入资金，向初创企业提供孵化环境（主要是优惠政策、中介服务、交流服务、融资推介）、物业服务，并获得一定的租金收入，当初创企业成长后，政府即可获得相应税收。传统孵化器集成政府、产业界、学术界为一点，而众创空间则是资源整合的联盟平台。关于众创空间新型孵化器服务体系参照图4-33众创空间总体服务平台。

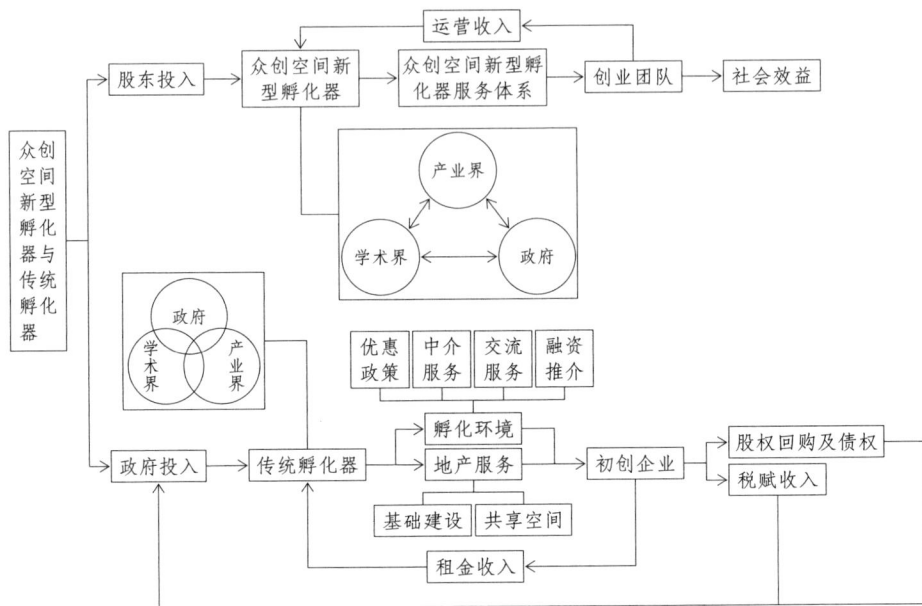

图 2-3　众创空间与传统孵化器运营模式比较图

　　关于投融资机制，无论是传统型孵化器，还是众创空间新型孵化器，双方的投资机制都属于嵌入式投资。不同的是，众创空间新型孵化器需要和风险投资基金结为战略联盟，并建立相应的监控体系，进行商业型投资。双方通过共同出资或众创空间作价入股，或建立新的基金投资，确定给创业者和创业团队提供的投资额及股权比例，并相互监督资金跟进比例和跟进额度，再给创业者和创业团队提供资金支持，最终由众创空间新型孵化器与风险投资基金共同获得投资收益。传统型投资机制是通过政府政策给予一定的优先条件，比如财政返还、税收减免等，或者通过政府专项基金拨款进行投资，政府机构获得部分股权回购与债权。

　　从功能与优越性的角度来看，众创空间新型孵化器融合了风险投资、多元化控股集团的优越性，也继承了传统孵化器的所有功能。除了向创业团队提供传统孵化器的原有服务外 [1]，还提供多种增值服务。众创空间新型孵化器把社会资源进

1　如为创业团队提供各种硬件设施、管理咨询、法律、会计顾问等。

表2-1   传统孵化器与众创空间的比较

传统孵化器			众创空间新型孵化器		
管理重点	固定财产	基础建设：包括公共设备、标准化厂房、办公区、通信设备、办公设备等	创新管理，服务范围扩展，为创业团队提供各种人力资本、资金、资源等服务	硬件资源	集中办公区、商务配套设施、商务洽谈室、项目路演空间、会议室等硬件设施
		共享空间：包括共享会客室、商业洽谈区、休闲区等		提供服务	包括对创业团队需求的统计、整理，以及为创业团队可提供的投融资、管理咨询、导师辅导、资源对接、信息交互等各项服务
				云平台	包括对云孵化平台服务模块的扩展、云平台维护、大数据维护、客户端等云孵化平台的管理
服务及服务对象	初创企业、中小企业、科技企业		主要是创业者、创业团队		
	只要入孵企业入孵传统孵化器，都会有政策优惠		并不是每个入孵企业都能享受到政策优惠		
	基础后勤服务，但无管理咨询服务；管理咨询增多，但主要依靠外界人才	中介服务：包括商业咨询、财务服务、税务服务、营销服务、人才招聘、培训等	孵化器自身提供整套融合投接、资源对接、导师咨询、专家指导、宣传、推广、知识和信息流通、定制需求等一体化服务	云孵化	为创业团队提供线上资讯、线上创新资源对接及交易、线上培训、线上寻找合伙人、线上组织创业活动等服务的孵化平台
				常规服务	工商、税务、代记账等税务财务服务；政策、法律咨询等服务；申请政府补贴、政府基金等支持服务
		交流服务：组织安排创业团队与企业家交流、融资洽谈等活动，以及优秀企业推介、产品推介等服务		投融资对接	孵化器自设基金，或者与种子、天使、风险投资基金等资金对接，为创业团队举办路演大赛等
				资源对接	帮助创业团队与政府资源、创新资源、网络资源、人力资本资源等各类资源进行对接
		融资推介：根据创业团队的需求，有些传统孵化器会为优秀企业引荐风险投资机构		信息交互	举办各种行业论坛、座谈会、与专家和企业家见面会等，并组建创业者俱乐部、联盟、读书会等，为创业者和创业团队提供信息交互的空间和渠道
				导师辅导	为创业者、创业团队提供一对一、嵌入式、个性化、座谈式等多种方式的导师辅导培训服务，帮助创业团队进行商业模式定位、商业计划书编纂、市场推广及渠道建立等
财务	亏损（租金收入不断增加，但不足以覆盖支出），或者收支平衡（租金收入可以支付运行费用）		盈利（多种收入），包括场地及配套设施租赁、培训辅导收益、投融资对接成功收益、组织活动收益、云孵化平台流量收益等		

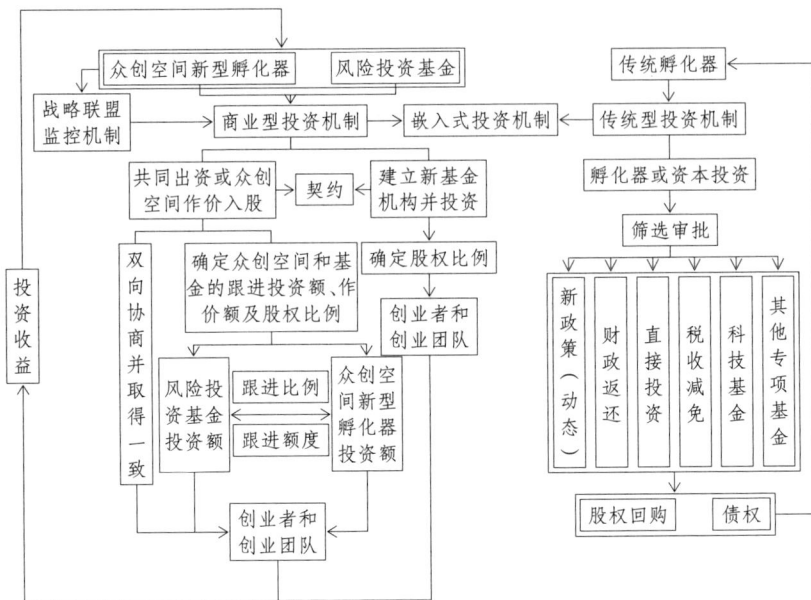

图 2-4　众创空间与传统孵化器投资机制比较图

行高度整合，为孵化器的社会贡献注入了新的力量。随着分享经济理论与实践的不断深入，各类孵化器的功能将不断变迁与延伸，对各类孵化器的认识也将不断深入与发展。

　　总体来看，众创空间新型孵化器与传统孵化器形成了互助和互补关系。众创空间新型孵化器不仅有助于解决整个孵化器体系长久面临的难题，还为孵化器体系增添了诸多专业职能和社会职能，众创空间这种新的商业经济组织的出现，引发了孵化器领域的革命，必然会带来深远、可持续的经济效益和社会效益。

04

创业分享理念
Sharing of Entrepreneurship

4.1 平等创新权
Innovation Equal Rights

工业革命让人类的生产首次跟上了消费的节奏。工业革命带来了社会资源的普遍过剩，同时也带来了资源分配的不均衡，无法满足社会的普遍需求，而高效、合理、有效的资源配置是解决这一矛盾的主要途径。随着科学技术的进步、网络生态环境的完善、社群媒体的兴起，搜索与匹配的成本不断降低，资源的分享也更加便捷。这些便利条件提高了经济运行的效率，并培育出新的经济增长点。基于这一背景，可以说分享经济既适应了时代，也将是未来最主要的新经济模式之一。

在新的科技环境下，移动互联网不仅给个体创造了更大的社交范围，还通过知识与信息的再造、创新与传播，形成了快速学习、快速成长的环境，使个体通过社交就能够获得更多的知识与信息。同时，移动互联网使个体可以追求更加个性化、更有趣、更有价值、更生动的事物，给知识与信息的聚集、传播和创新提供了可能。

目前，创业主体主要包括大企业高管、连续创业者、科技创业者，以及留学归国创业者，创新创业已经成为一种价值导向、生活方式和时代特征。此外，创业活动还呈现出较高的开放协同性，互联网、移动互联网、开源技术平台降低了创业的边际成本，促进了更多的创业者的产生和集聚，给大众孵化体系的诞生提供了先决条件。

随着科学技术的发展和商业模式的不断成熟，将有大量用户受到吸引，广泛参与进来，同时将带动大量资金、人才和资源的进入。部分有代表性的众创空间新型孵化器或企业，他们的体量和影响力将因此迅速扩展，带动科技成果及专利技术和专利知识更有效地对接相应的社会需求和资本，这给大众孵化体系的诞生提供了资源支持。

众创空间新型孵化器是实践的产物，是云孵化分享服务平台的构建者，云孵化分享服务平台的诞生离不开分享经济的发展。云孵化分享服务平台采用网络集成模式，强调网络化、系统化、集成化，是全面开放的新型创新孵化平台。它通过聚集创新创业者的力量，使创新创业资源在全球范围内加速流动，跨境创业日益增多，这给大众孵化体系的诞生提供了平台保障。

分享经济改变了商品的供给和消费方式，移动互联网使新型企业结构趋于扁平化。技术的成熟降低了创业成本、缩短了初创企业与客户端的距离，使创业者的创业潜能被彻底激发出来，把精力集中在用户体验和个性需求两个创新创业的重点上。

众创空间正是以需求为导向的市场化运作模式，从初期的注重硬条件发展到过程中更加注重软服务，它提供的创业服务机构也由场地租赁、办理注册等基础服务，发展出投资路演、创业互动交流、创业媒体、创业辅导培训、技术转移、法律服务等新业态，实现了创新要素与创业生态平台的有机结合，给创业者、创业团队的创新提供了新舞台。

应该说，众创空间给了每个人创新的机会，带来了分享经济下创新机会的民主化体验。创业者可以在云孵化平台上快速地试验、重复、适应和发展，用更低的成本、更快捷的方式，通过移动互联网解决创业中的问题，充分体现了分享经济时代的平等创新权。

4.2 创业民主化体验
Experience of Entrepreneurship democratization

分享经济时代的众创空间云孵化器是超越了传统孵化器的开放性孵化平台，它拥有前所未有的全方位立体孵化服务。众创空间秉持的开放和分享理念，使创业者、创业团队，在分享经济时代有着更灵活、更开放、更细腻、更人性化的互动孵化服务体验。在分享经济的框架下，众创空间也是体验经济的最积极倡导者和实践者。它是分享经济给孵化产业带来的新活力，包含着一种清新的创业民主管理思想及创业分享理念。[1]

创业团队入孵众创空间新型孵化器的目的是享受众创空间所提供的局部创业生态环境，从而更加便利地获得各种创新创业资源和孵化服务，并在众创空间内形成自身的发展优势，历练出核心创新能力、降低创业风险、提高创业成功率。创业团队的成长依赖于众创空间新型孵化器的创业要素、资源，以及孵化服务的集聚、优化和转移等，这些都是分享经济时代所能提供的孵化优势。

在接受众创空间的孵化服务期间，创业者、创业团队不仅会主动积极地吸取众创空间内部的资源和知识（上下游关联资源，产品和技术的分享联合、差异互补等），同时也会自然地依托众创空间外部第三方资源，加速自身成长。

通常来说，创业者、创业团队在众创空间中的合作和竞争，是一种建立在纯粹的经济上的行为和关系。但在分享经济时代，众创空间革命性地改变了创业团

---

[1] 分享经济所带来的创业资源开放性、多元化、分享性，倡导创业低门槛，所有渴望创业的创业者都可以创业的理念。

队之间的这种经济关系和行为。分享经济时代把完全的经济关系与行为变成了社会化的经济关系与行为。通过云孵化分享服务平台，可以充分组织、协调各个创业者、创业团队之间的资源分享和互助关系，如举办创业心态调整、创业经验分享等有关创业中普遍存在的问题的座谈。创业期间的心理过程是特殊的情感历程，云孵化平台让创业团队之间的无形资源通过彼此互助实现分享，从而产生互相学习、互相启发、互相教育、互相帮助的对等教练式创业联盟。

众创空间的主要职责是互补性资源的投入和开发利用，因此众创空间应创造充分的条件引导、激励、优化、巩固各成员之间的经济整合以及对等教练式学习机制，形成各创业团队彼此互相依赖的正和[1]共赢创业综合体。

同时，众创空间也需不断寻求外部力量支持，尽可能集聚和整合各种创新创业资源，提升自身孵化能力。以此增强众创空间和创业团队之间经济纽带的牢固性，增强众创空间和其他利益主体之间经济合作及整合的关联性，增强创业团队之间对等教练式学习的持续性和牢固性，形成创业团队与第三方资源的有机整合，使创业团队充分享受到更优质的平等、互动的创业孵化体验。

众创空间云孵化分享服务平台作为社会公共型服务平台，一定是足够自由开放、资源充分分享，并衍生出新型业态的服务平台，是一个充分分享的生态共同体。众创空间云孵化器充分展现了分享经济所有权下放、使用权崛起的开放及分享的客户端体验，使创业者、创业团队能够更加自由地享有各种交叉资源和第三方资源，实现资源分享，包括闲置资源分享及专业资源分享，使资源的提供者和资源的分享者、受益者形成一个完整闭环的生态圈。

这样，众创空间云孵化平台既是创业团队的营养土壤，又是创业团队的创新资源、人力资本、资金、技术和知识的源泉，经过全方位的资源配置、匹配、融合，成为创业团队可持续吸取营养的资源池。这给我们在自由的移动互联空间带来了新的孵化体验，也给创业者、创业团队提供了无限的资源支持，真正体现了分享经济时代的平等、互动孵化的创业民主化理念。

---

1 正和指合作双方利益都有所增加、互惠互利、正向成长，共同发展。

4.3 开放性自主创新能力
Abilities of Open Innovation

众创空间充分表达了分享经济的端到端经济、协作经济以及协同消费的特点。它让创业团队能够通过社会化云孵化服务平台，在整个创业生态链中充分地分享社会经济中的闲置资源，以低于传统孵化器的边际成本为全社会的创业者提供孵化服务。

众创空间的崛起，使分享经济有可能逐步从个人闲置资源的分享，扩展到企业闲置资源的分享。充分利用分享经济的以租代买理念，使创新创业资源的支配权与使用权充分合理地分离。通过客户端在云孵化平台上的自主分享，可以将资源提供者与资源需求者进行最佳匹配的价值交换，这是平等孵化权[1]的直接体现。

同时，众创空间与传统的政府主导的孵化器有着本质的不同，众创空间是市场经济的产物，依靠自主的市场经济运作。它作为一个分享型经济组织平台，充分尊重平台的每一个客户端，尤其作为分享经济理念在众创空间孵化器领域的直接体现和延展，云孵化平台更需要每一个客户端的自由自主参与，并通过云孵化平台分享社会与创新创业有关的闲置资源，支持创新创业。

亚当·斯密认为市场犹如"看不见的手"，众创空间在市场经济的浪潮中自由游历、自主管理经营、自主成长分享。孵化的全过程由市场的多元参与主体来决定，创业者、创业团队需要什么资源与支持，众创空间就提供什么资源与支持，这是众创空间新型孵化器遵守市场经济运行规律的特质。

众创空间作为一种新型的孵化经济组织模式，是诠释创新能力的钥匙。分享经济众创空间的核心功能便是在创业供需不平衡的市场中，扩大原本不充足的供给，并实现优化资源配置，在稀缺的世界里创造富足。同时，众创空间在扩大优质供给的同时还能刺激孵化消费，升级孵化需求。分享经济创业市场表现为更重

1　在分享经济的理念下，使渴望创业的创业者不受个体本身资源的限制，在以云孵化平台为基础进行创业的生态体系下，享受平等创新创业的机会。

视资源的使用权，而不是资源所有权，优势则是实现独特内容（或服务）分享，趋于零边际成本，满足长尾需求，增加对创业者的人文关怀，这也是区别于传统孵化器的革命性意义。

4.4　嵌入式信任
Embedded Trust

分享经济是一种社交经济，它打破了陌生人之间的社交隔阂，帮助需求方和资源方有效连接。众创空间新型孵化器能够充分满足新生代创业者的个性化、多元化、自由化的客户端需求，有效缩短创业者创业痛苦周期，优化资源配置，使自由灵活创业成为可能。

创业的关键要素是团队、战略、商业模式、资本。思维决定行为，想法决定做法。团队是企业获得初步发展的基石，更是企业规模壮大后获得长足发展的底层基础和文化源泉，所以团队成员是否有一致的思想观念、相近的价值取向至关重要。

众创空间新型孵化器把"无资本、无经验、无市场、无支撑"的创业者看成是未来创新型、创业型人才，人才是创业生态系统中的核心，因为他们"有梦想、有激情、有知识、有创意"。分享经济时代下组建创业团队摆脱了时间和空间的阻隔，具有创业创新精神的创业者比以往更容易组成创新创业团队，更容易激发有创业梦想人群的创新冲动。

信任是商业社会的基石，因信任组成的团队是优秀的团队。优秀人才是构建优秀团队的基本元素，团队孵化的基本原则是团队第一、项目第二，即一流的团队、二流的项目，经过定位、打磨、辅导也可能成为成功的项目，而一流的项目、二流的团队却常常面临成长过程中的失败陷阱。优秀人才符合幂定律，所以创业团队在组建时需要尽可能地吸收优秀人才。优秀的核心团队对企业的未来、初创企业的可持续发展有着不可估量的商业价值。

分享经济时代的核心是信任，而创业团队的核心也是信任，"经济参与者互相支持，是因为他们相信彼此之间已经构建出一个基于互相信任的共同体"[1]。分享经济时代下的众创空间新型孵化器，努力把信任深深地嵌入到团队每一个成员，使团队更有力量，去冲破创新路上的所有障碍。

有奉献精神的优秀人才组成有奉献精神的优秀团队，并且能彼此坦诚、信任，从而产生了强大的向心力和凝聚力，"价值共享缔造信任，而信任则是具有巨大的且可衡量的经济价值"[2]，这是一种团队间的嵌入式信任。同时，众创空间创业团队之间的互相竞争、互相学习、互相鞭策、互相激励，形成对等教练式的共存生态圈。[3]创业团队的共同使命感和奉献精神，把创业团队中的每一个创业者紧紧地黏合在一起，让努力创业、争取成功成为一种信仰，这是在众创空间新型孵化器中，每个创业团队的每个成员共同创造的团队核心竞争力，也为团队创造了竞争壁垒。

分享经济下，众创空间新型孵化器的创业团队成员之间更提倡包容性，他们有对协同的体认，对试错、纠错的开放性思维，也有失败重新再来的归零心态。同时，众创空间更提倡创业团队在团队文化驱动下融合，建立创业团队的契约精神，以及对诚信的敬畏，从而建立起一套完善的现代企业思维体系。

分享经济思维下的创业活动，还具有对失败高度宽容的时代氛围，众创空间新型孵化器更是提倡"创业失败的英雄，鼓励多次创业"的创新创业新理念，让每个有二次创业[4]冲动的创业者，都能感受到社会创业生态环境的支持与尊重。从而形成"创业—失败—再创业"的创新创业文化，达到整个社会创新创业生态环境"创业—成功—支持创业"的良性循环。

二次创业者相较初次创业者，有更多创业经验、更专业的管理知识和团队

---

1 弗朗西斯·福山著，郭华译：《信任：社会道德与繁荣的创造》，桂林：广西师范大学出版社，2016
   年第 1 版，第 13 页。

2 弗朗西斯·福山著，郭华译：《信任：社会道德与繁荣的创造》，桂林：广西师范大学出版社，2016
   年第 1 版，第 15 页。

3 在分享经济理念下，利用云孵化平台，高效地整合利用全世界创新创业资源，所建立的创业团队共
   存生态圈。

4 二次创业是指具有一次以上创业经验的，再次创业的创业者和创业团队。

建设意识，更有创业精神。分享经济时代，二次创业者在组建团队、寻找优质项目、重新定位商业模式等方面，具有更多成功的希望和可能性。通过分享经济下的众创空间，二次创业的理念能够得到充分实践，同时也降低了人力成本，实现了人力资本的优化配置，拓展了优质项目在人才、资金等资源池的可选择空间。

在众创空间新型孵化器所营造的氛围里，创业梦想不再是心灵鸡汤，而是融入创业者血液中的共同愿景。众创空间使每一个创业团队成员真切地感受到，创新与变革的力量源泉来自于团队的每一个成员，用梦想作为驱动并融合于创业项目之中是一种常态。

创业者通常饱含理想，渴望将理想变为现实，分享经济时代的各种经济要素，给创业者提供了实现追求、让创业理想落地的可能。同时，众创空间新型孵化器提倡创业团队应具有危机意识和坚韧品质的创业精神。创业是从 0 到 1 的过程，众创空间以充分培养创业团队的创业素质为己任，在创业过程的各个阶段辅导创业团队，训练创业素质。培养初创企业的团队领袖，让他们能够具备企业家精神，管理运营初创企业，有效整合领导力、管理能力和学习能力等，建立起一个初创企业的完善组织架构，使创业项目得到良性延伸和可持续发展。

众创空间为初创企业提供服务的前提，首先是充分了解初创企业的规律和特征，找到初创企业面对的困难和痛点，以及初创企业和成熟企业之间的区别。这样，众创空间才能为初创企业制定更好的服务流程及服务体系。

跟初创企业相比，成熟企业已经具备健全的管理体系、营销体系、服务体系，且成熟企业的可运作资金和可利用资源也相对充分，具备规模化优势。然而在创新生命力层面，成熟企业却相较初创企业更弱，成熟企业更容易形成组织官僚化、机构僵硬、流程烦琐，没有初创企业灵活和机动。而初创企业所欠缺的管理技巧、市场营销、资金支持、资源渠道等，恰好可以通过众创空间孵化服务来弥补，这样，初创企业才能扩大规模、完善机构建设、健全市场渠道等。因此，入孵众创空间的企业一般是初创企业。

向国际市场延伸

在国内市场延伸

产出：商业模式、成活企业、企业家、人才、就业机会

成长

组织系统：商业模式、组织架构、产品、团队、战略、服务、定位

行业环境：竞争对手、客户、供应商、分包商、风险投资、金融、法律、资源

创业者、创业团队：企业家精神、承担社会责任、履行义务的信誉

成功要素：领导能力、管理能力、创新想能力、控制力、学习能力、生产能力、产品质量、公关能力、远景规划

执行（实施）项目

投入设施和分享服务：硬件设施配套设施、政策优惠、财税服务、专业管理、信息交互、导师培训、投融资服务、资源对接、定制服务、综合服务等

众创空间新型孵化器

社会与基本环境：资源、团队、社区、朋友、家庭、定位、角色

项目

商业环境：竞争对手、网络资源、导师培训、法律法规、税收政策、资金、行业市场环境

创业者、创业团队：创新能力、对社会和经济环境的认知、风险承受能力、坚韧、文化与价值观、智商、情商、逆商、工作经验、成功经验、教育程度、社会责任、对现有生存环境的满意度、年龄、团队性别比例

助力资源：投资者、基金、扶持资源、股东、赞助者

梦想

时代环境：机遇与风口、社会角色分工、创新模式、创造氛围、政府政策

专利技术支持

创业者、创业团队

市场机会

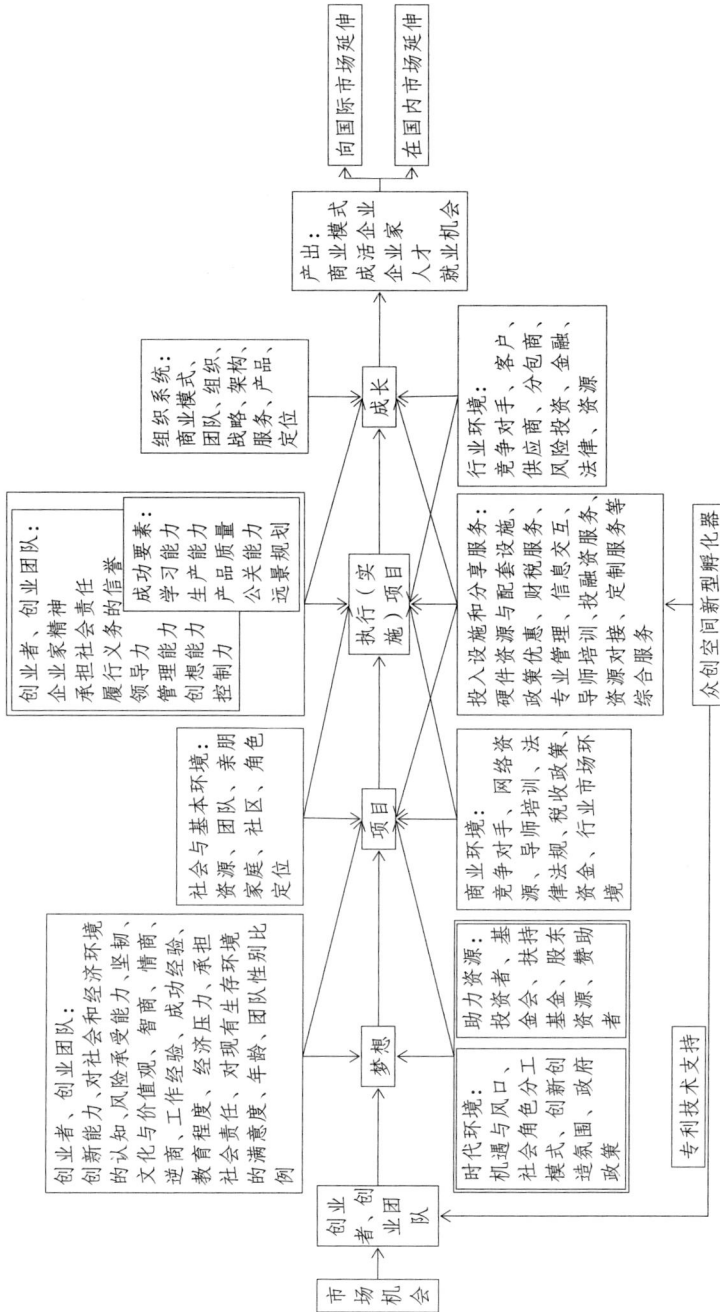

图 2-5　众创空间创业者和创业团队运行基本流程图

表 2-2　初创企业和成熟企业的优势与劣势比较

企业类型	初创企业	成熟企业
基本特征	是一个初级的生产、服务组织，并不具备完善的现代企业要素，创业团队成员通常需要身兼多个岗位	是一个成熟的生产、服务组织，具备现代企业基本特征，具备完善的组织机构、管理制度和业务流程，企业员工通常分工明确、职能清晰，企业规模呈扩张性趋势
组织机构	组织机构简单，涵盖领域相对单一	组织机构复杂（跨越多领域，甚至跨文化、跨国）、庞大且僵硬
管理策略	以企业生存为导向的管理销售体系；官僚作风较少，规章制度较少，活动自由度和力度较大，敢于冒风险，当机立断，但明显缺乏管理技巧	基于企业规模扩大、业务扩展的管理销售体系；管理层有控制内部组织机构的能力，善于制定公司战略；但组织官僚化，效率低，决策者不敢于承担风险，受财务制度的制约；行政管理人员占管理层比例大，缺乏对市场机遇的认识，敏感性弱
关注焦点	更加关注企业经营主导方向、融资、销售收入、现金流、用户体验、技术完善、技术创新	更加关注企业技术创新、资金流、大数据、业务扩展、市场占有率、同行业竞争、业界排名、战略方向
内部协调	具有非制度化的内部交流网络，信息流通速度快，效率高，但缺乏时间与资源来建立与第三方资源的合理网络联系	能够全面建立起与第三方资源的网络联系，但组织内部交流流程复杂，信息流通速度慢、效率低，对外部的威胁或机遇反应迟钝
外部协同	缺乏足够的能力、时间、资源和资金来引进关键的科技及管理资源	可提供强大的信息和完善的设施，有能力引进关键的科技及管理资源；可将研发任务分包给专业的、成本较低的外包单位，有实力购买关键信息和知识产权
市场营销	机动性、灵活性、适应性较强；对市场需求的变化可迅速做出反应，但市场扩张，如开拓国际市场的代价较高	具有健全的营销和服务体系，对现有产品有较强的市场开发能力，但常常忽视具有潜力的新兴市场，并把新技术看作是威胁，而不是机会
战略联盟	如技术主导型初创企业，容易沦为大企业附庸；与大企业合作时资源不匹配，缺乏相应的管理经验	具有战略管理资源，有能力选择合适的战略合作伙伴和管理合作机构等
管控模式	基于信任的团队的私人关系，进行非制度性自我约束、松散、简单、垂直的管理	基于企业文化、合理的制度、流程、评估，对企业管理层的展望和职位的晋升进行紧密、复杂、僵硬的管理

续表

企业类型	初创企业	成熟企业
团队激励	创业者和创业团队的激励来自于创业的热情、生存危机和对愿景的展望	完善的组织机构，明确的分工，完善的制度机制、流程控制、考核评估体系
学习能力	无完善的培训体系，有快速高效的学习能力，可适应企业战略的变化	培训体系完善，学习领域不够灵活，改变速度慢，学习时间长、效率低
扩展延伸	通过"小生境战略"的技术或市场联系取得成长潜力，但难以融资以扩大生产，难以控制因扩大规模而带来的机构复杂化	可通过融资扩大生产促进企业成长，及为多种经营、组织联合企业或兼并其他企业投入资金；可通过生产性投资来获得规模经济并积累学习能力；有能力主导市场价格
融资能力	研发效率较高，创新成本较低；创新风险大，融资成本高、难度大，常常超出企业所能承受的范围，而产生财务风险；没有多项项目以分散风险	融资能力强，可投放若干项目以分散风险；可进行新产品和新工艺的多样化实验室开发；可通过多渠道开拓新市场；董事会对短期效益过于重视，对长远规划重视程度不够
规模经济	不能产生规模经济效应，如无力建设完备的生产线进行生产纵向一体化等	可在研发、生产和营销中取得规模经济效益，可开发生产一系列相互配套的产品，有能力对大型项目投标等
知识产权	面对复杂的、成本高昂的法律程序、专利知识产权系统，既无时间又无精力投入法律诉讼	有知识产权专家来应对专利知识产权所产生的有关侵权行为的诉讼和法律问题
技术资源	技术人员可专注于本职工作，但往往缺乏足够专业的技术背景和设备支持；难以将技术力量整合到相当规模来支持研发，研发费用高昂，没有规模经济效应	可建立大型研发实验机构，能引进拥有关键技术的专家，可使其研发具有规模经济效应，但技术部门与其他部门资源的沟通有效性差、效率低
政府对接	缺乏利用政府对中小企业支持的规章制度的意识；无力应对政府复杂的支持中小企业创新的制度，没有时间、人员、财力来承担申请政策扶持的程序能力，机会成本高	有能力聘请专家处理烦琐的政府规章制度，能够参与政府的各种长期计划项目，但政府对创新的支持大多集中在小企业，而不是大企业
供应链	几乎无法对供应商施加影响；发展很容易因供应商的变化而受影响	能激励具有创新性的供应商；对供应商影响力较大；供应商对企业的依赖度较大
市场环境	有高度的不确定因素，不能有力准确地整合各种资源	相对稳定，可以整合企业的各种资源，市场变动对企业的打击或者影响相对偏小

众创空间除了可以提供孵化体系外，还可以整合政府与创业相关机构的资源，建立服务创业团队的支撑体系。同时，众创空间可以整合高校、科研院所及科技实验室作为创业者、创业团队的技术体系，整合风险投资基金机构作为支撑创业团队的金融体系。这些体系与创新创业政策息息相关，相互交织为创业团队提供更好的孵化服务。

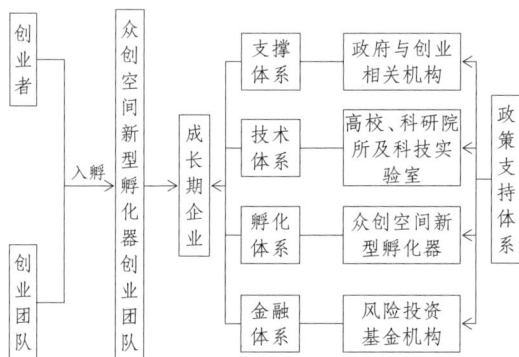

图 2-6　初创团队入孵众创空间支持体系图

众创空间提供专业孵化服务的前提是，深刻理解创业者和创业团队在成长各个阶段中的本质需求，并有能力提出相应的解决方案，也只有这样，众创空间新型孵化器才能更加完善地为创业者和创业团队提供优质孵化服务。所以，从项目团队灵感的迸发和对梦想的追寻开始，经历凝聚团队创意、顶层战略设计、行动路线图绘制，到开始实施、团队成员的磨合、整合，产品创新、开发、测试等，直到最终产品走向市场化。所有的阶段，众创空间新型孵化器都会提供相应的、专业的软硬件及管理服务支持，促进团队的成长和项目的发展，实现创业团队的成长。

众创空间新型孵化器为创业者、创客团队提供了一个全面立体的云孵化平台，把创业者、创业团队、资本、市场、第三方资源等有效地整合在一起，形成了完整的创业生态链。

在创业团队成长的各个阶段，资金都是创业团队赖以生存、发展、延续的必

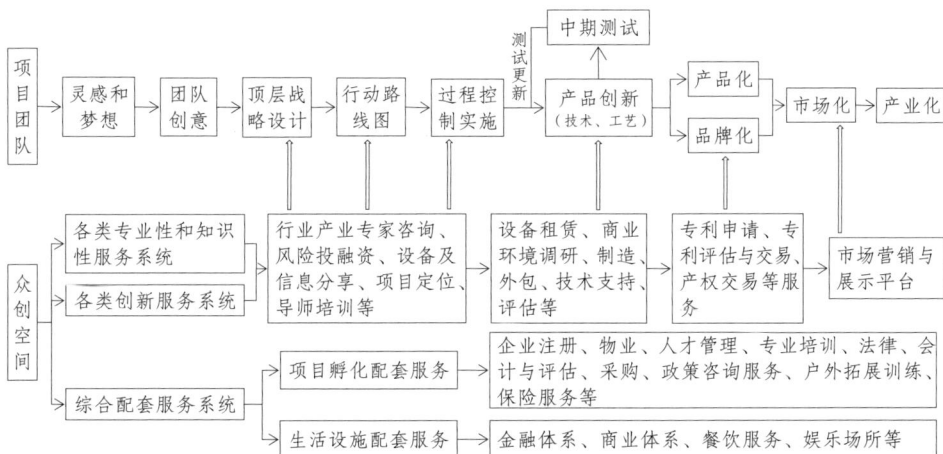

图 2-7　众创空间支持项目团队过程服务体系

不可少的基本要素，创业团队不同的成长时期，对应不同的投资阶段（种子阶段、天使阶段、风险阶段）的资金支持。在理论上讲，团队项目和投资基金的匹配关系是：种子投资阶段是针对创业者和创业团队的创业梦想给予先期的资金支持；天使投资阶段更加注重创业项目自身的发展前景；风险投资阶段则倾向于团队和项目进入成长期后，在注入资金的同时，还提供各种资源平台，包括组织管理、项目流程、跟踪解决问题等所有流程和阶段。

　　一般来说，无论创业团队处于何种阶段，众创空间新型孵化器都会与风险投资基金合作，并以股权投资等方式给予创业团队相应的、阶段性的、不同的资本投资基金与增值服务。随着企业的不断成长，众创空间新型孵化器与风险投资基金都会获得相应的服务收益与投资收益。

　　然而任何风险投资基金，在选择投资方向、创业团队的时候，都会对被投资创业团队的团队行为、盈利能力、可持续发展、负债水平等进行评估，但相较上述关注点而言，风险投资基金对被投资创业团队的团队建设最为重视。

　　因此，团队协作能力强、资源配置合理的管理团队，更容易得到风险投资基金的青睐，也更容易一次性获得规模较大的资金。

　　在团队项目和投资基金匹配合作的实践中，项目研究开发与初创期，创业团

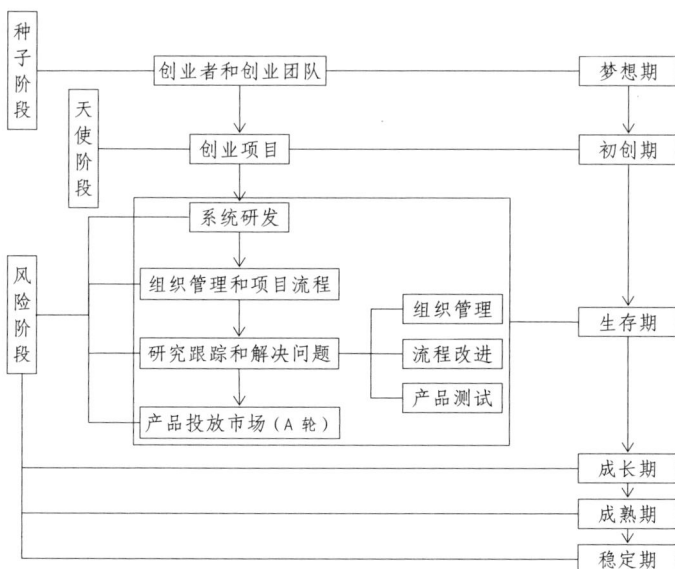

图 2-8　不同投资阶段团队项目整体流程框架图

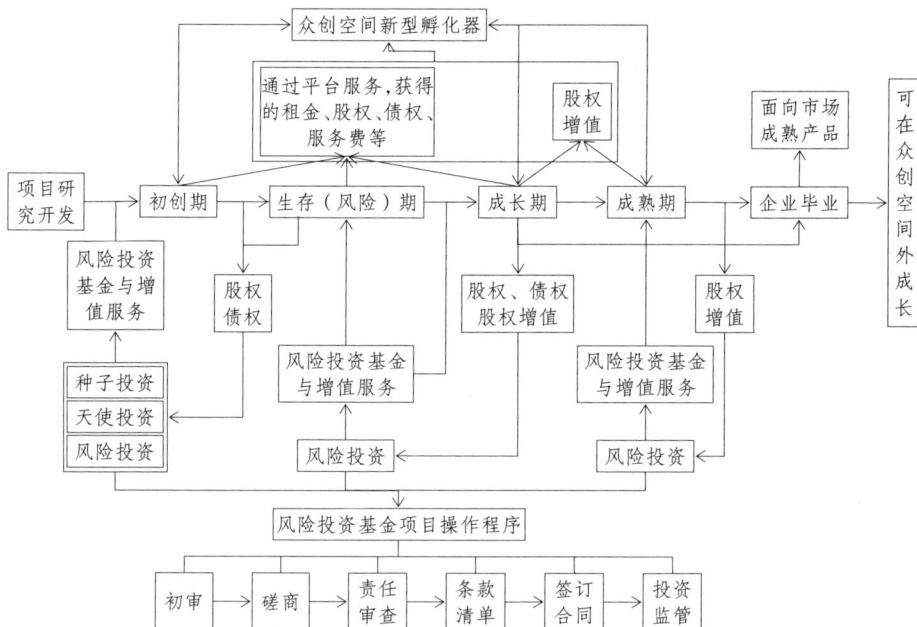

图 2-9　众创空间与风投对创业团队的支持平台及收益图

队既可以获得种子、天使投资，还可以获得风险投资，及其他增值服务，而创业团队提供股权债权作为对风险投资基金的回报；到了创业团队的生存（风险）期和成长期，创业团队可获得风险投资与其他增值服务，风险投资获得股权债权，以及一定的股权增值回报；在创业团队成熟期，创业团队可获得风险投资与其他增值服务，风险投资获得股权增值回报。

风险投资基金投资与创业团队的项目操作流程如下：初审、磋商、责任审查、条款清单、签订合同、投资监管。

05

大众孵化体系
A Co-incubating System

　　众创空间新型孵化器是分享经济的一种体现。颠覆、跨界、科技、分享是分享经济时代创新的四个维度。分享经济时代，移动互联网的商业模式创新多是垂直的。

　　传统孵化器主要凭借物理空间聚合资源，服务空间有限，故其可连接、可聚合的资源也非常有限，能提供的孵化服务亦有限。众创空间新型孵化器则截然不同，它伴随着分享经济应运而生，和新一代互联网、移动互联网技术发展密切相关，并带来了更便捷的资源互联方式，也使各种服务能够更好地以云孵化方式实现，使服务的对象呈现多元化特征，对创业团队的服务更具针对性和多样性。众创空间新型孵化器是帮助创业者实现梦想的加速器，也是建立创新创业全方位生态系统的基石。

　　众创空间新型孵化器使资源及收入的重新配置更合理，使服务增值、股权交易和投资更有机、更合理地连接融合。所以，作为典型的分享经济思维下的产物，众创空间是高效利用综合资源，使创业者、创业团队、投融资、专利持有人及第三方资源、供求方和需求方全面整合的云孵化分享服务平台。

在这个多元立体化的云平台上，创业者、科技、资本、市场等各种资源能够得到有效的组织，最终形成一个完整的云创业生态链[1]。

由于众创空间新型孵化器将分享经济理念作为理论基础，促进了孵化理念的深刻变革，让交易成本更低、资源配置效率更高，使大众孵化体系[2]得以建立。

5.1 大众孵化体系
A Co-incubating System

克莱·舍基（Clay Shirky）认为："在适当的情势下人们愿意甚至渴望集合起来改变世界。"[3]在移动互联时代，人们越来越倾向于关注"当下"而非长期的契约及合作形式。在这种短期的、一时一事的组合形式下，人们更多的通过分享、众筹、交互等方式把社会的各项资源进行整合，参与并支持创新活动，在降低创新成本的同时，有效提高创新效率。

分享经济使得人类可在边际成本趋于零的条件下，进行协作生产、消费和分享自己的商品和服务，这就给创新创业云孵化组织方式带来了新的变化。在分享经济这种新模式下，越来越多的创新资源供给方（众创空间及第三方资源）可以通过平台直接对接创业者和创业团队,这种新的组织方式被称为"大众孵化体系"。

企业孵化重在创新，而创新是生产要素的重新组合。分享经济使云孵化门槛更低、成本更小、速度更快，使创业的各类资源要素成为全社会共同享有的资源，

1　在分享经济理念下，以社区形式创建，在云孵化平台提供的多元立体化的云平台，把科技、创业者、资本、导师、市场、第三方信息等各种创业孵化资源有效地组织起来、强化创业辅导及对等教练学习机制，满足创业者在线创新社区一切创业需求的生态链。

2　在分享经济时代，可以使"大众创新万众创业"不受传统孵化资源的局限，运用云孵化所带来的孵化体验，所有渴望创业的创业者都可在云孵化平台享受孵化服务的各个环节的生态体系。

3　克莱·舍基著，胡泳、沈满琳译：《人人时代：无组织的组织力量》，杭州：浙江人民出版社，2015年第1版，第129页。

有利于大众取得生产要素，重新组合，它让创新创业变得更加容易。同时，分享经济云孵化的思维理念大大降低了创新创业风险，使众多的创新创业者得以在云孵化平台上进行低风险的"微创新"。

大众孵化体系赋予了人类全新的属性。人既是产品和服务的供给者，又是创新孵化资源的生产者、协作者、资源分配与再分配的享有者。在分享经济的商业运行模式中，云孵化新型生态链的所有参与者都得到充分重视，他们的观念受到足够尊重，并被融入到具体的分享生态链环节中。

人是分享经济的灵魂。分享经济中的参与者可以是人类个体、组织机构等任何能深度高效参与分享的社会经济形态。分享经济的参与者既是贡献者，同时又是获益者。在该生态系统中，人的生存权、发展权和创新权得到前所未有的尊重。

与传统孵化器相比较，分享经济下的云孵化可以刺激消费、提升生产效率、提高创业者和创业团队的创新与创业动力，打造社会的新增长点。[1] 传统孵化器无法准确把握创业者、创业团队的需求，孵化资源闲置的情况普遍存在，而在云孵化模式下，创业孵化的服务需求清晰可见。云孵化可以快速调动各类社会资源，使其生态化，使孵化服务供给的弹性和灵活度大幅提高，对不确定的创业需求有强大的适应能力。基于云孵化分享服务平台的互动评价系统，还可以及时反映创业资源供需双方的反馈和需求，使创业资源的分配更加高效。

分享经济体系的特点是从购买转向租赁，所有权和使用权分离，分享经济对于环境的保护作用是巨大的。罗宾·蔡斯（Robin Chase）认为分享经济使美国的二氧化碳排放量降低了 2%。[2] 法国学者德马依（Demailly）和诺威尔（Novel）

1　据美国行动论坛的研究显示，2014 年 Uber、Lyft 和 Sidecar 带来了 5.19 亿美元的经济增长。Airbnb 在旧金山的调查报告显示，房屋分享吸引了 14% 的新客户；日本的一项调查表明，新颖独特的旅游体验容易使游客产生再次旅游和多次旅游的欲望，28% 的游客表示房屋分享延长了在当地的停留时间。

2　罗宾·蔡斯的研究表明，美国有 1/5 的家庭生活用品从传统的购买方式转向租用，平均每年减少近 1 300 万吨的产量，从而降低了 2% 的二氧化碳排放量。

认为，在分享经济充分发展的情况下，可分享物品能够减少 20% 的碳排放。[1] 汽车分享对环保的积极影响也有更加翔实的数据支撑。[2] 而众创空间云孵化分享服务平台是分享经济理念在孵化领域的应用，所以，众创空间云孵化平台对于社会的贡献是实现低碳生存。

纽约大学教授桑达拉拉简（Sundararajan）的研究结果表明分享经济在促进灵活就业方面有重要意义。[3] 云孵化分享服务平台给创业者、创业团队提供了一种全新的创业孵化服务形式，创业者、创业团队不必再受时间和空间的束缚，可以完全依托孵化器庞大的孵化资源池[4]来展开创新创业的基本活动。它打破了传统孵化器与创业者、创业团队的"全时服务"关系，在孵化服务方面更加灵活。它让孵化器的专家、导师和管理团队，以及第三方资源在任何时间段都可以通过移动互联网给予创业者、创业团队以孵化服务，也增加了创业服务人员的就业岗位与渠道。

所以，分享经济时代的云孵化分享服务平台体系给创业者、创业团队提供了充分的机会窗口，并构建了全新的"大众孵化体系"。同时，众创空间新型孵化器云孵化分享服务平台在发展过程中，也将逐步建立起基于大数据的治理机制，在保证云孵化平台正常运行的同时，为全社会创新创业积累宝贵经验，为推动全社会创新创业多元化、开放性、协同性及社会的经济转型创造可持续发展的坚实基础。

---

1 大到房屋、汽车、家具，小到服装、电话、电视、玩具、体育用品、修车工具以及园艺工具等都是可以用来分享的物品。

2 美国分享经济协会数据显示，每分享 1 辆汽车，可以减少 13 辆汽车的购买行为。滴滴出行发布的《中国智能出行 2015 大数据报告》显示，仅快车拼车和顺风车两个产品有助于一年节省 5.1 亿升汽油燃烧，减少 1 355 万吨碳排放，相当于多种 11.3 亿棵树的生态补偿量。Uber 公开的资料显示，在杭州的拼车出行减少的碳排放相当于每三天增加一个西湖面积大小的森林。

3 桑达拉拉简教授研究发现 2013 年 Uber 在芝加哥创造了 1 049 个新增就业岗位。

4 在分享经济的思想理念下，大量孵化资源要素聚集在云孵化平台上，成为资源的汇集点，即孵化资源池。

5.2 众创空间服务的分布流程
Distribution of Service Process in Co-Working Spaces

　　不同的众创空间有不同的商业模式及商业定位，所以在众创空间的服务流程上，不同的定位决定了对创业团队的服务方向和服务标准的不同，而这些方向和标准对创业团队未来的发展有决定性影响。所以创业团队在选择众创空间的时候，首先要考虑创业团队及创业项目是否与众创空间所提供的服务及资源整合方向相吻合。

　　例如针对公益性孵化器和非公益性孵化器的双重属性。如果众创空间只定位公益属性，完全忽略非公益属性，不仅会最终导致众创空间激励机制缺失，也会给创业团队与后续风险投资基金对接造成不利影响；如果只定位非公益属性而忽略公益属性，则难以享受各种扶持政策，从而产生众创空间盈利困难，影响创业团队数量，造成投资的高风险。

　　通常，初创企业的成长都会经历一定的周期。每个周期都会有特定的成长规模与特定的生存危机，只有每个周期的危机能够顺利解除，初创企业才能避免成长过程中的各种风险。

　　当初创企业不断成长逐渐壮大时（企业走到组织官僚化开始的时间节点时），一般就会进入衰退期，企业对组织官僚化的补救与放任，会影响企业组织官僚化时期的时间周期，直至企业无法跟随时代、无从适应市场，导致与市场脱节的局面。

　　鉴于初创企业因其团队、管理模式、控制系统、侧重点等与成熟企业不同，为了增强初创企业转变为成熟企业的可能性，必然需要众创空间新型孵化器提供专业的孵化服务。

　　众创空间通过提供全方位资金支持、资源对接等孵化服务，加速协助初创企业发展、帮助企业跟随行业发展、适应商业环境，并实现可持续盈利。并且，逐渐形成对各项服务进行纵向深化，横向扩展服务范围，从创业团队最迫切的需求出发提供孵化服务。

团队危机
创新的启蒙

生存危机
学习能力的成长

领导危机
程序与能力的成长
分权

治理危机
组织协调

内部协作

组织系统危机
组织管僚化时期

死亡期

大

小

企业成长组织规模

梦想期　初创期　生存期（风险）　成长期　成熟期　稳定期　衰退初期　衰退中期　衰退晚期　死亡期

变革阶段　　○变革阶段

演进阶段

死亡谷

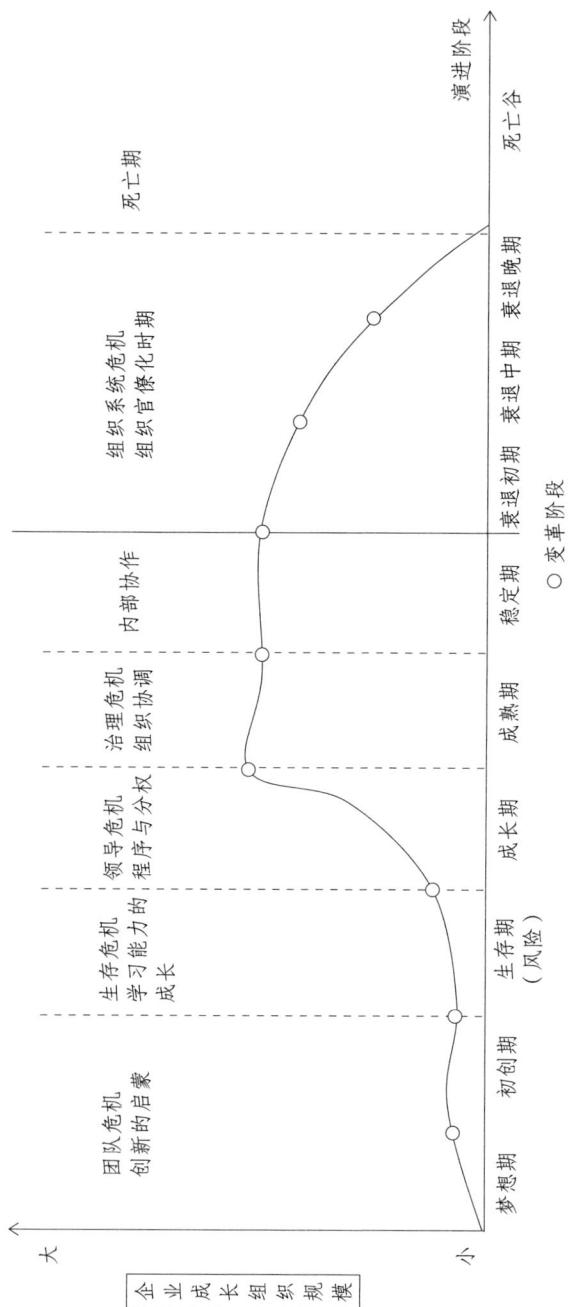

图 2-10　创业企业成长阶段和生命周期图

表 2-3 众创空间新型孵化器的服务项目

服务类型		具体服务业务
云孵化服务		咨询、远程辅导、文献查询、行业产品信息服务、线上交易服务、在线培训、在线授课、在线链接资源、在线组织网络活动、分包商城、管理信息系统服务、创新创业资讯网站链接等，其他众创空间新型孵化器可以为创业团队提供的线上服务、远程服务、不受时空约束及限制的服务
常规服务	财税服务	工商、营业税等税务、税收制度咨询；会计、代记账、代理社保、公积金、财务管理、保险、权益及借贷财务安排等
	法律政策	政策、法律咨询；知识产权法律咨询；融资、上市法律咨询；合同准备；进出口政策咨询等
	政府申报和科技申请	协助企业申请各种政策补贴和科技基金；政府资助申报、政府补助及贷款、创业投资基金申报等服务；专利申请；政府采购程序；办理注册及申请高新技术企业资质证明；协助申请有关科技计划和科技成果鉴定、科技政策补助和奖励服务；以及其他补助申请
	基础商业服务	复印打印、访客接待、文书处理等秘书工作；代存文件；代收快递、包裹、货物；印刷、横幅制作、名牌制作等为企业宣传、媒体对接及广告策划
硬件资源服务	集中办公区	商务洽谈、会议室；多功能报告空间（商务论坛、产品展示、路演空间）
	基础设施	视听设备、通信设施等集中办公空间和配套设施
	创客设施	创客发明与创造需要的设备及仪器
	后勤支持	餐厅、车辆；各类空间装修改造、保养维修；租赁、购买办公家具服务；各类物业服务
加速器		对优质、创新性更高项目或团队的加速器孵化服务
风险投资基金服务		搭建投融资（种子、天使、风险、政府配套资金；财务公司、保险公司、高新技术产业创投基金、金融机构等）对接平台、路演平台、招商平台等；众创空间自有资金对创业团队直投、为创业团队提供小额周转型资金等
信息交互服务		提供网络与协会服务；战略合作与信息对接服务；PC端与手机端的平台支持服务；线上、线下活动交互服务；会展服务、横向交流、联盟服务；媒体服务；举办俱乐部、联谊会、生活圈、读书会、户外会等活动服务；参观、访学、培训、指导等促进信息交流和信息资源获取的服务

服务类型		具体服务业务
技术支持服务		研究与开发援助；与高校和科研机构等技术领域的单位和企业合作；提供专利市场化、技术成果转化、知识产权服务；中试支持、产品设计支持、新产品评估、第三方技术转移服务；提供产品量产技术指导服务；对创业团队间生产经营中的技术、加工、合作等工作进行协调；提供相关科技信息等
导师培训服务	常规服务	提供对等座谈式、培训式等服务，包括商业计划书准备、人力资本培训服务（训练计划）、企业管理培训服务、市场营销及渠道支持等
	定制服务	国内外展销、市场调查分析、产品发展趋势分析、战略规划、项目定位、团队管理建设、品牌塑造、产品宣传推广、市场运营策划、专业管理咨询、专业人才培训、专业融资咨询和顾问、专业团队产品开发管理等
	嵌入式服务	提供嵌入式、一对一定制化服务，从企业入孵到企业毕业的全流程过程中，根据创业团队和项目对社会文化、市场需要、产品需要、资金需要、团队需要等的不同，提供嵌入式跟踪服务
资源对接服务		为创业团队提供的网络、资金、媒体合作、第三方专业机构、社区支持、政府支持、供应商和分包商等资源服务；与创新资源、政策资源、网络资源和人力资本资源对接服务

众创空间需首先对创业团队进行项目评审（具体流程参见图4-9），然后判断创业团队创新指数，如果创新指数较高的话，进行垂直加速孵化，反之进行一般孵化。对创业团队进行项目战略规划，如果创业团队确定开始在众创空间孵化，双方需签订入孵协议，众创空间向创业团队提供全流程、全体系孵化服务；反之，创业团队退出孵化。

创业团队在众创空间新型孵化器的孵化过程，包括一般孵化过程和特殊孵化过程两种可能。在一般孵化过程中，创业团队经历初创期、生存期、成长期等时期，直到企业毕业，众创空间继续向创业团队提供持续跟踪服务。而在特殊孵化过程中，创业团队可能面临孵化延期、孵化中期增项以及孵化失败三种可能，无论哪种特殊孵化情形，都需完成不同的孵化流程，孵化延期需签订延长孵化协议，孵化中期增项需签订孵化中期增项协议。如初创企业没有得到预期成长，并通过评审程序退出孵化，则办理迁出手续及其他相关事宜。

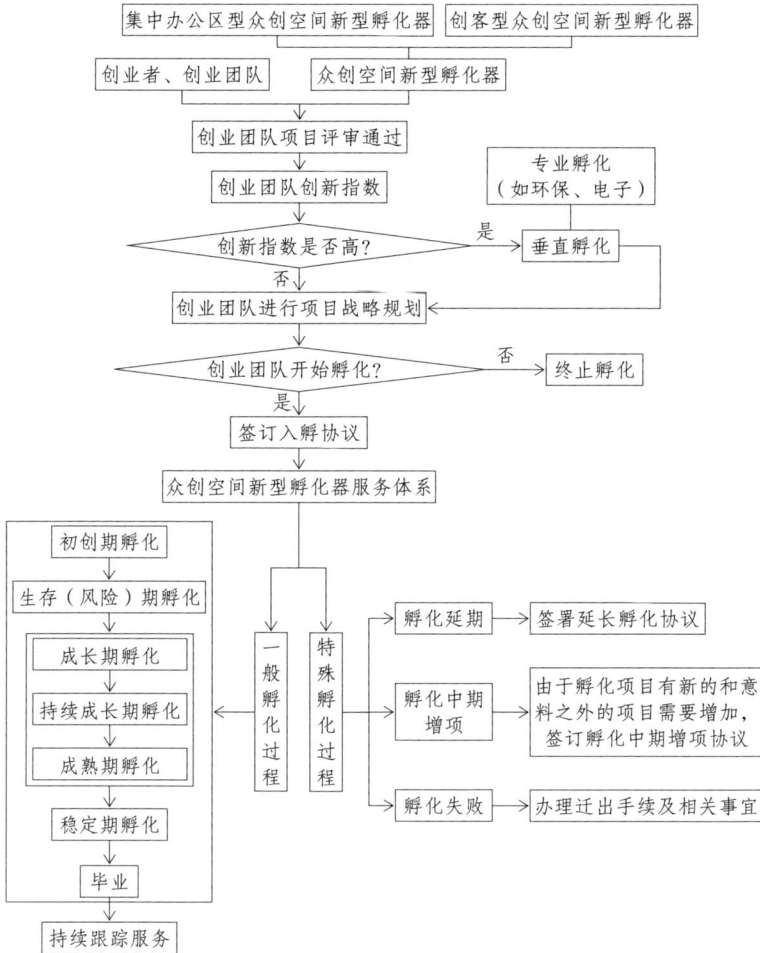

图 2-11 众创空间服务总流程图

5.3 众创空间的创业者与创业团队
Entrepreneurs and Their Teams in a Co-working Space

目前人类社会中的企业组织基本分为：（1）技能型企业（如手工艺品企业等）；（2）服务管理型企业（如理发店等）；（3）竞争型企业（如高科技企业）。他们在成长过程中都会经历初创期、生存期、成长期、成熟期、稳定期。其中技能型企业发展最缓慢，规模也最小，其次是服务管理型企业，规模和发展居中。此外，竞争型企业在发展过程中最动荡，但成长起来可能规模最大，同时竞争型企业还有一个特点，即在初创阶段会有一定的波折，因为竞争型企业在初创阶段不确定因素过多，在初创期后会发生业务的急速下滑进入生存期，当竞争型企业熬过生存期，逐步进入成长期，就会走到最后的成熟稳定阶段。

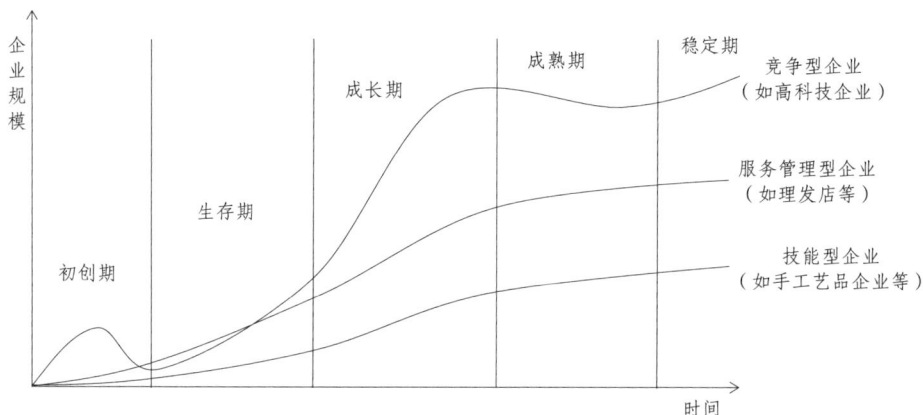

图 2-12　众创空间创业团队成长路线

众创空间与创业团队之间是服务与被服务关系，而非领导与被领导关系。在企业成长的各个阶段，企业的主要任务和特点各有不同。

表 2-4　初创企业成长的六个阶段

发展阶段 / 员工数	主要任务及特点
概念阶段（梦想期） 初创团队	找到行业痛点 商业模式初步构想、产品设计构思和理念 对科技的构思和设计（创客型初创企业） 寻找、探索新市场 从市场、技术、产品、客户需求等角度切入 寻找联合创始人 寻找种子期风险投资基金 主要参与人员：项目发起人、创业伙伴、咨询顾问等

续表

发展阶段 / 员工数	主要任务及特点
研究阶段（初创期）初创团队 + 员工	进一步打磨商业模式及管理服务流程使其稳定和精确化 确认并掌握所需关键技术、关键设备等（创客型初创企业） 对产品项目及服务进行市场潜力分析及可行性评估 初步完成企业规划，拟定可操作商业计划书(包括成本及收益、财务状况) 寻找种子期、天使期风险投资基金 主要参与人员：联合创始人、创业伙伴、咨询顾问等
产品开发阶段（生存期）确保员工数量与项目匹配	从理念、设计、技术到产品的转换过程 产品开发、产品试制与产品雏形的呈现过程，包括实验室初期测试与工厂中期测试（创客型初创企业） 再次测试并完善设计产品商业模式及实际可操作性 对人力资本进行合理性规划，确认产品设计、商业模式服务的可持续发展性 初步建立项目组织管理制度 寻找天使期、风险期风险投资基金（企业资金投入尚无效益） 主要参与人员：企业管理人员、团队、第三方资源等
试制推广阶段（成长期）员工数量增加以满足市场销售需要，确保员工数量与项目匹配	寻找市场切入口、初步将产品市场化 健全项目组织管理机构 初步建立组织管理制度 让顾客体验产品及服务、收集反馈信息，并完善商业模式 进入并完成此阶段指标：第一次交货或服务 （创客型初创企业）根据客户反馈及时修正产品设计、产品概念、产品雏形与产品其他参数 （创客型初创企业）逐渐具有先进的生产设备 产品及服务稳步增长 产品及服务市场占有率逐步提高 初步具有销售网络渠道，并逐渐扩大 寻找风险期风险投资基金（企业初步具备经济效益） 主要参与人员：企业管理人员、团队、企业战略合作伙伴、第三方资源（咨询顾问、律师）等
市场发展阶段（成熟期）员工数量规模化并分工明确、流程化	产品市场化的转换过程 健全组织管理制度 进入并完成此阶段指标：提升产品生产力及服务水平，使其稳步提高 逐步完善销售网络渠道，使产品销售能力稳步增长 加快市场拓展，调整产品（服务）成本结构，达到收支平衡 寻找风险期风险投资基金（企业具备较强收益能力） 主要参与人员：企业所有人员、企业战略合作伙伴、第三方资源（咨询顾问、律师、媒体资源）等

续表

发展阶段 / 员工数	主要任务及特点
稳定阶段（稳定期）持续扩大员工规模和数量，将原有的组织流程参考性复制到新型产品的组织流程与员工分工	形成产品服务的规模效益，使产品销售能力、服务能力持续稳定 保持企业产品、品牌、形象优良 市场份额持续增长 商业运行模式完备 企业体制运行成熟稳定 对产品服务、商业模式成功的项目产品，进行可持续发展的进一步研究 从创业成功的单一产品拓展到多项产品及服务，并对上下游产业链进行探索，实现可持续盈利，使企业利润及现金流稳定 主要参与人员：企业管控团队、企业发展战略部门、企业战略合作伙伴、第三方资源（律师、媒体资源、投资大众）等

06

众创空间的社会价值
Social Value of Co-Working Spaces

　　众创空间新型孵化器的企业宗旨应该是，以为创业者营造一流的创业环境为己任，成为创业者在创业时梦寐以求的合作伙伴。众创空间旨在通过培育具有创新创业精神的创业者及创业团队，从而创造更多创新绩效。

　　创业团队通过将自身拥有的资源，整合众创空间提供的资源，成为对企业发展有利的资源，这些资源包括带有历史性沉淀的纵向资源与当前环境可包容的横向资源。（具体见表2-5）。

表2-5　创业团队资源的构成

创业团队资源构成	内　　容
纵向资源	对政治、经济、政策、文化、科技、市场、行业发展规律的理解和预测；对知识、信息和技术的获取、理解、领悟和运用能力；过往经历及教育背景等带来的经验、资源及人脉关系
横向资源	与政府和主管机构、众创空间新型孵化器、高校和科研院所、各类投融资机构、第三方科技型企业及机构、众创空间内部其他初创企业之间的联盟或战略合作关系、众创空间外部同行业企业或其他上下游企业、会计师和律师事务所，及其他资源、组织和机构的联系

　　纵向与横向资源共同影响创业团队的技术创新程度。二者的共同作用影响创业团队的信息资源、知识资源、资金资源与网络资源，最终影响创业团队的技术创新程度。众创空间成功孵化高新技术企业的能力、实现科技成果产品化的能力、高新企业产业化的能力，以及创造就业机会的能力，是体现众创空间孵化能力和价值的重要因素。

　　创业团队基于众创空间新型孵化器平台，通过与平台连接的各种资源相互碰撞、交流、合作，提升了技术创新能力。

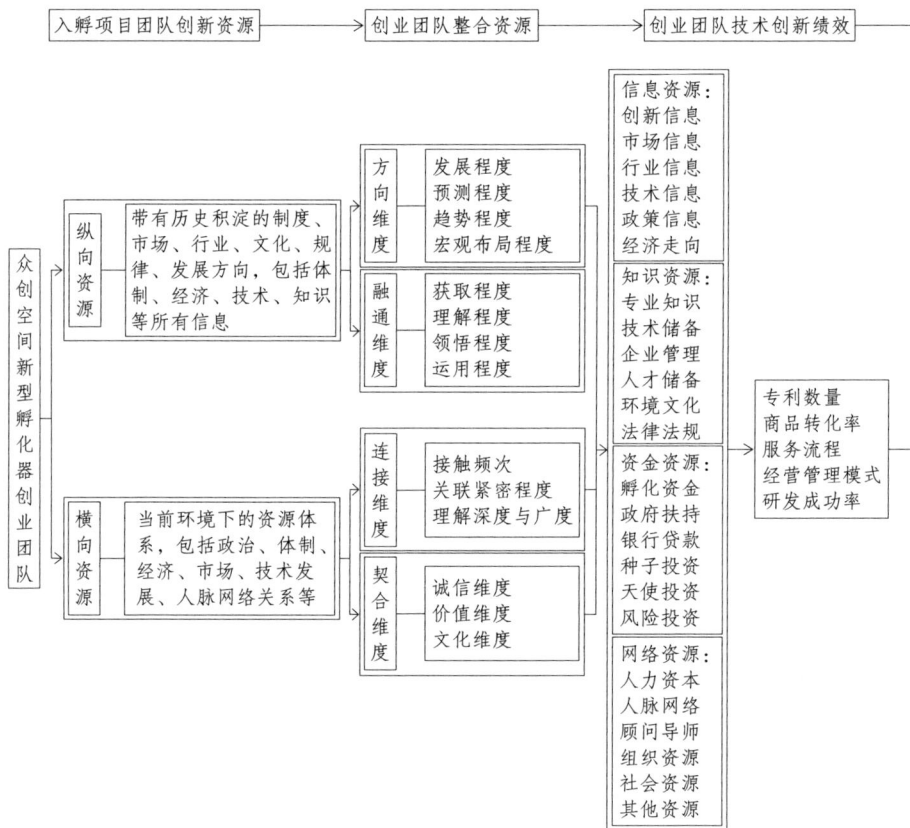

图2-13　众创空间创业团队创新资源与技术创新绩效的关系

众创空间新型孵化器相关的创新主体包括四个来源，即创业者和创业团队、孵化项目、高校和科研院所等支持机构、所有软硬件服务等商业支持系统。通过众创空间的整合资源、设施设备提供及其他支持，创业者、创业团队基于众创空间新型孵化器平台，包括众创空间本身，都会拥有自己的目标客户、战略联盟，并获取知识、文献（专利）等。同时，通过众创空间多种形态的支持、促进，创业者或者创业团队获得加速成长。当众创空间团队及创业团队共同成长到一定程度时，初创企业利润增加，经济获得发展，也就可以提供更多的社会服务、创造就业、促进技术进步，区域经济可获得持续发展。

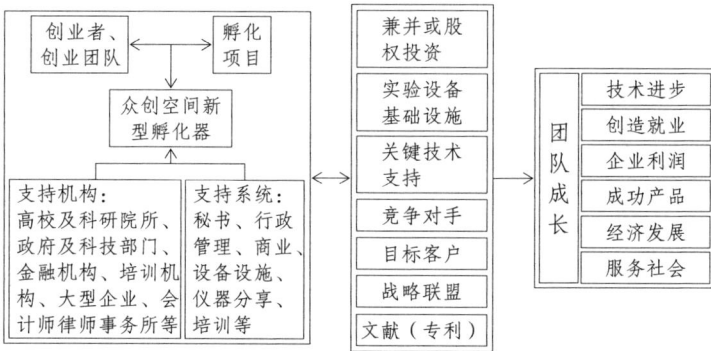

图 2-14　众创空间多极创新主体模型与社会经济整体效益图

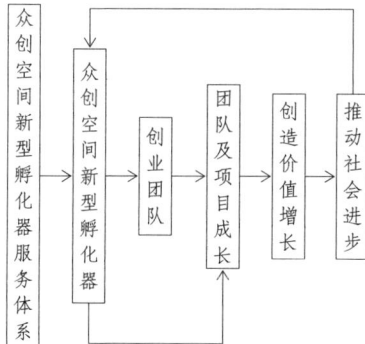

图 2-15　众创空间社会价值关系图

众创空间新型孵化器通过为创业团队提供孵化服务，促进双方发展成长、创造就业机会、推动区域经济发展、提高区域影响力等。无论是众创空间新型孵化器还是创业团队，都是社会结构及生产关系的一部分，因此团队项目成长必定带来价值增长，推动社会进步。

众创空间新型孵化器作为分享经济的具体体现，形成了分享经济生态价值链，提升了创业资源使用效率，以合理的资源配置让创业团队获得更高的成长效益。通过众创空间让各项闲置及专业创业资源与需求方（创业团队）相互连接，将资源方与需求方之间可交换的具有公共价值的信息进行整合，同时通过线下、线上彼此交换价值、共同创新，提供更多成功创业机会、减少创业困境。

同时，分享经济还增强了信任这一社会资本，因为分享经济需要以社会信任为前提，以利益共享为基准，而信任能够帮助众创空间及其创业团队创造持续价值，在增强经济效益、推动社会进步方面，扮演着不可或缺的重要角色。

07

众创空间的创建流程

The Process of Establishing a Co-working Space

    众创空间的创建需要经过准备、市场调研、市场定位、制定商业运营计划、结论与落地实施五个阶段。

    作为一种新型的社会经济组织，从图 2-16 可以看出众创空间新型孵化器建立的准备流程包括 5 个阶段。（1）在项目准备开发之前，需做好一定的初步设计工作，即确定项目理念、建立初创团队等，然后提交初期路演报告，确定项目战略目标以及对项目进行可行性分析；（2）市场调研阶段，对众创空间新型孵化器市场进行全方位调研，评估当前国内外孵化器行业，对创业团队的需求进行定位，评估创业团队的发展和学习等能力，评估现有资金、人力资本、技术、资源支持能力等；（3）市场定位阶段，评估结束后对项目产品及服务进行商业模式调整，以便符合国内外的市场状况；（4）制定商业运营计划阶段，这一阶段确定孵化器的运营方案，制定总体战略与行动路线图，并确定组织机构、商业设施等；（5）结论与落地实施阶段，这一阶段，众创空间新型孵化器建立实体企业，项目方案落地实施，准备阶段：
众创空间新
型孵化器项
目初步设计

众创空间新型孵化器项目初步设计

| 确定项目理念 | 建立项目初创团队与孵化器联合委员会 | 确定项目顾问领域并确定项目顾问 | 进行项目全球技术检索 |

提交初期路演报告

| 确定项目战略目标和最终愿景 | 项目定位并进行可行性分析,确定项目可行性 |

阶段1：市场调研

进行全方位市场调研

| 评估当前国内与国际孵化器行业情况 | 对创业团队需求进行定位 | 预评估创业团队发展、学习及在逆境中坚持的能力 | 评价现有资金、人才、技术、资源支撑能力 | 寻找与运用第三方资源的能力 | 评估众创空间所在创新环境、市场环境及文化环境 |

阶段2：市场定位

提交中期报告

| 第二次项目定位 | 第二次调整产品(服务)商业模式 |

阶段3：制定商业运营计划

制定总体全方位运营方案

| 制定总体战略并落实行动路线 | 确定商业运营模式 | 确定商业设施及服务目标程序 | 确定组织结构与人力资本 | 确定主营成本与融资成本 |

阶段4：结论与落地实施

提交最终报告

| 建立实体企业 | 指定项目管理团队(经理) | 确定人员招聘及培训 | 获得资金支持 |

项目方案实施

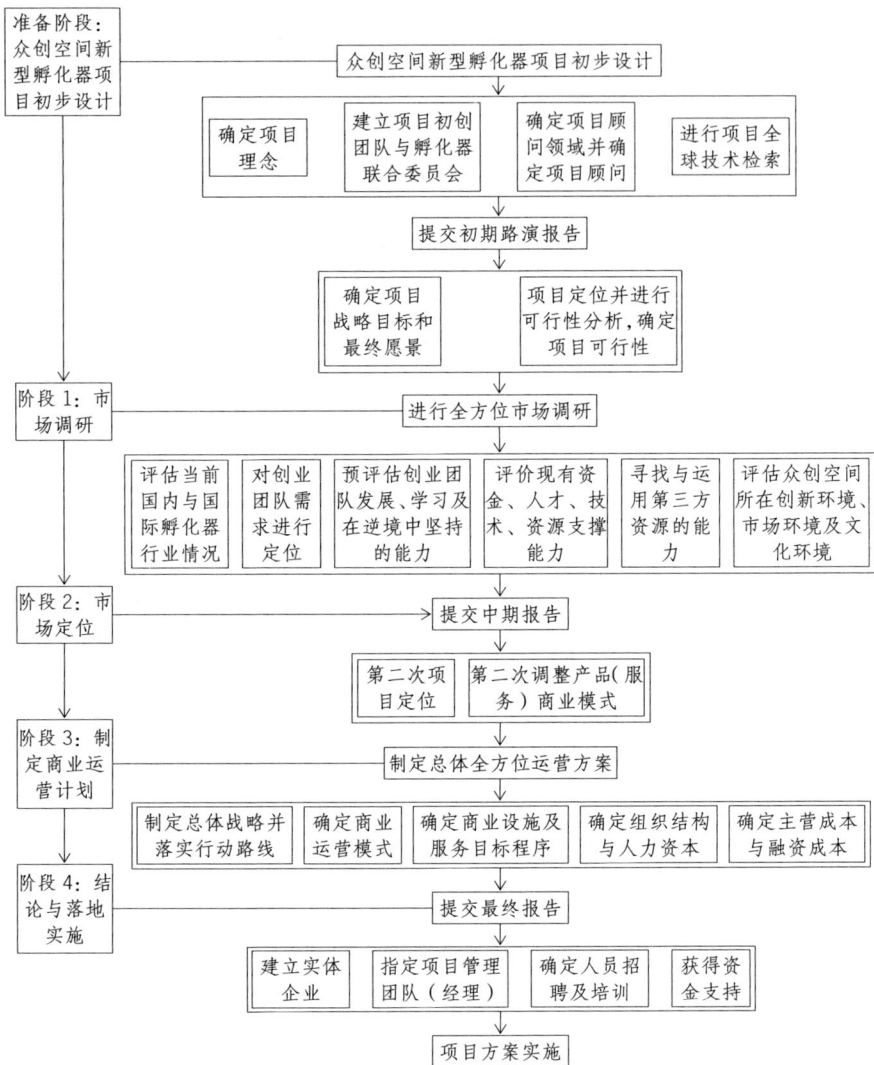

图 2-16 众创空间准备流程图

成立众创空间新型孵化器。

明确众创空间项目方案之后进行众创空间的筹建和运营，众创空间的具体筹建和运营路线参见表2-6。

表2-6 众创空间筹建与运营路线图

序号	任务	目的
筹建阶段	准备	确定众创空间准备流程，从确定项目开发到市场调研、市场定位，再到制定商业运营计划，再到结论及落地实施（参见图2-16）
	确定股权结构	确定各战略合作方，签订股权架构协定及投资协定，并将资金到位
	初步装修	对众创空间进行初步装修和硬件设施配备
	对创业团队进行入孵评审	确定创业者、创业团队的筛选标准，对创业者、创业团队进行评审，签订入孵协议
	再次装修	根据各创业团队的项目及装修要求完善众创空间的整体规划，实施装修并经过验收
运营阶段	增加入孵企业	在保证入孵项目质量的同时，逐步增加入孵创业团队、初创企业数量
	完善组织机构	逐步细化众创空间功能
	完善服务内容	逐步完善众创空间服务内容，包括为入孵企业对接种子、天使、风险投资机构的投融资服务，以及资源对接服务、导师辅导培训服务等
	完善战略联盟关系	逐步完善和风险投资基金、关联社会资源、关系网络等之间的战略联盟关系
	形成良性闭环生态圈	为创业者、创业团队提供一站式服务，在品牌＋专业服务＋众创空间发展成熟后，建立其他专业垂直孵化器，形成众创空间规模孵化（建立分公司）
	建立国际化闭环生态圈	逐步与国际孵化器建立战略联盟，实现资源分享，同时在国际上建立众创空间分公司，形成国际孵化分享生态圈

7.1　众创空间与其他经济组织在组织结构上的区别
Differences of Organization Structure between Traditional Economic
Organization and Co-working Spaces

　　众创空间新型孵化器分为集中办公区型和创客型两种。集中办公区型众创空间针对一般商业模式的创业者、创业团队或初创企业，在提供集中办公环境的基础上提供孵化服务。创客型众创空间专门针对创客、极客、科技发烧友，为他们准备相应的仪器、器材、配件、零部件等，在科技发烧友进行创新与技术发明创造需要的科技硬件支持基础上提供孵化服务。

　　众创空间成立初期组织机构相对简单，可能一个职员担任多重角色、工作内容穿插、覆盖多种职务类型。当众创空间获得成长、规模扩大、制度完善、管理更加系统之后，众创空间就需要通过明确分工各管理系统的职能，提高综合服务能力。

　　众创空间与其他经济组织在组织机构上有本质区别。众创空间的特点是其部门有双重职能，即在同一个部门中，众创空间内部的职能与孵化入孵企业的职能相互重叠，有两套运转体系。比如说众创空间的法务部门，一个体系是为众创空间服务，完成众创空间自身的法律需要，另一个体系是为入孵企业服务，完成对入孵企业的法律、政策等咨询服务；再如，财务部门，一个体系是为众创空间自身进行财务工作，另一个体系是为入孵企业提供财务咨询、代理记账服务等。（详细介绍参见表 2-7 众创空间各主要部门的职能细分）。

　　通常，集中办公区型众创空间新型孵化器的管理层由股东大会任命。组织机构包括综合管理办公室、人力资源部、财务审计部、技术总控部、法务处、战略管理研究中心、运营管理中心等职能重叠部门。还包括投融资管理部、顾问导师团、创业团队综合服务部等专门服务创业团队的部门。（详细管理架构参见图 2-17）。

　　创客型众创空间孵化器与集中办公区型众创空间新型孵化器的主要区别在于，创客型众创空间无论什么部门，都主要针对科技创新型、科技成果转化型的创业者或创业团队。创客型众创空间会设立专门的创客实验室，为创客们提供大型仪器设备及厂房，还会设立包括科技顾问、技术支持服务等在内的连接科技创新资源的科技创新中心及互动中心，另外还有战略研究中心，主要进行关于科技创新的前沿预测、政策研究和产业规划。（参见图2-18）。

综合性众创空间新型孵化器既需要有集中办公区型众创空间的功能，又需要有创客型众创空间的功能，可以为创客配备必要的硬件设施，为创客提供专业的科技领域的各项孵化服务。（综合性众创空间新型孵化器管理架构参见图2-19。）

分享经济是去中心化的典型模式。去中心化后的组织机构可以使信息传导更迅速，保证市场高效率运行，满足多样化、多层次的需求。

分享经济带来了社会组织形态的扁平化，众创空间作为分享经济在孵化器领域的体现，扁平化管理架构则带来了内部无边界，使它具备强悍的整合孵化资源的能力。在分享经济思想的指导下，众创空间新型孵化器真正实现了服务组织的扁平化，可使服务流程充分满足客户端需求，是一种完全建立在人与人平等、开放、互助关系之上的经济模式，是新型的大众孵化体系体验。

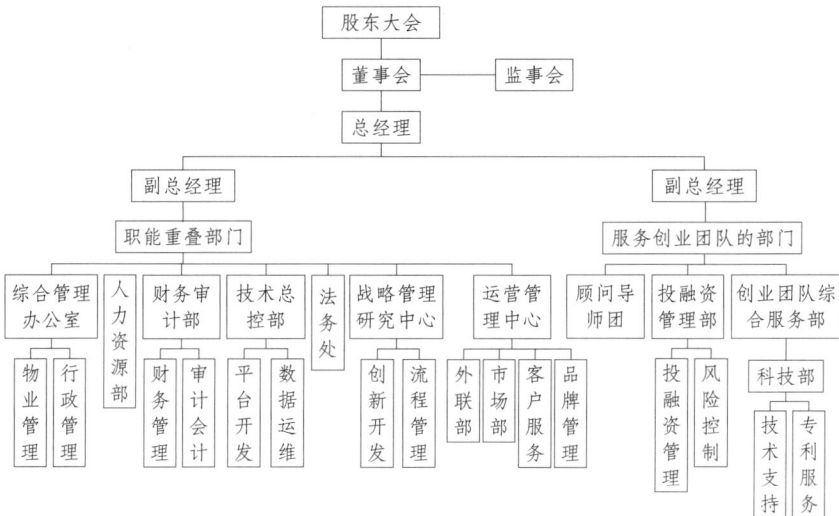

图 2-17　集中办公区型众创空间管理架构图

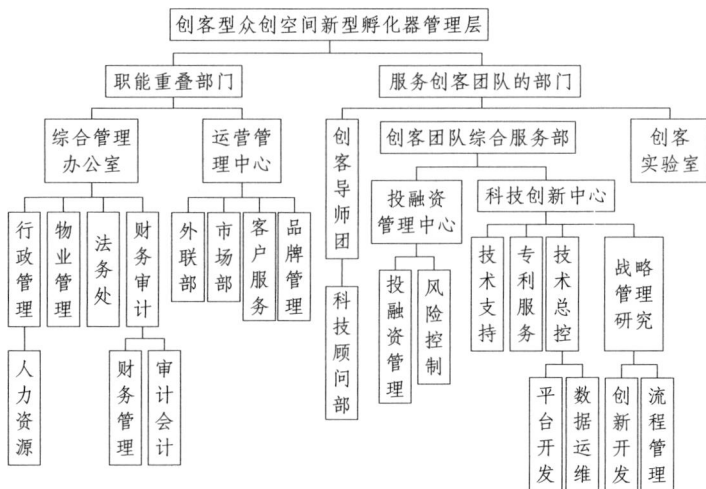

图 2-18　创客型众创空间管理架构图

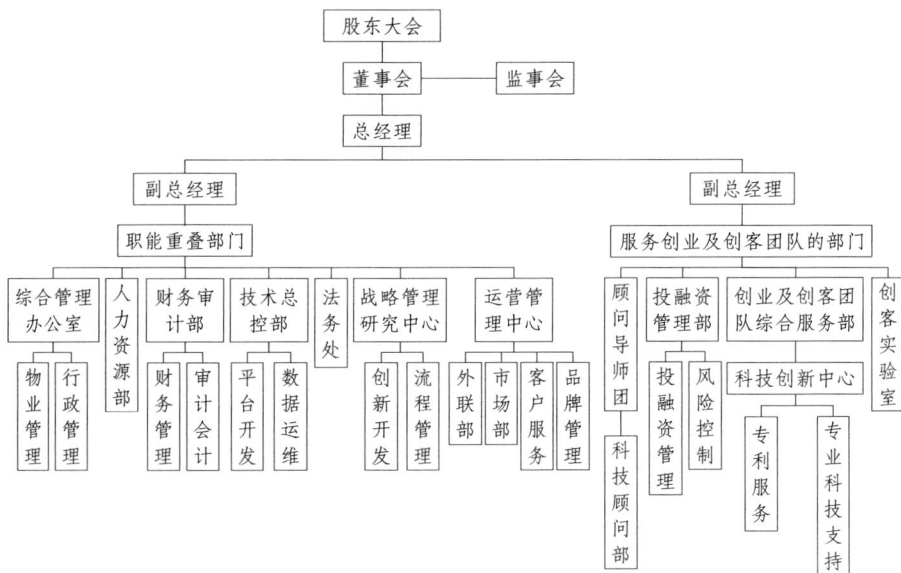

图 2-19　集中办公区加创客型众创空间组织机构图

表 2-7 众创空间各主要部门的职能细分

部门			职能细分	
职能重叠部门	总经理		受董事会委托,全面负责经营管理工作;组织制定管理制度、制定众创空间战略,协调各部门的工作,对管理层人事任免提出晋级和调整建议,以及领导制定企业年度总体工作计划	
	副总经理		负责分管部门的经营规划、调控管理,以及总经理部署的其他工作事项	
	综合管理办公室	行政管理	对外联络宣传、接待、通讯信息,准备相应的综合资料;文件、合同印章等管理;采购、登记、发放办公用品;消防安全和安全责任书等合同文本	
		物业管理	管理后勤服务,包括集中办公区安保、保洁、水电维修、设施、设备保养维修、绿化美化,建设工程筹建,在建工程、装饰工程施工管理等日常事务	
	人力资源		企业人事代理服务;考核一般员工的工作绩效、办理社保、公积金等;招聘员工,并提出晋级、调整和辞退建议等	
	财务审计部	财务管理	拟定公司财务相关制度;拟订公司年度财务计划,编制季度、年度财务决算等	
		审计会计	建立固定资产台账;内部财务管理;审批各项财务支出;管理日常支出,核算企业应缴纳的费用;代收各种费用,提供完税证明等	
	技术总控中心	平台开发	云孵化平台系统开发,以及代理软件或平台开发等	
		数据运维	升级维护公司云平台系统;进行大数据分析并提出修正、改进意见等	
	法务处		处理所有众创空间有关的合同文件、诉讼、法律咨询等法律事务	
	战略管理研究中心	创新开发	针对资本市场、商业市场、人力资本市场以及产品市场,对众创空间自身进行前沿预测、政策研究和产业规划;创客空间的战略研究中心主要分析科技行业的政策、发展、规划等	
		流程管理	对众创空间内部流程的优化及管理	
	运营管理中心	拟定各项经营管理制度;拟定房屋、会议室等租金标准;汇总其他部门年度工作计划,拟定年度经营计划并组织实施	外联部	处理与外部资源、媒体等的商务公共关系
			市场部	市场开发及产品销售
			客户服务	提供云孵化服务平台及其他客户服务
			品牌管理	品牌塑造、品牌宣传、品牌增值

续表

部门				职能细分
对创业团队的服务体系	线上线下			同时提供线上云孵化平台及线下实体孵化服务
	投融资			提供风险投资及融资平台；制定投融资工作管理办法；评估并帮助入孵企业与种子基金、天使投资、风险投资基金进行对接；引入专项、行业基金，协助风险投资基金拟定风险控制方案
	顾问导师	为创业团队开展创业辅导、培训、讲座、投融资服务、政策咨询等；为创业团队提供嵌入式服务和专业个性定制服务	管理类	为创业团队提供团队建设、组织机构设置、制度建设等培训、咨询服务
			战略类	针对资本市场、商业市场、人力资本市场以及产品市场，帮助创业团队进行项目的前沿预测、政策研究和产业规划
			财务类	提供代理记账、财务会计咨询等服务
			投融资类	为创业团队提供投融资培训、咨询服务
			科技类	帮助创业团队进行知识转移和科技成果转换等，并提供专业技术指导、培训服务
			法务类	给入孵企业提供政策咨询、法律咨询等服务
	创业团队综合服务部			企业工商注册、税务登记及高新技术企业认证；建立企业档案、更新企业信息库；与创业团队签订租赁合同、孵化协议书，制定入孵企业的孵化计划；与学校、科研机构等促成合作，整合资源为入孵企业服务；提供技术交易、生产合作，以及协助办理知识产权和技术成果转化的服务；落实跟踪对创业团队的服务
	科技类	创客实验室		为创客们提供大型仪器设备、厂房等硬件资源（创客型众创空间）
		科技创新中心		包括科技顾问、技术支持服务等在内的有关链接科技创新的资源和互动中心（创客型众创空间）

第三章 | **云孵化众创空间的革命**

Chapter III　Revolution of Cloud-incubating Co-working Spaces

08
建立云孵化分享服务平台
The Establishment of a Cloud-incubating and Service-sharing Platform

　　众创空间属于服务业，因此要构建以开放、自由、良好信用机制为基础的云孵化分享服务平台。云孵化理念依托的是利用移动互联网搭建起来的基于综合优势理论[1]的云孵化分享服务平台，并利用互联网思维、借助云孵化分享服务平台实现云孵化。云孵化分享服务平台持续运转、发展，云孵化得以实现的根基是建立、运维中央控制系统[2]大数据中心，并以向所有创业者、创业团队提供优秀服务为最高的服务理念。

　　云孵化分享服务平台要求所有的参与者都有自觉的分享精神。自觉的分享精神是资源主体和需求主体双方信任和对等交易的基石，是开放、平等的大众孵化体系的基本要求。

1　综合优势是指企业、组织机构将各种优势有效聚集后产生的综合优势效应。
2　云孵化分享服务平台建立的包含创业信息、资讯、投融资、资源对接、技术、专利、知识产权、交易信息等相关资源的中央大数据控制中心。

在分享经济中，市场的供需双方基于信任达成交易，所以只有建立双方的互信关系，分享行为才会发生。正如诺贝尔经济学奖得主、经济学家肯尼思·阿罗（Kenneth Arrow）所言：信任有着重大的实用价值，信任是重要的社会系统润滑剂。信任组成了双方交易成本中最关键的部分，"在一个有规律的、诚信的、相互合作的共同体内部，成员会基于共同认可的准则，对于其他成员有所期望，这一期望便是信任"。[1] 因此众创空间云孵化平台搭建时，应确保可信资源能够向市场发出信任信号，建立信任环境。如提供双方背景信息，建立互评、推荐、举报、交易流程展示、交易规范制度等，以充分竞争、公开透明的模式带来云孵化平台创业服务的整体增信，提升社会信任程度。

通过建立包含创业信息、资讯、投融资、资源对接、技术、专利、知识产权等相关资源的中央控制系统型数据库，云孵化分享服务平台将所有服务提供给云孵化平台多元化、多角色的客户端。分享经济时代的云孵化，不仅降低了创新创业资源的成本，提升了创新资源对接与匹配的效率，同时也降低了时间成本、缓解了就业压力，带来了空前的社会效益和经济效益。

8.1　云孵化对公益孵化理念的革命
Revolution brought by Cloud-incubating to Non-profit Incubators

传统经济时代是独占的世界，独占形成垄断，才能保持长期持续的利益最大化，并铸就坚固的行业壁垒。传统社会公益孵化器在 20 世纪的创新工业变革及互联网时代有着不可替代的贡献。

然而，随着移动社交的出现，分享经济理论兴起，迎来了分享经济时代，人类逐渐愿意将闲置资产与他人分享，促进了闲置资产的有效利用。分享经济时代

1　弗朗西斯·福山著，郭华译：《信任：社会道德与繁荣的创造》，桂林：广西师范大学出版社，2016年第 1 版，第 28—29 页。

的新型孵化器，可以使创业团队通过云孵化平台实现创业信息和资源与需求的有效对接。因此，传统社会公益孵化器面临全新课题的挑战。

首先，传统社会公益孵化器主要是由各国政府主导的，他们的发展受到物理性空间的制约，无法满足大规模的创业者、创业团队的需求。云孵化则突破了物理空间的限制。云孵化平台作为一个综合的网络平台，不需要占用太多的物理空间。社会公益孵化器如果进一步扩大和发展，让更多的初创企业可以进驻，对物理空间的需求必然造成更大的压力，而云孵化分享服务平台可以有效突破这方面的限制。

传统的社会公益孵化器的服务还受到时间的制约。非工作时间和节假日期间，入孵初创企业能够享有的各类孵化服务会受到限制。云孵化分享服务平台摆脱了传统孵化器的时间束缚。所以移动互联时代下的云孵化平台，提供的服务不会受到时间的制约，创业者可以全天候、在动态中得到所需要的服务。

其次，分享经济下的新型孵化器与传统孵化器在服务水准、专业技能以及人力资本方面都有明显的优势。众创空间新型孵化器的管理团队来自各个行业，有着天然的跨界优势，同时在资本运作方面也更加灵活高效。

再次，传统社会公益孵化器由于缺乏统筹规划，容易导致"信息孤岛"的出现，同时传统孵化器不断地重复建设，造成了社会资源的浪费。在分享经济的理念下，建设云孵化平台可以通过生态组合，有效地把全社会资源汇集起来，并使资源得到分享。

在云孵化服务平台出现之前，传统孵化器的导师资源、专利资源、投资基金资源、技术资源、管理者资源等创业资源都是碎片化的，零散分布于创业者、创业团队、技术拥有者等与创业相关的各专业性组织和个体中。因为时空的分离，创业资源的整合成本之高难以估算，而随着"互联网＋"思维的兴起，移动互联、物联网、大数据、云计算相继出现，用分享经济的理念，可以使大量边缘创业供需资源得到充分的整合与对接，并且在云平台的世界里，资源、知识等可以无限创造和复制。

分享经济为云孵化注入了坚实的理论基础。云孵化充分诠释了分享经济的本质，完美解决了传统孵化器中创新创业资源供需结构不对称的问题。在全球化的创新创业时代，对服务于创业者及创业团队的孵化器的需求急剧增加，真正提供优质创新资源及创业培育指导的云孵化平台是稀缺资源。

云孵化平台是以移动互联网为媒介和载体、发挥多元资源配置作用的新型孵化服务组织。

通过云孵化服务，可以促进创新资源供给方不再局限于只提供闲置资源，激发更多人分享专业的孵化资源，通过云孵化平台对接专职服务人员，如创业团队与风险投资基金专职经纪人对接，帮助二次创业者寻找合作伙伴、寻找优质商业项目的专职推手等。另外通过运用云孵化生态平台的各个积极要素，能够完成分享经济在孵化领域的革命。

当前众创空间新型孵化器还在起步阶段，受到各种现实状况的制约，如果能够有效运用信息化手段、大力发展网络云孵化器，在发展中有效解决目前存在的问题，如服务平台的系统规划等问题，那么前途必定是无限光明的。

8.2　云孵化分享服务平台系统规划
System Planning of Cloud-incubation Services Platform

众创空间新型孵化器云孵化分享服务平台，最终构建的是一个创业大数据平台。将创业大数据平台与分享经济融合，带来的潜力和可释放的巨大能量是未来最具价值的创业资源。云孵化平台的本质是大数据中心的中央控制系统，众创空间通过提取、分析、整合有效客户端的反馈等大数据信息，形成创新生态链的主要要素。为云孵化平台客户端提供优质服务，是云孵化平台的服务理念和经营战略。

理念需要落地，需要云孵化平台的承载。众创空间新型孵化器构建的云孵化分享服务平台基于服务理念，规划综合服务传递系统（服务功能或模块），而服务传递系统的体现需要依托服务界面。客户端在云平台使用和体验过程中的一切反馈和需求都是云平台大数据的必要来源。云平台基于创新要素生态链、革新服务理念、更新和完善服务传递系统、优化服务界面，三者共生共荣，共同促进众创空间新型孵化器云孵化分享服务平台大数据中心的发展壮大。

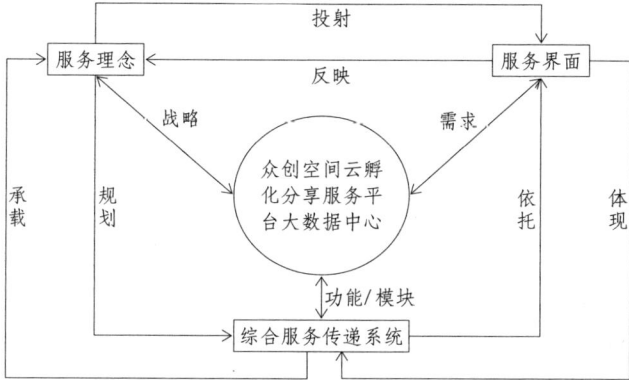

图 3-1　众创空间云孵化分享服务平台大数据中心组织管理匹配图

由图可以看出，众创空间新型孵化器为客户端提供的云孵化分享服务平台从服务层面来看，包含三个层面：服务理念层面、综合服务传递系统层面、服务界面。

服务理念主要是指云平台的使命和最终愿景。服务传递系统，即通过技术实现的云平台各个服务模块，包含了每一个创业者和创业团队都可能需要的多种类、多形态、多重心、多角度的云孵化分享服务平台的多元化模块。服务界面，即基于软件服务的传递系统模块，呈现给创业者和创业团队的云孵化服务界面，包括研发创新板块、项目展示板块、专利板块、导师板块、信息交互板块、政策法务板块，以及其他第三方服务平台的板块等。

服务界面的目的是使众创空间云孵化分享服务平台的服务得到恰当的表达，因此最后落地的是服务表达层面，即众创空间新型孵化器表现出的可以真正提供给创业者和创业团队的多形态云孵化服务。

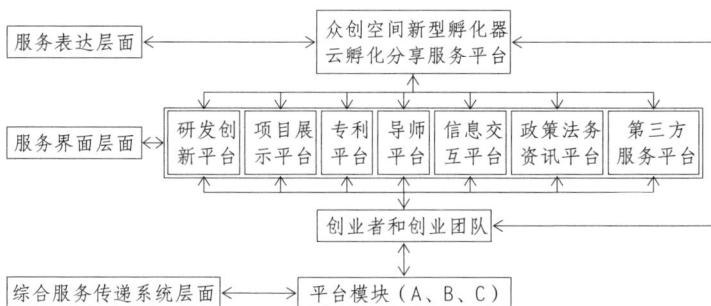

图 3-2　众创空间以团队为核心的云孵化分享服务平台

云孵化分享服务平台最终构建的将是，从对客户端需求的客观认识和管理出发，到组织结构管理、资源管理、服务流程、综合服务传递系统，最终到大数据分析的自循环创新路径。并在整个服务创新路径重构与转换的流程中，建立创新、学习协调与整合机制，触发知识流、价值流和信息流的生生不息与转化，达成良性的自循环创新路径。

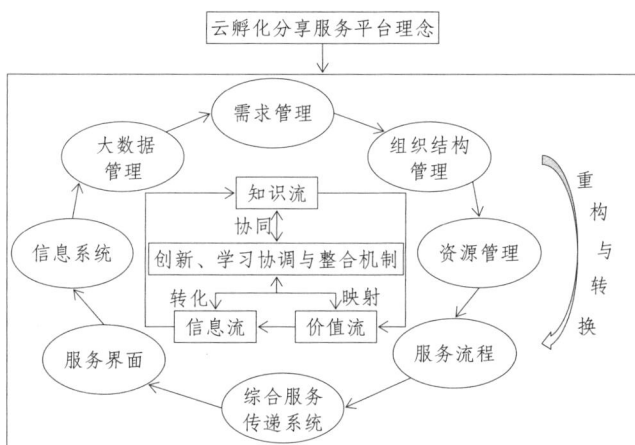

图 3-3　众创空间云孵化分享服务平台自循环创新路径重构图

最终，基于众创空间新型孵化器云孵化分享服务平台，不同的客户端类型可获得不同的服务项目，并置身于知识储备、知识交互、知识再造等不同的知识形态阶段。

表3-1 众创空间云孵化平台服务项目

参与方	服务项目	知识管理形态
创业者、创业团队	提供创意；导师、专家咨询；文献查询、资料查询、行业信息查询；政策、科技、税务、法律等资讯获取；反馈意见；撰写商业运营计划书	知识储备
	提供运营细节落地计划；制作商业运营报告流程；参加创业者论坛、社区、各种线上线下活动	知识再造
	获取风险投资基金对接、其他资源对接渠道等；产品成果展示；仪器、设备购买渠道	知识交互
云孵化器	搜集商业信息、行业信息与技术产业资料；建立云服务完善流程、反馈和改进机制；建立客户端大数据库	知识储备
	提供各类科技展示与技术转移服务平台；提供专利展示、专利科技成果鉴定	知识再造
	建设线上培训课程；建立线上、线下交流平台；建立专家资料库；举办线上服务专题论坛；虚拟社群联盟；提供第三方资源并协助资源对接；提供创新基金展示以及风险投资基金对接渠道；提供宣传推广、市场营销平台；提供商业模式咨询；提供政策、科技、税务、法律等咨询平台；协助创业团队申请政府补贴等	知识交互
导师专家	与其他导师专家进行在线交流；在线查阅导师培训课程	知识储备
	提供线上创业团队运营咨询；提供专业基础管理咨询；提供专业商业模式咨询；支持创新商业模式、产品研发；提供线上授课、在线培训服务	知识交互
	参与各种线上线下活动	
投融资机构	获取团队及项目基本信息及对接渠道；提供国内外投资大环境分析预测	知识储备
	提供投资方向与投资方式；提供创新基金展示；提供专业投资咨询	知识交互
专利持有者	国际专利信息查询	知识储备
	提供专利展示平台；提供专利转移平台	知识交互
	寻找专利市场化合伙人；寻找专利市场化投资方；成为创业者，享受创业者的所有服务	知识再造
第三方机构	查阅产品或成果独特性及市场竞争力分析信息	知识储备
	提供产品成果展示平台；寻找开拓产品市场等的战略合作伙伴；咨询行业走势以及未来方向	知识交互
	获取产品（服务）创新的新的资源组合	知识再造

8.3 云孵化分享服务平台演化过程
Evolution of Cloud-incubating Service Platform

众创空间新型孵化器云孵化分享服务平台是为创业者、创业团队及初创企业，以及创业导师、知识产权拥有者、技术拥有者等与创业相关的人力资本，提供完善云孵化服务的资源分享平台。众创空间新型孵化器云孵化分享服务平台建立初始就具备一定的孵化能力（稀缺的资源、项目展示、导师培训、信息交互等功能），但这种能力是有限的，而后随着云孵化服务能力的增强，云孵化分享服务平台不断成长、发展和演化，并持续获取、创新、整合信息，云孵化分享服务平台功能最终趋于完善，即具备了涌现性整合能力、系统服务能力、全生态功能结构、重构型知识资源、全方位项目展示、全流程导师培训、无界限信息交互等功能。

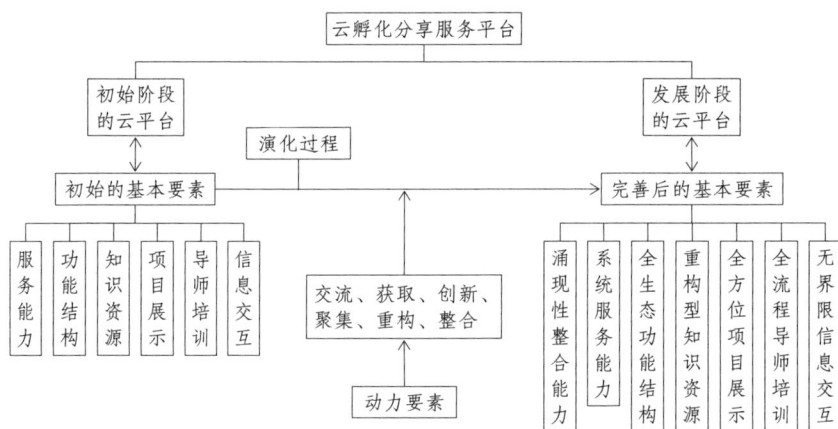

图 3-4　众创空间云孵化分享服务平台功能及功能进化过程图

良性发展的众创空间新型孵化器云孵化分享服务平台，会经过四个阶段的演进，并成长壮大，这四个阶段即形成阶段、发展阶段、成熟阶段，以及创新重构阶段。在形成阶段，云孵化分享服务平台被动等待演化需求，属于要素类资源牵引型；发展阶段，云孵化分享服务平台主动征集需求，属于规划类、流程类的需求导向型；成熟阶段，云孵化分享服务平台自发进行平台开发、扩展，使自身组织系统及创新体系日臻完善，有能力积极创造需求，在满足创业团队基本需求的基础上，改变创业团队的表象型行为；创新重构阶段，云孵化分享服务平台基于前三个阶段的积淀、进步、扩张、壮大、完善，服务创新程度必然经历质的飞跃。不经历创新重构阶段，众创空间就无法进行良性发展，最终一定会走向衰亡。

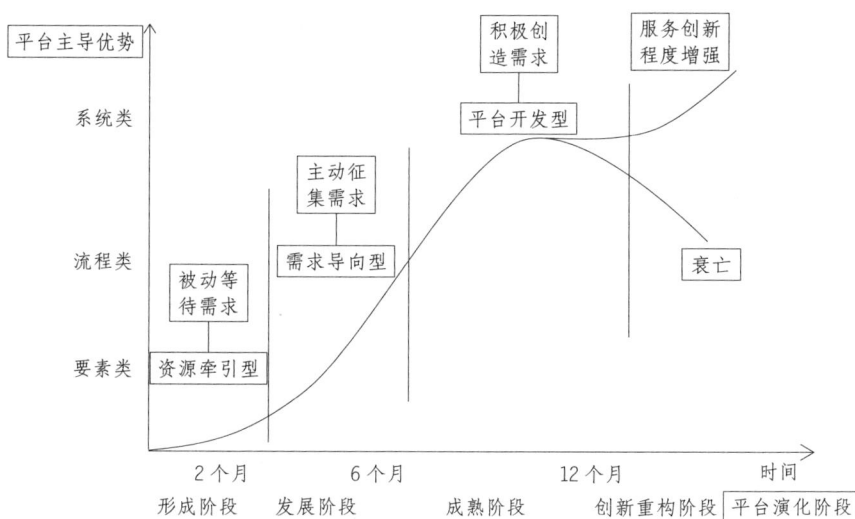

图 3-5 众创空间云孵化分享服务平台服务创新演变过程及运行规律

8.4 建立完善的云孵化分享服务平台
Building Sophisticated Cloud-Incubation Sharing Service Platform

云孵化器将建筑设施、孵化设备等硬件和移动互联网媒介、现代信息技术相结合，通过专业管理服务团队，将创业团队所需要的社会资源有效整合在一起。云孵化器是将网络平台中的诸多资源要素引导到初创企业并使之成为创业创新动力的媒介，是根据创业团队现实需要，提供个性化服务的综合云孵化平台生态系统，是一种新型的孵化组织。

众创空间新型孵化器可以提供云孵化服务的前提，是建立云孵化平台门户，即 PC 端门户网站和移动客户端 APP。云平台门户是实现无阻碍咨询、自由合作对接和思想交互后互动式创新的载体。依托载体，云平台才可能提供包括专家技术咨询、技术展示、技术转化、创业孵化、信息交互、项目运营管理、导师管理培训、投融资对接等在内的多角度、多形态服务体系。

云孵化分享服务平台包括两层子系统，第一层子系统包括门户层、应用层、服务层、信息处理层、基础设施层、系统运维层、内部外部资源整合层；第二层子系统包括权限管理、运维管理、资源管理等其他综合服务管理。

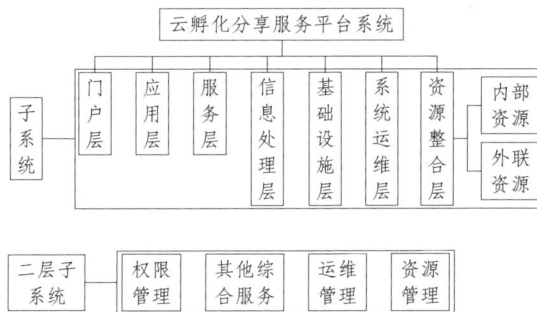

图 3-6　众创空间云孵化分享服务平台总体功能模块系统图

云孵化分享服务平台构建的主体功能和运维模块包括前端和后端两部分，二者相辅相成、缺一不可。前端主要包括会员客户端登录、普通客户端登录、信息发布以及服务提供（服务界面层面）四部分,后端主要包括会员管理、客户端管理、系统环境设置、系统维护以及数据库管理五部分。

基于云孵化分享服务平台总体主题功能模块以及主题要求，云孵化分享服务平台需搭建以集成网络设备、系统软硬件、服务器等健康、完善的硬件基础设施为基础的系统平台。通过该系统平台，所有的服务信息都能够以大数据的形式体现，并存储在云孵化分享服务平台的中央控制系统服务器上。而云孵化分享服务平台通过对这些大数据的挖掘、分析、集成、交换等数据整理，能够实现云孵化分享服务平台端的服务资源和创业需求的对接匹配。

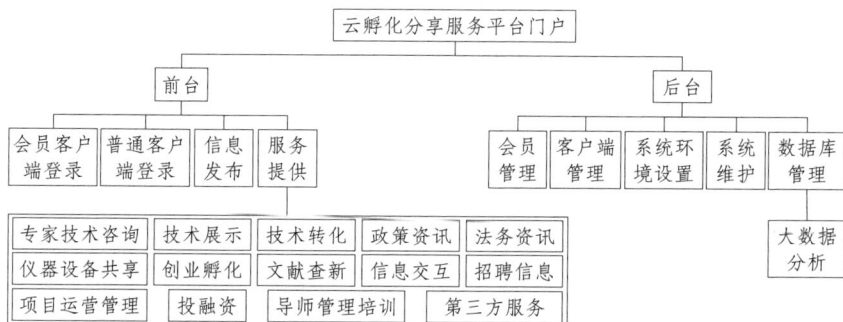

图 3-7　众创空间云孵化分享服务平台主题功能图

构建云孵化分享服务平台的四大体系是：技术标准体系、信息安全体系、系统运维管理体系，以及法规政策制度体系。参见下图。

众创空间新型孵化器云孵化分享服务平台门户

移动客户端（APP）　　PC 客户端（电脑）

平台应用层

集成服务

| 咨询 | 互动式创新 |
| 合作对接 | 辅导培训 |

平台服务层

专家技术咨询	技术展示及转化	政策及法律咨询	投融资
仪器设备共享	资源对接	文献查新	信息交互	招聘信息
项目运营管理	导师管理培训	商务管理咨询	第三方服务

平台信息处理层

资源集成与需求集成

| 数据挖掘 | 数据分析 | 数据集成 | 数据交换 |
| 数据监控 | 废弃数据处理 | 数据库备份处理 |

平台资源层

服务资源

资金	资讯	政策	仪器设备	社会资源
导师	专利	项目	科技金融	人力资本
文献	技术	平台	基础设施	综合资源

创业需求

管理	信息	培训
政策	人力资本	平台
资金	技术	市场

平台基础设施层

存储、网络设备系统软件、服务器等其他硬件

技术标准体系　信息安全体系　系统运维管理　法规政策制度

运行支持层

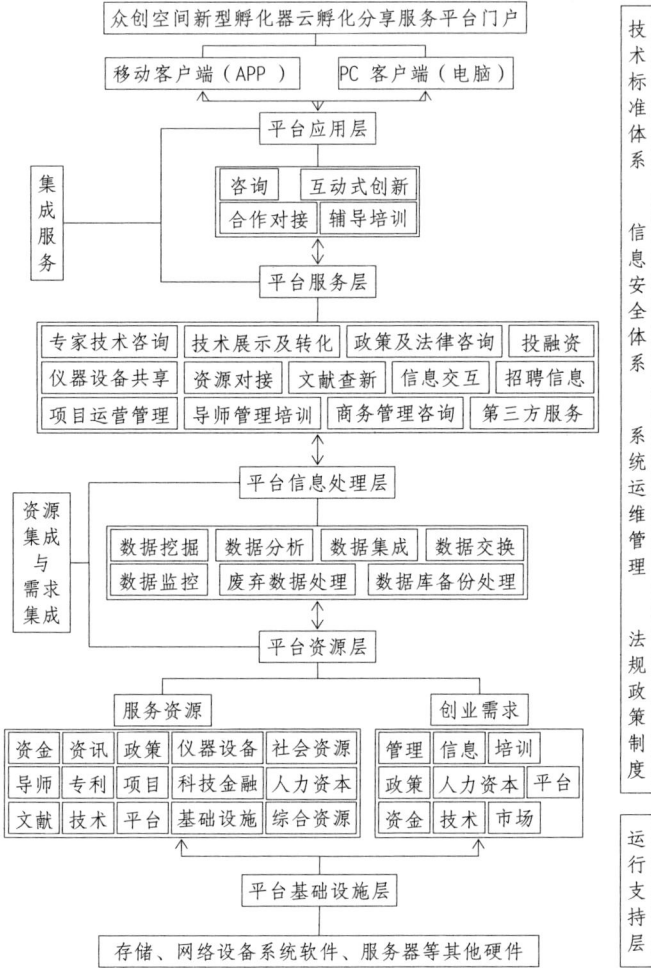

图 3-8　众创空间云孵化分享服务平台集成管理图

09

云孵化生态链的运作管理
The Operation and Management of a Cloud-incubating Ecosystem

9.1 云孵化资源和需求的提取与对接
Extraction of Resources and Demands of Cloud-incubating

分享经济思维下，个体和个体之间智慧的连接，成为了移动互联网时代的一种新生产力，极大地促进了云孵化平台参与者的创造能力，并通过信息协同把人类社会的生产效率提高到了前所未有的高度。接入移动互联网络平台的智慧个体越多，创造力和价值也就越大。

众创空间云孵化分享服务平台的客户端，从根本上区分，包括两大类：资源主体和需求主体，它们囊括了众创空间新型孵化器云孵化分享服务平台的所有服务对象。云孵化是分享经济在众创空间领域最有效的运用，云孵化平台的每一个客户端既可以作为云孵化平台客户端的资源主体，又可以作为需求主体，以云孵化平台为交易媒介，双方自主参与，获得个性化和定制化服务。由云孵化平台背书，共同塑造双方信任基础并实现共赢交易。

分享经济平台上聚集了大量创业者、创业团队，为创新资源供给方寻找创新资源需求者提供了便捷的途径。创新资源供给方不必依托于第三方社会经济组织，就能让闲置创新资源得到有效合理的利用，为整个创业市场注入了新能量。

具有分享经济思维的云孵化平台整合创新创业资源，并以较低的价格向创业者、创业团队提供创业资源或服务。资源供给方可以通过在特定时间内让渡资源的使用权或直接向创业者、创业团队提供创新资源及服务，获得一定经济收益。对创业者、创业团队而言，则可以通过分享经济时代的租赁方式轻松获得资源或服务的使用权。云孵化平台是连接创业者、创业团队与资源供给方的桥梁，并通过提供服务获得利润。[1]

在云孵化平台上，参与创新资源交易的双方可根据自身需求动态互换角色，因多角色直接互动形成的多角度数据信息以及众创空间自有资源信息，均可在云孵化分享服务平台获得真实完整的呈现。创新资源交易各方的资源及众创空间自有资源构成的多方信息最终汇聚在云孵化分享服务平台上，成为为资源主体与需求主体提供系统化、全方位服务的资源池。

云孵化分享服务平台作为可分享多种创新创业资源要素的重要平台，通过优化资源配置，形成以开放、共享、绿色、便捷为特征的创业新模式，使创业民主化理念成为可能，并建立了大众孵化体系。

众创空间新型孵化器云孵化分享服务平台是系统集成解决方案得以实施的平台保障。它提供全方位系统服务、优质孵化服务的前提是对资源主体、需求主体信息的提取能力。只有对资源和需求信息进行集成整理、深度分析，并配备合理的解决流程和模式、集成规则及策略以及跟踪监控反馈机制等，才能顺利实现对需求和资源的整合匹配，最终制定并形成系统集成解决方案，为云孵化分享服务平台的客户端提供服务。因此，合理的众创空间新型孵化器云孵化分享服务平台

1　一般情况下，资源供给方需要向云孵化平台支付一定费用，如会员费用。但有些平台（如 Airbnb）是向资源需求方收取费用，资源供给方并不需支付任何费用。

集成管理尤为重要。

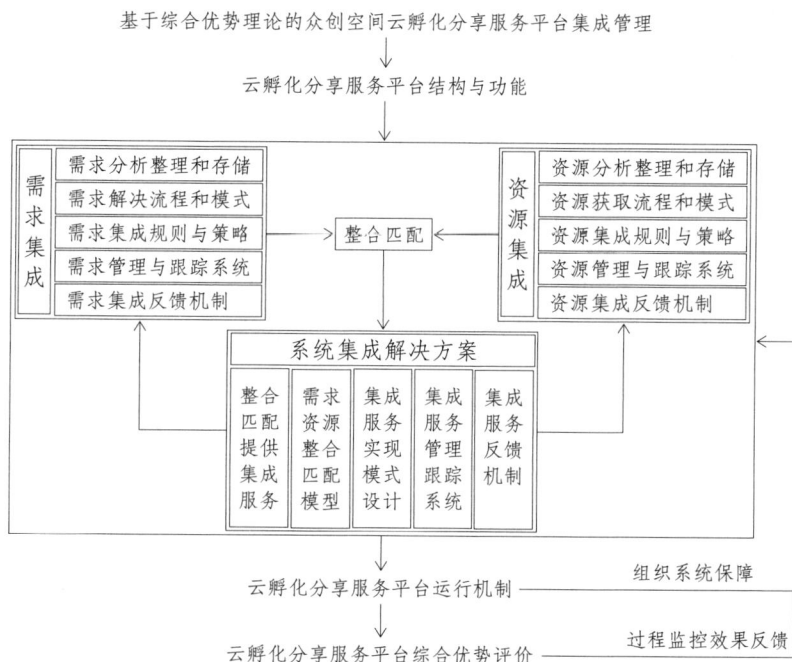

基于综合优势理论的众创空间云孵化分享服务平台集成管理

云孵化分享服务平台结构与功能

需求集成	需求分析整理和存储
	需求解决流程和模式
	需求集成规则与策略
	需求管理与跟踪系统
	需求集成反馈机制

整合匹配

资源集成	资源分析整理和存储
	资源获取流程和模式
	资源集成规则与策略
	资源管理与跟踪系统
	资源集成反馈机制

系统集成解决方案

| 整合匹配提供集成服务 | 需求资源整合匹配模型 | 集成服务实现模式设计 | 集成服务管理跟踪系统 | 集成服务反馈机制 |

云孵化分享服务平台运行机制 —— 组织系统保障

云孵化分享服务平台综合优势评价 —— 过程监控效果反馈

图 3-9   众创空间云孵化分享服务平台集成管理架构图

分享经济时代的新型经济模式下，以云孵化平台为介质，促进创业知识、资源、信息的跨界与整合，打通了创业资源与需求之间的层层壁垒。

云孵化分享服务平台需建立立体化的需求库，通过需求库，云孵化平台可以有效提取、识别、描述和解读云平台客户端的需求信息。还可以通过获取云孵化平台客户端的可见需求挖掘潜在需求、预测未来需求，并进行需求集成。此外，还可以在云孵化分享服务平台上根据需求层级、需求集成维度、需求集成模式等进行递进式大数据处理，优化云需求库的建设。

分享经济通过互联网和大数据将全世界零散的、分散的、闲置的资源有效整合。分享经济是所有有形（仪器、工具、资金等）、无形（劳动、技能、时间等）事物的共享。云孵化分享服务平台需建立多元化、立体化的资源库。并且在云孵化分享服务平台上，资源来源相较需求来源更多、更广、更复杂，方式也更多，因此众创空间新型孵化器对资源和需求在整理和集成的定位上有所不同。对于需求的整理和集成，众创空间侧重于时间要求及需求层次等；对于资源的整理和集成，则以是否创新、资源类型、汇集方式、汇集制度等角度为侧重点。

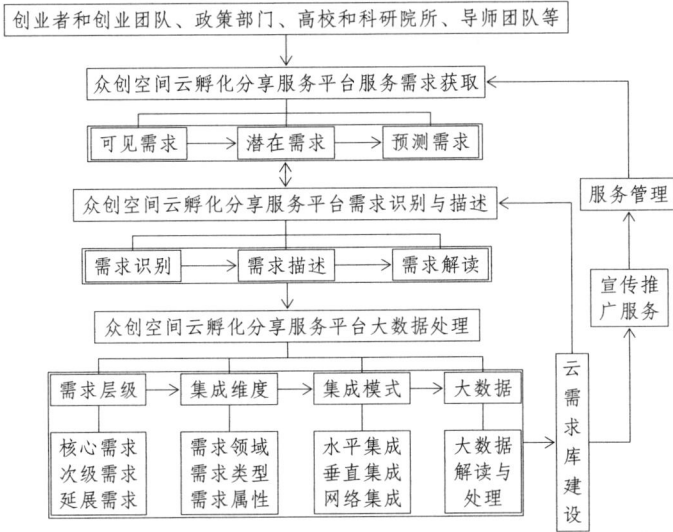

图 3-10　众创空间云孵化分享服务平台需求集成流程图

　　众创空间通过多种方式获得云孵化分享服务平台可能的资源来源，全面汇集有效资源，并持续建设优化云资源库，使资源集成达到并维持效益最大化。同时，通过云孵化分享服务平台进行孵化，让云孵化平台客户端感觉到更大的主动权和透明度，使云平台客户端可以在参与过程中充分发挥自主掌控能力；同时，资源主体亦可从中获得额外收益。

　　云孵化分享服务平台对科技资源及科技需求的汇集，在侧重点上与一般资源和需求的汇集有所不同，因为科技资源和科技需求的专业性、垂直性更强。无论是政府机构、科技部门、研究机构、高校，或是孵化器自行调研，通过统计机构获取的科技发展大数据等，都是针对某些特定领域、特定行业的特别说明，所以对科技资源及科技需求的汇集来源要单独描述。

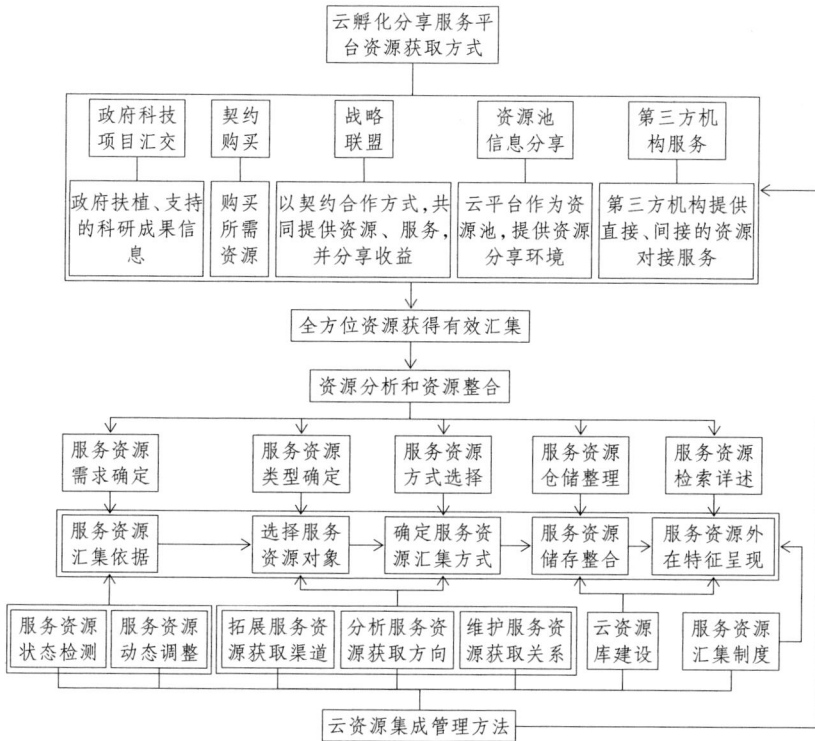

图 3-11   众创空间云孵化分享服务平台资源集成流程图

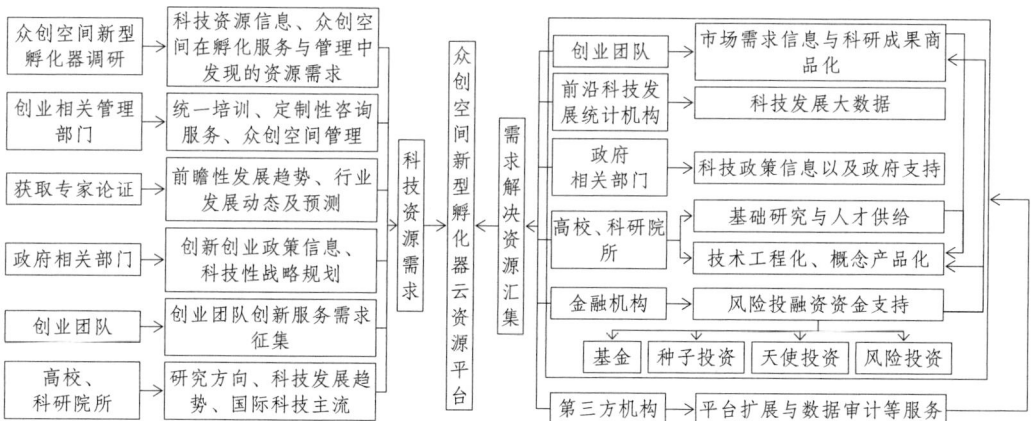

图 3-12   众创空间云孵化分享服务平台科技资源需求征集及资源汇集图

　　基于众创空间新型孵化器云孵化分享服务平台，资源主体和需求主体双方既可以在线安全且成功地实现自由匹配、自由对接、自由交易，形成切实的解决方案；还可以与众创空间新型孵化器进行交流、互动，并及时获得需要的孵化服务，从而规避了实体孵化在时间上的延迟和空间上的不便。

　　云孵化分享服务平台从多角度对需求主体的需求信息进行提取、分类、集成，明确需求属性，提供匹配的服务模块，集成解决方案。

　　分享经济的一个颠覆性影响，体现在互联网的普及缓解了交易双方或合作双

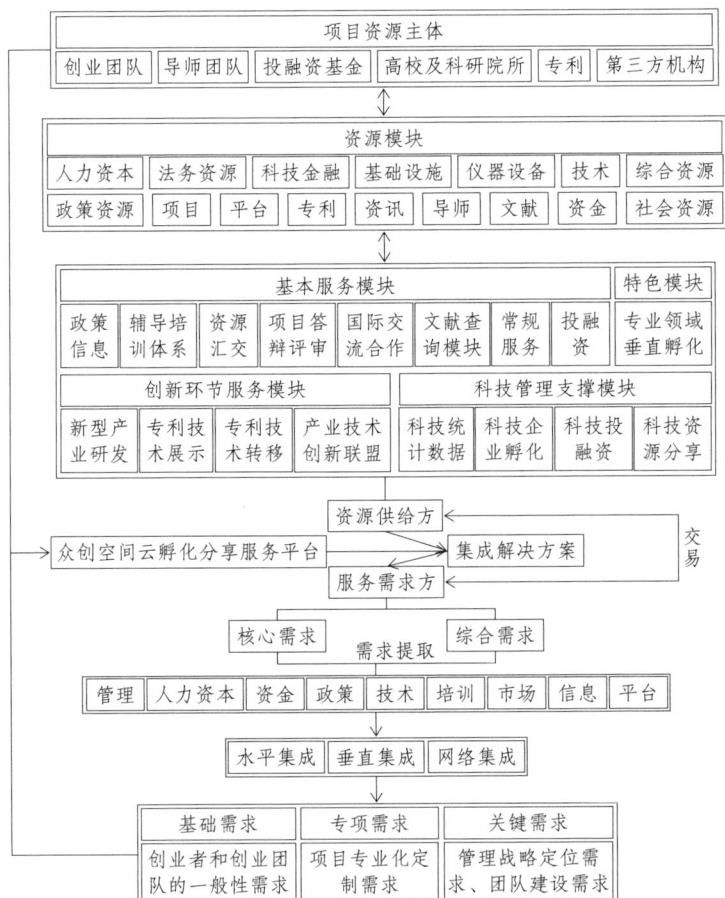

图 3-13　众创空间云孵化资源与需求关系图

方信息不对称的痛点，减少了交易成本，从而导致传统企业在其行业内的市场萎缩、客户边界收缩。并且，互联网提升了信号传递和信息甄别的效率，提高了需求与供给的匹配效率。

针对创客团队，众创空间新型孵化器云孵化分享服务平台将优势资源集成后，通过对技术及管理创新信息的整合，了解创新知识、科技前沿技术及管理技术，构建众创空间的创新优势。然后通过对市场环境、服务、政策、创投等信息的理解，形成众创空间的主导优势。在此基础上，融合众创空间的管理服务、运营知识，以及技术团队、导师团队、人力资本等高端人才服务，形成众创空间的核心能力[1]，再配合可提供的硬件设备、科研仪器及其他综合优势资源，形成众创空间的综合性优势，以此孵化、培养出更多优秀的创业者和创业团队、导师专家团队、专利科技成果、毕业优秀企业等。在这一过程中，云孵化分享服务平台必然处于综合优势不断上升的趋势中，也会促进众创空间新型孵化器集成更多的优势资源，逐步实现基于综合优势理论的集成管理。

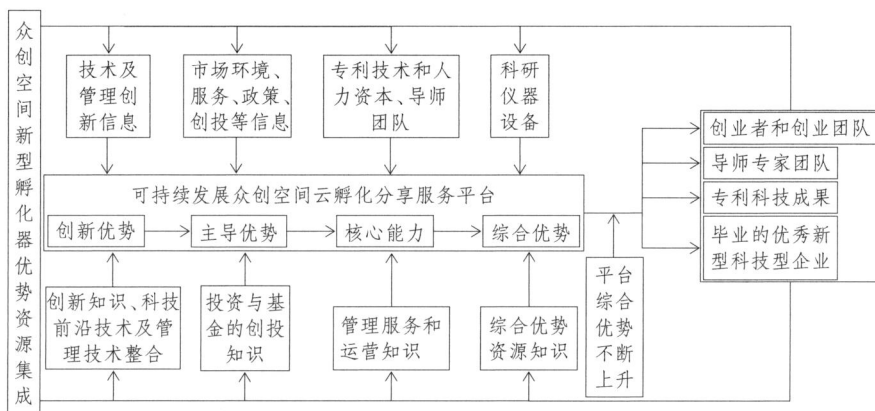

图 3-14 综合优势理论的集成管理共享云孵化分享服务平台（创客团队）运行图

---

1 核心能力是指企业在关系到自身生存与发展的关键环节上所独有的某种优势、能力或知识体系。

　　在分享经济的基础上，运用大数据和云计算处理方法，将云孵化分享服务平台的需求和资源进行匹配，从而提高匹配效率。

　　众创空间新型孵化器云孵化分享服务平台，需求与资源可能的匹配结果共有五种，即全方位匹配、包含匹配、部分匹配、交叉匹配，以及匹配失败。在对需求和资源进行匹配分析和计算时，应首先对可能影响匹配结果的因素、方法及实例选择加以研究和确定。目前最优匹配方法是德尔菲法（详见图3-16），即建立专家小组，多轮匿名背对背征询集成最终解决方案，并且最终匹配成功的案例，应录入第三方检测服务中心留档。

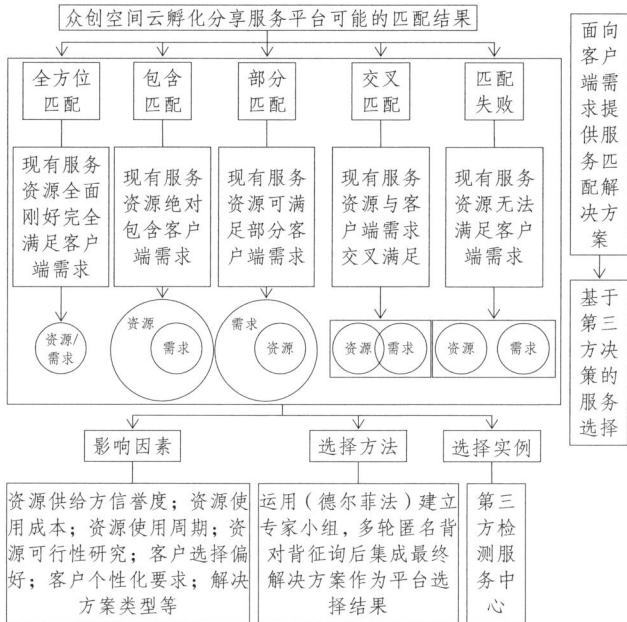

图 3-15　众创空间云孵化分享服务平台服务匹配与选择方法图

德尔菲法实施流程图

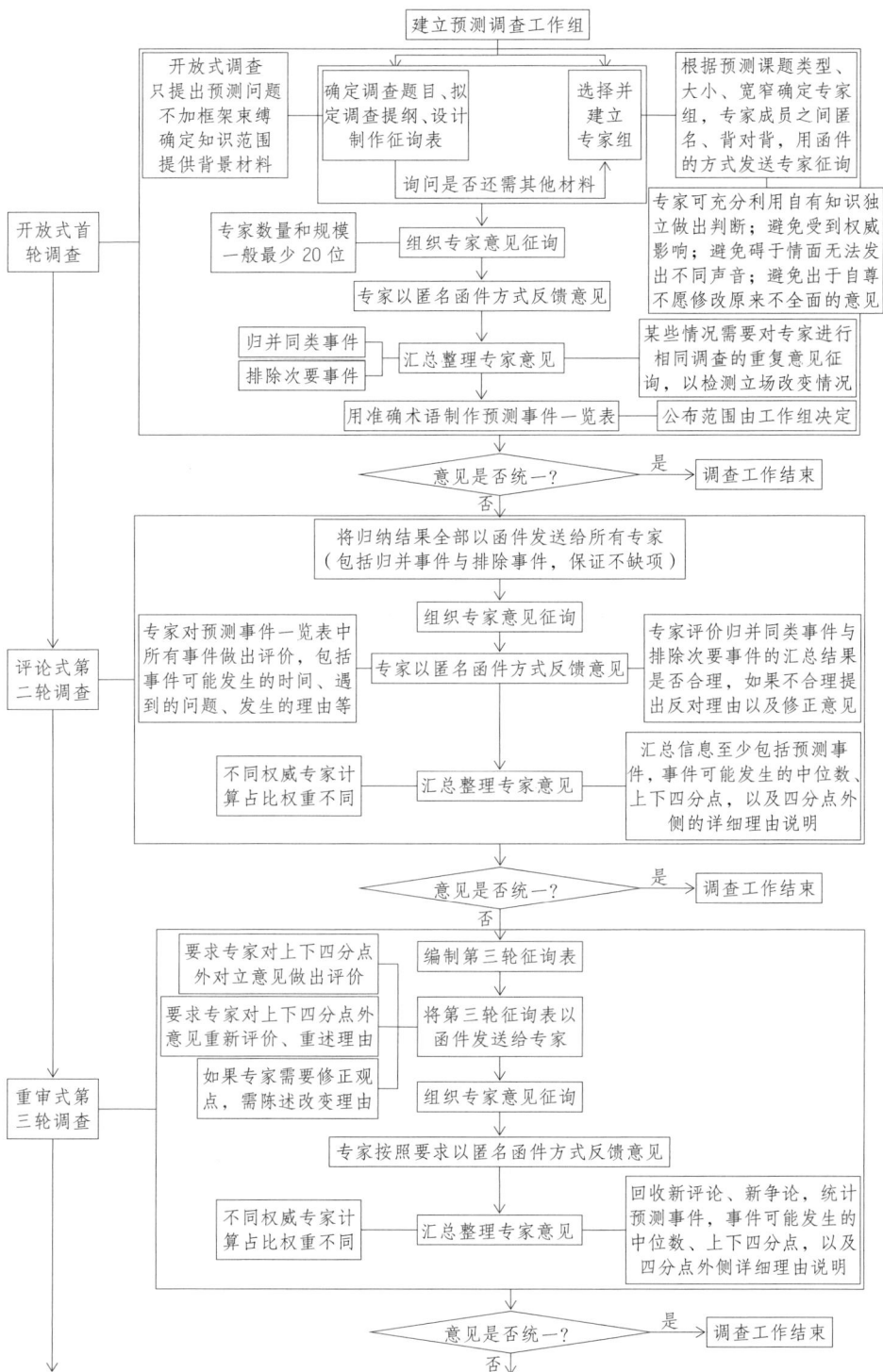

建立预测调查工作组

开放式调查
只提出预测问题
不加框架束缚
确定知识范围
提供背景材料

确定调查题目、拟定调查提纲、设计制作征询表

选择并建立专家组

根据预测课题类型、大小、宽窄确定专家组，专家成员之间匿名、背对背，用函件的方式发送专家征询

询问是否还需其他材料

开放式首轮调查

专家数量和规模一般最少20位

组织专家意见征询

专家可充分利用自有知识独立做出判断；避免受到权威影响；避免碍于情面无法发出不同声音；避免出于自尊不愿修改原来不全面的意见

专家以匿名函件方式反馈意见

归并同类事件

排除次要事件

汇总整理专家意见

某些情况需要对专家进行相同调查的重复意见征询，以检测立场改变情况

用准确术语制作预测事件一览表 — 公布范围由工作组决定

意见是否统一？ — 是 → 调查工作结束

否

将归纳结果全部以函件发送给所有专家
（包括归并事件与排除事件，保证不缺项）

组织专家意见征询

专家对预测事件一览表中所有事件做出评价，包括事件可能发生的时间、遇到的问题、发生的理由等

评论式第二轮调查

专家以匿名函件方式反馈意见

专家评价归并同类事件与排除次要事件的汇总结果是否合理，如果不合理提出反对理由以及修正意见

不同权威专家计算占比权重不同

汇总整理专家意见

汇总信息至少包括预测事件，事件可能发生的中位数、上下四分点，以及四分点外侧的详细理由说明

意见是否统一？ — 是 → 调查工作结束

否

要求专家对上下四分点外对立意见做出评价

编制第三轮征询表

要求专家对上下四分点外意见重新评价、重述理由

将第三轮征询表以函件发送给专家

如果专家需要修正观点，需陈述改变理由

组织专家意见征询

重审式第三轮调查

专家按照要求以匿名函件方式反馈意见

不同权威专家计算占比权重不同

汇总整理专家意见

回收新评论、新争论，统计预测事件，事件可能发生的中位数、上下四分点，以及四分点外侧详细理由说明

意见是否统一？ — 是 → 调查工作结束

否

（接下页）

（接上页）

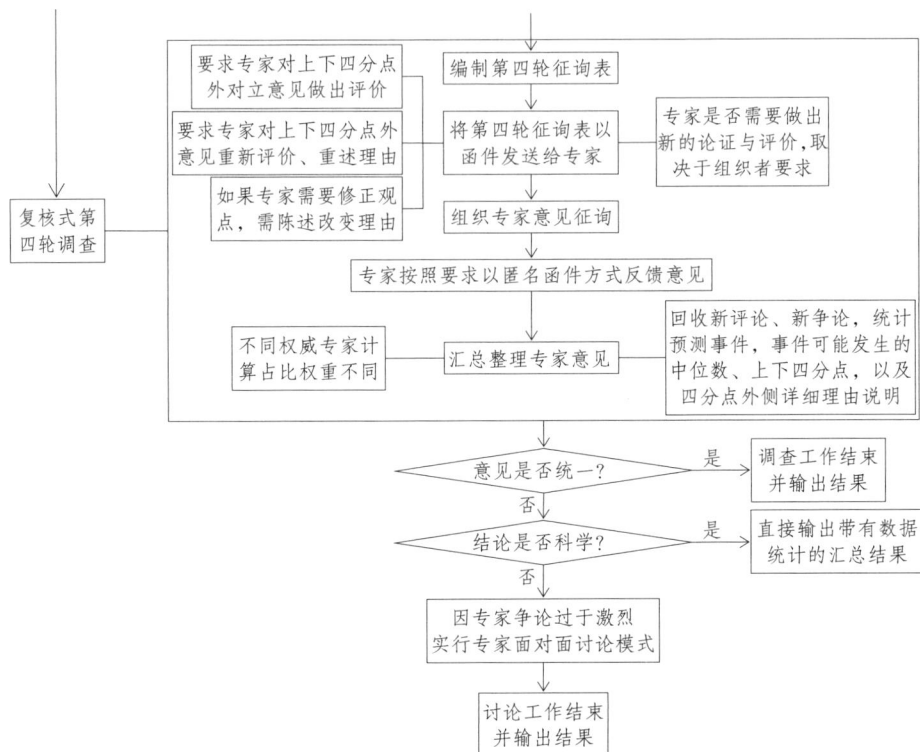

备注：

1. 一般情况只能得到上下四分点之外的数据，只有高级咨询公司、行业内高标准机构和专家组才能得到中位数。因为德尔菲法是一种调查方法，结论模糊，所以相对而言，上下四分点之外的数据相对上下四分点之内的数据更精确；

2. 中位数是指事件发生所有可能数与该结果专家权重乘积相加所得的均值；

3. 上下四分点是指事件发生所有可能数与该结果专家权重乘积相加所得的1/4与3/4之外的数据。

图 3-16　德尔菲法实施流程图

德尔菲法是采用匿名背对背的通信方式征询专家预测意见，经过几轮征询，使专家预测意见趋于集中，最后获得高准确率的集体判断、做出符合市场未来发展趋势预测结论的调查方法。德尔菲法实施期间，专家成员之间互相匿名，不得发生任何横向联系，只能与预测调查工作组发生联系。德尔菲法通过反复的意见征询集结专家共识及各方意见，可用来构造团队沟通流程，应对复杂任务难题的管理技术。

按照既定程序，德尔菲法以函件方式分别向专家组成员进行征询，专家组成员也以匿名函件方式向预测调查工作组提交意见。

德尔菲法使得专家可以充分利用自有知识和经验独立做出判断，并且避免受到权威影响，避免任何专家因碍于情面无法发出不同声音，也避免专家出于自尊不愿修改原来不全面意见的缺陷，尽可能保证最终结论的可靠性。

如果在经过几轮匿名背对背函件调查后，各位专家因争论过于激烈依旧没有达成最终意见，则实行专家面对面讨论模式，经过面对面圆桌讨论而输出最终结果。

9.2　云孵化服务生态链的集成

Integration of a Cloud-Incubating Eco-chain

云孵化平台充分利用市场经济机制，为初创团队有效配置资源。它以移动互联网技术、云计算、大数据的组织拓展模式[1]等现代信息技术为依托，提供各种咨询性、技术性创业孵育服务，并且它还能提供有形的物理孵化设施或孵化基地。

在云孵化平台，创新资源所有权和使用权分离。同时，相比传统孵化器创新资源的呈现途径，云孵化平台的信息、知识资源等都是在线的、开放的，曝光度得到大幅提高。所以分享经济时代的众创空间云孵化分享服务平台，使创新资源以高效、低成本、多样化的方式呈现给创业者、创业团队，从而使创业者、创业团队能够便捷地获得比以往更多、流转更快速的资源要素，使创新资源得到高效配置，这便是分享经济时代下的创新资源革命。

按照复杂性划分，众创空间新型孵化器云孵化分享服务平台可提供三个级别的服务，即单项响应服务、多项协同解决方案和智慧涌现服务。单项响应服务

1　通过移动互联网、云计算、大数据，在虚拟平台上进行有机的组织、整合后形成的可拓展的模式。

属于低端服务，只是简单的信息查询与信息对接服务。而多项协同解决方案则是指提供方案集成与协同攻关服务。云孵化分享服务平台可提供的最高端服务则是针对产品和服务关键共性技术开发的智慧涌现服务。智慧涌现[1]服务的提供基于云孵化分享服务平台的综合能力（包括云系统平台、智库平台、控制平台）。

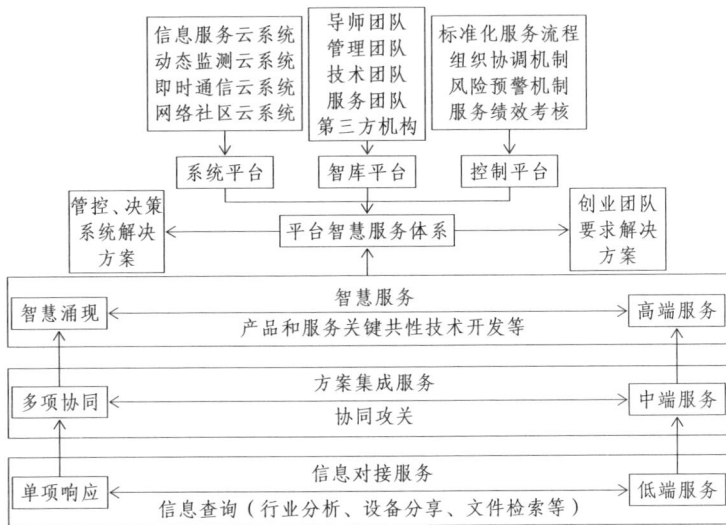

图 3-17　众创空间云孵化分享服务平台智慧服务体系构成图

关于上文提到的众创空间新型孵化器云孵化分享服务平台三级别服务集成模式宗旨、要素等比较参见表 3-2。

表 3-2　众创空间服务集成模式比较

	单项响应服务（信息对接服务）	多项协同服务（方案集成服务）	智慧涌现服务（系统定制服务）
平台服务宗旨	基础信息服务，提供信息查询（行业分析、设备分享、文件检索等）服务，形成单一问题解决方案	协同攻关、方案集成服务，提供多个相互独立问题的解决方案	产品和服务关键技术开发，多个问题融合交叉解决方案，基于智慧涌现的服务

1　智慧涌现是指通过孵化服务的集成，引发的由量变到质变的服务突现。

续表

	单项响应服务 （信息对接服务）	多项协同服务 （方案集成服务）	智慧涌现服务 （系统定制服务）
平台服务要素	多边、多维度、多层次、多功能资源对接服务	全方位资源整合、对接服务（专家）	专家导师团队，组合一对一、嵌入式云服务
平台服务重点	点对点对接	多元对接全方位协调服务	全系列、定制化、系统性解决方案对接
平台功能	信息资源中介功能等第三方对接	信息资源中介与协调整合功能	全方位组织、协调与整合、创新功能
平台服务方式	自助、中介代理、咨询、与团队对接	套餐式、仓储超市式、专家系统式服务	定制式、深度资讯类、决策类、成果转化类、宏观战略类服务
服务形态	点状(一对一、点对点)服务	链状（线对点）服务	网络状（面对点）服务
服务维度	单层服务	多层系列服务	嵌入式、有机一体化服务

　　众创空间新型孵化器云孵化分享服务平台随着智慧服务体系的逐渐构成、平台资源的累积，可提供的智慧服务深度（纵向）和服务广度（横向）均明显提升，故云孵化分享服务平台的综合优势呈现阶梯状上升的趋势。

　　从服务广度来看，众创空间云孵化分享服务平台是资源聚集地，在该资源聚集地从资源汇集开始，经过资源分析、提纯、整合、内化，带来了资源的再生和创新。从服务深度来看，资源的汇集意味着知识的获取和储存，资源的分析意味着对知识进行组织学习，资源的提纯意味着知识的加工与精细化，资源的整合意味着知识融合与重构，资源内化意味着知识吸收及提供集成解决方案，引申出服务创新以及服务价值再造，实现云孵化分享服务平台最终呈现综合优势上升的愿景。

　　众创空间新型孵化器通过搭建云孵化分享服务平台、整合创业资源及需求，提供优质云孵化服务。因此，众创空间新型孵化器有必要构建云孵化分享服务平台生态链，全面跟踪创业资源与需求匹配过程、匹配结果、匹配效果等，建设云孵化分享服务平台的服务案例数据分析库和优化服务流程机制。

　　客户端的认可和持续支持是云孵化分享服务平台得以延续并良好运转的基

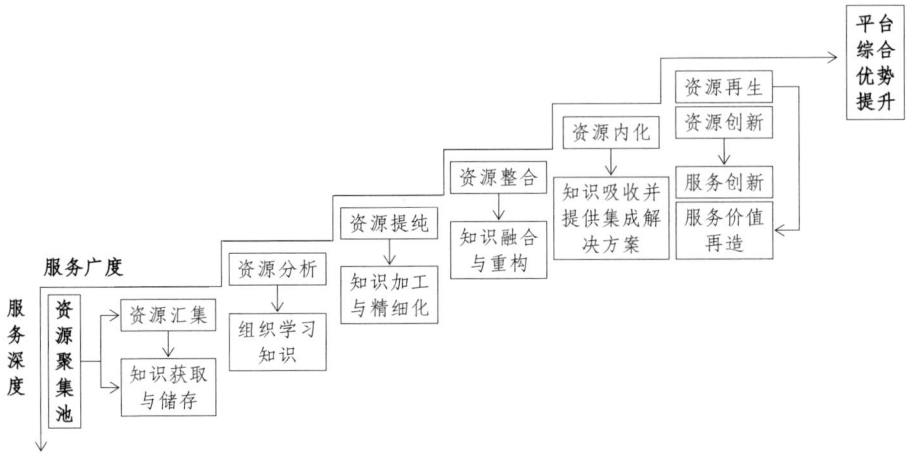

图 3-18　众创空间云孵化分享服务平台智慧服务上升模型图

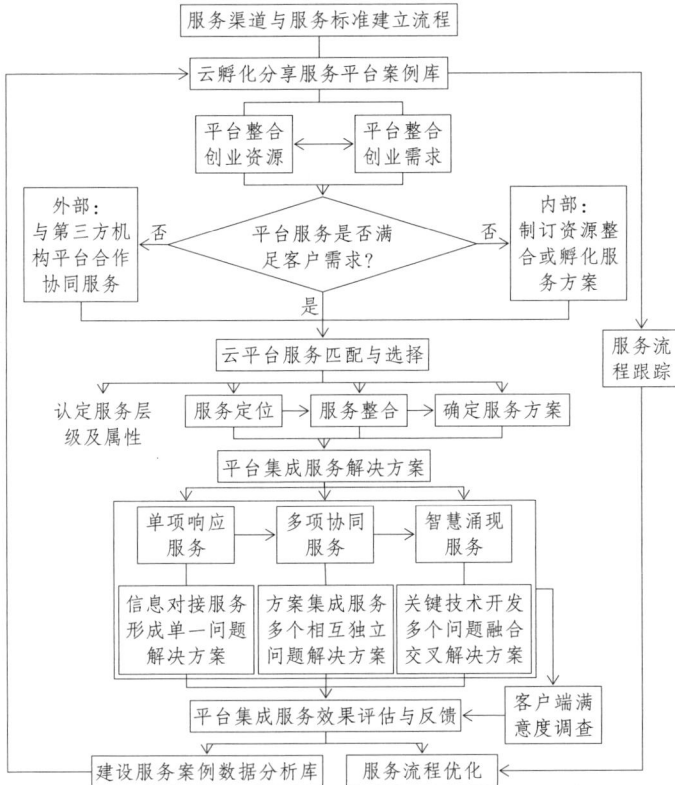

图 3-19　众创空间云孵化分享服务平台生态链集成

石，是云孵化分享服务平台得以优化、更新、更加匹配服务理念、最终形成循环生态圈必不可少的环节。故云平台需要对客户端进行充分的满意度调查，及时获取云孵化分享服务平台集成服务的效果评估与反馈，为进一步优化服务流程、优化案例数据分析库提供有效数据。

分享经济时代的云孵化平台，使创新创业要素以更加垂直、更加明确、更加社会化的形式呈现在客户端面前，形成创新创业资源的开放数据库，在孵化器行业具有里程碑意义。客户端将自己愿意分享的创新资源公开于云孵化平台，与创业者、创业团队进行交易、合作等，实现了成本最低、沟通最快捷、高效的创新资源的配置和流转。

故分享经济时代的云孵化分享服务平台扩大了交易范围，打通了服务边际，增加了社会经济活力，降低了直接成本和选择成本，重构了创新需求主体和资源主体的关系，形成了动态的生态型产业链，且每一位云平台参与者都可随时在生态链完成需求主体和资源主体的转换，给整个云孵化创新资源交易市场带来无限的潜能和外延能力。

同时，云孵化分享服务平台有效整合创业资源与需求，并建立有效对接的匹配机制，形成相应的解决方案，是大众孵化体系时代不可或缺的创新工具。

9.3　云孵化平台运行的保障
Operation Assurance of Cloud-Incubating Platform

云孵化分享服务平台运行的保障是指拥有自身独特的主导优势和核心能力来启动杠杆效应，使云孵化分享服务平台的运行机制更加优化，良性提升云平台的综合优势。

信用建设将有力增强交易双方的信任感，而信任恰恰是分享经济的基石。所以云孵化分享服务平台对大数据处理、云计算等能力的要求非常苛刻，包括点对点资源主体和需求主体之间的实时匹配，建立信任的数据处理的能力，以及信息处理和数据传输能力等。

　　云孵化分享服务平台颠覆了传统经济模式，属于去中心化的结构，也没有传统企业或者商业机构的背书，所以云孵化分享服务平台的资源主体和需求主体的来源相对分散，这就比传统孵化模式有了明显的优势。比如：服务产品非标准化，可以满足多样化多层次需求；信息传导迅速，保证市场保持高效率运行；资源主体同时也是需求主体，可以节约资源保护环境。

　　但是，如果云孵化分享服务平台采取完全去中心化的结构，会产生新的问题：如果没有良好的惩罚和激励机制，很难阻止一些不道德行为。因为产品的非标准化，容易使产品质量良莠不齐，影响客户端体验。同时，由于资源主体的专业性不足而导致各种问题和纠纷。另外还容易引发恶性竞争等问题。这些问题都是云孵化分享服务平台的不稳定因素，需要在平台搭建时更仔细地构建信用监督评价体系。

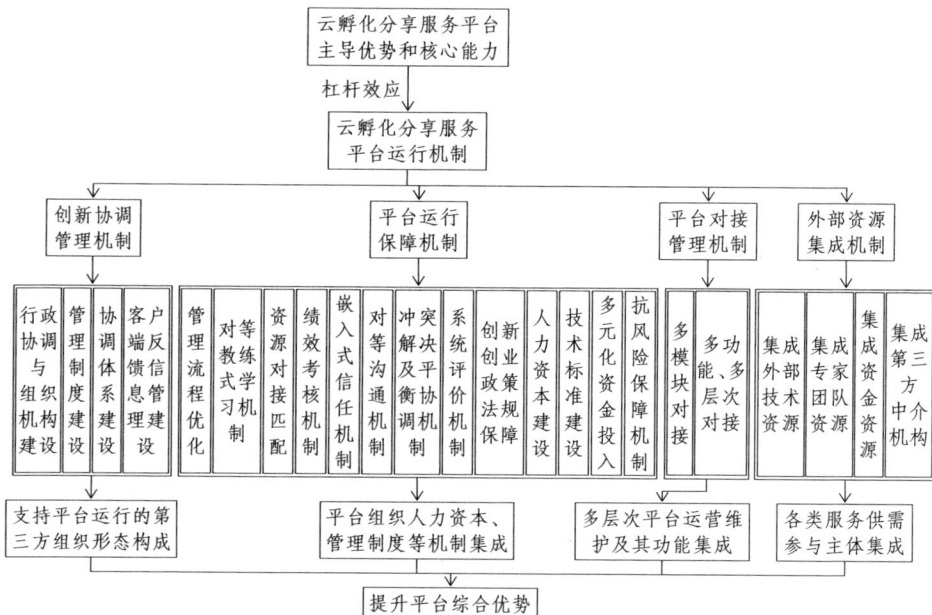

图 3-20　众创空间云孵化分享服务平台网络化集成运行机制框架

所以，云孵化分享服务平台在采取新型去中心化结构时，可以通过制定信用监督评价机制、诚信体系等选取优质节点、剔除劣质节点，利用群聚效应，吸引更多优质客户，形成良性循环，保证云平台运行和服务的质量。

本书将从四个维度探讨众创空间新型孵化器云孵化分享服务平台的运行机制：主体协调管理机制，指对云平台各客户端主体的协调管理，包括行政协调与组织机构建设、客户端反馈信息管理建设等；平台运行保障机制，指维护平台正常运转的保障机制，包括如何管理、如何解决冲突、如何进行人力资本建设等；平台对接管理机制，指云平台客户端、资源等的对接方式，包括多功能、多层次对接，及多模块对接；外部资源集成机制，包括对外部技术资源、资金资源、专家资源等资源的集成。

9.4 云孵化平台的专利库
Patent Archive of a Cloud-incubating Platform

马克·赖斯（Mark Rice）研究了企业孵化器与创业团队之间的合作产出模式（mode of co-production）。众创空间促成的交易成本减少和学习机会增加也是提高企业毕业率的重要因素。分享新经济条件下，众创空间适应不断变化的市场的关键就在于不断提高自身的孵化能力。应该说，不断改进和加强孵化能力建设是孵化器存在和发展的动力。

加强技术转移职能不失为众创空间加强孵化能力建设的一个重要指标，通过不断提升创业团队生存发展能力，企业在接受孵化之后能够在激烈的市场竞争中增强竞争力，充分体现众创空间的价值。

专利项目市场化是众创空间新型孵化器为创业者和创业团队提供的技术支持服务的关键部分。为了给创业者和创业团队提供更多的专利项目并市场化，云孵化器完善了一套专利项目闭环生态循环链，以满足专利项目从专利资源到市场化的整个流程。

　　首先寻找专利资源，并建立专利资源数据库，而后进行专利资源的归类和整理，并对各个专利资源进行商业定位以及市场化可行性分析，之后将专利项目与现有的创业者和创业团队进行对接，给创业者和创业团队提供技术型项目来源。与此同时，众创空间新型孵化器给该创业者、创业团队提供针对该专利的整套解决方案以及资源集成服务，帮助和促进该创业者、创业团队的成长和专利项目的市场化和效益化，从而促进创新创业活动的发展，并形成良性循环，为培育新的专利资源奠定良好的社会、文化、市场、经济基础。同时，专利产品市场化还会带来相应的产品经济效益，这些经济效益推动社会进步，并激励政府、投资人、投资机构等提供资金支持，推动专利资源数据库的构建和强化，从而形成一个关于专利项目的良性闭环生态服务圈。

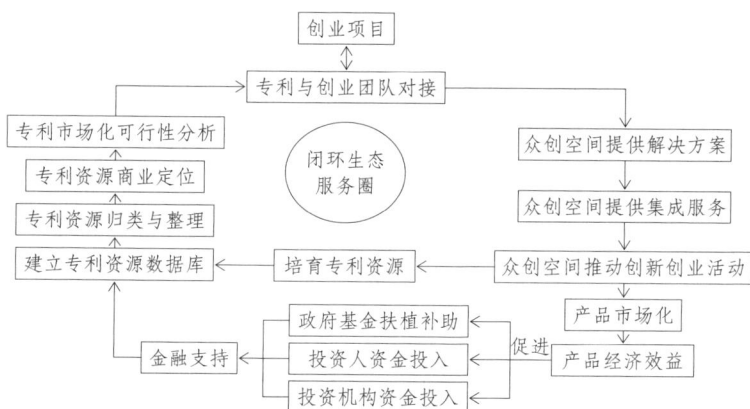

图 3-21　众创空间云孵化分享服务平台专利项目闭环生态圈

10

云孵化产业集群的力量

The Power of a Cloud-incubating Industrial Cluster

最早对企业集群现象进行阐述的是马歇尔（Marshall）。他在《经济学原理》中提出外部规模经济是工业企业之所以能够在产业区内集聚的根本原因。之后经济地理学者对该问题进行了多方探索。[1] 1929 年，阿尔弗雷德·韦伯（Alfred Weber）在《工业区位论》中首次提出产业集聚的概念。产业集聚主要指产业在空间上的集中分布，注重产业从分散到集中的空间转变过程，这些产业在某个空间共同发展，共享基础设施，形成规模经济效应。[2]

帕鲁（Perroux）的增长极理论也被应用于分析工业在空间上的累积增长过程。艾萨德（Isard）提出了产业联合体理论这一静态和可预测的模型，强调其中的企业具有紧密的产业关联。在此基础上，胡佛（Hoover）提出集聚成因是内在的

1　阿尔弗雷德·马歇尔著，宇琦译：《经济学原理》，湖南：湖南文艺出版社，2012 年第 1 版。
2　阿尔弗雷德·韦伯著，李刚剑译：《工业区位论》，北京：商务印书馆，2010 年第 1 版。

规模报酬、本地化经济和都市化经济。

1990 年，迈克尔·波特（Michael Porter）在《国家竞争优势》中对产业集群进行了深度介绍，[1] 指出在产业集聚的基础上，这些分工合作关系以等级不同的企业、机构、组织等行为主体，形成了的一种由纵横交错的网络关系紧密联系在一起的空间积聚体，代表着一种新的空间经济组织形式，从而获得国家竞争优势。这些企业和机构，因为大量聚集于某一特定地区，形成了一个持续、稳定的竞争优势集合体，有利于降低企业的生产成本、交换成本，提高企业的社会效益、经济效益、文化效益，以及其市场竞争力。

进入移动互联网时代，经济管理学家们又对产业集群理论进行了深入的探讨。如格兰诺维特（Granovetter）从企业网络关系的视角来研究产业集聚问题，强调了包含制度、文化等社会根植性要素的社会网络的重要性。近年来，学者们分别在产业集聚理论，新产业区理论，产业集群形成机制，集群的形成过程、制约因素及其创新意义和演化趋势方面进行了较为全面的分析，同时还研究了小企业集群及区域创新网络理论。

众创空间新型孵化器在产业集群理论的基础上，把相同领域的初创企业集中在同一个创业园区内，逐渐形成创业团队、初创企业。在众创空间里的产业集群效应，降低了运输成本、信息成本、寻找成本、合约谈判成本与执行成本等交易成本。同时，创业团队在形成集群效应后，更容易在孵化过程中互相建立信誉机制和相互依赖关系，大大减少了初创企业间的同质竞争。众创空间还建有专业人才库，吸引优秀专业人才加入，这就减少了聘用人才的交易成本，进而实现外部规模经济和外部范围经济的目的，产生集群经济效应[2]。

目前西方国家在产业集群理论的指导下，有较为完善的工业园区，比如英国

1　迈克尔·波特著，李明轩、邱如美译：《国家竞争优势》，北京：中信出版社，2012 年第 2 版。

2　集群经济效应是指相同产业或行业内的企业，在同一区域内聚集，可产生节约成本的效应。即在同一区域内聚集生产的产品成本（辅助性生产；可以利用的共同的基础设施与服务；人力资本供给和培训，即通过专业技能人员聚集而产生降低成本效应）远低于分散各区域生产的产品成本，企业之间在物流、上下游、资源共享、分工协作、沟通和交流等方面也产生成本节约，从而形成规模经济而降低成本的综合效应。

剑桥工业园区就是欧洲著名的孵化园区，这个被誉为欧洲硅谷的工业园区非常富有活力，先后有多个科技领域的中小企业在这里孵化，涵盖设备制造、办公系统、生物科技、互联网软件等各个前沿科技领域。这样的产业集群所体现的区域创新系统，对当地区域社会发展、经济发展、文化发展、缓解就业压力等，有强大的推动作用。

因此，众创空间新型孵化器云孵化分享服务平台有能力整合资源（包括上游的原料或产品供应商、下游的渠道和客户，还包括专业的技术、培训、信息等），重构和优化服务体系，形成产业集群，涌现系统合力。这些创业企业集群的组合成员既独立自主，又相互依赖，并且相互分工、资源互补，彼此间维持着长期非特定合约关系，形成孵化联盟。这种联盟内的初创企业之间，有着相互信任且稳定的创业生态圈。

同时，以众创空间云孵化分享服务平台为基础的产业集群，因为以移动互联网和云平台为借鉴模式，无须大量资本投入，采用轻资产运营，所以可以快速形成规模经济，甚至可能出现指数级增长，形成良性生态循环。

第四章 | 众创空间的商业运营管理模式

Chapter IV   Operation Management Model of Co-working Spaces

11

众创空间运营模式的设计及战略理论分析
Operation Design and Strategy analysis of Co-working Spaces

11.1 众创空间运营模式的设计
Operation Design of Co-working Spaces

分享模式可以为经济转型提供一种更为实用的组织模型。在这种模型中，商业的集中指挥与管控让步于分布式的横向扩展和对等产生。[1] 这种横向扩展和对等的模块产生，会给众创空间新型孵化器在运营模式的设计上带来非常大的启示，即强调以提供创业办公、创业投资、增值性服务三项核心业务为基础的商业模式，这样不仅能聚集人气，还能打造优势品牌。同时还需强调与政府、创业服务机构以及创业者之间的良好互动关系。

众创空间、创新创业主体、第三方机构以及政府行业机构，这四大生态种群

---

1 杰里米·里夫金著，赛迪研究院专家组译：《零边际成本社会》，北京：中信出版社，2014年第2版，第159页。

共同构成核心生态图谱。为创业团队和初创企业提供包含常规咨询服务、导师辅导服务和投融资对接服务在内的多种业态形态的云孵化生态体系，并兼具类加速器、多元化创业空间、技术成果转移、服务体系建设、专利市场化、专业化创业服务的功能，还包括完善的集中办公区、商务配套设施等多种业态的创业空间，以及创业者公寓，为创业团队提供比传统孵化器更多样、更全面、更灵活的综合云孵化服务体系。

因此，众创空间通过集中办公空间和创业配套服务相结合的方式，打造精致的创新创业孵化加速综合体。即为创业团队提供孵化空间、配套设施进行集中孵化，如创业团队可享受到投资路演指导、常驻导师团队的指导服务，直至企业成功。创业配套服务包含了端到端一站式服务（专业培训、商务咨询、工商注册、政策申请、企业管理等），项目产品支持服务（产品定位、市场战略、营销推广、品牌形象设计等）和资源对接服务（金融资本对接、企业资源对接、技术互补等）。

众创空间运营成功所需的要素主要包括孵化团队关注的要素（入孵企业扶持政策、综合创业生态环境、软性服务平台支持）和经营企业关注的要素（运营方扶持政策、投资项目筛选控制、战略投资引入），它们相辅相成才能成功。

孵化团队关注的要素有：（1）入孵企业扶持政策。设置低门槛的团队扶持政策，使处在初级孵化阶段的企业可享受到如工位、限时免费区等服务，设立有竞争力的工位租金价格。（2）综合创业生态环境。为创业团队提供良好的环境和条件，打造集创业、娱乐于一体的生态化创业基地。（3）软性服务平台支持。以入孵团队为中心，引入社会力量为企业提供服务，如投融资服务、辅导培训服务、技术支持、中介服务等，打造优质的全天候物业服务。

经营企业关注的要素有：（1）运营方扶持政策。经营支持，包括政府对众创空间的日常经营补贴，前期投入补贴。（2）投资项目筛选控制。建立完善的项目评审及投资平台，保证投资项目的成功转化并控制风险，依托于投资项目的成功退出实现收益。（3）战略投资引入。引入国际战略合作者及导师团队，以此带来资金或资源优势，同时也为众创空间带来更多优质项目。

众创空间新型孵化器的运营特色，通常是着重建设加速器载体所需要的办公空间（集中办公区）、全方位配套设施（公寓、餐饮、休闲场所）、服务体系（包括定制化服务）和融资渠道（风投、Pre-IPO 投资、创业投资基金），将基本的孵化服务提升到全方位的企业服务。这种类加速器对创业团队的孵化是众创空间新型孵化器主要的运营孵化特色。

　　关于分享经济在众创空间领域的实施和延展，在众创空间运营模式的设计上，分享经济理念作为一种经济理论，成为了众创空间的核心理论基础。众创空间新型孵化器的云孵化概念，是从分享经济的理论中诞生出来的新分工形式，运用分享经济理论，众创空间比传统孵化器更能创造出全新的价值。同时，相比传统孵化器，分享经济可以在创业领域提供更高的效率和更低的成本，分享经济使更多的闲置资源成为开放的、可利用的有价值资源。所以在创业旅途中，分享经济作为创造快乐的经济，可以给创业者带来更加人性化的服务。

11.2　众创空间运营战略理论分析
Analysis of Operation Strategy Theory of Co-working Spaces

　　众创空间新型孵化器是一个开放的复杂生态系统，是创业团队之间以及创业团队与外界的信息交流与合作平台，它在中间起着联系的纽带和桥梁作用，基本使命是帮助、支持创业企业健康稳定成长，减少创新创业风险，提高创业成功率。并且，众创空间新型孵化器不仅本身可以提供就业机会，孵化的企业也可以提供大量的就业机会。同时，众创空间平台中的某些节点，如培训机构等，通过相应的就业培训，还可以向建立合作的企业和机构输送人才。

　　所以，对众创空间商业运营战略的研究，有助于提高众创空间对创业团队的服务及培训的能力，也有助于提高众创空间自身的增值运营效益的能力，以及市场竞争力、可持续发展能力、创造就业能力等。

　　当前众创空间新型孵化器运营管理战略，正向着深度运营服务的运营体系转变，形成了为初创企业提供硬件资源、商务服务、培训服务、资源对接、风险投资基金等在内，覆盖创业各个环节流程的全方位孵化培育体系。在功能上已形成孵化器、加速器两个物理空间，基本形成"创业苗圃 + 新型孵化器 + 加速器 + 云孵化 + 产业园"一站式、全程化初创企业孵化培育体系，同时延伸出毕业企业校友联盟机制。

众创空间构建的生态价值链，包括内在价值链（众创空间平台本身及创业团队产业集群形成的价值链）和外在价值链（众创空间通过与人力资源、风险投资基金、大型企业、高校、科研机构等各方资源建立联系，并进行整合而形成的外在价值链）。因为众创空间属于新型社会经济组织，社会经济组织的本质是协作，不能作为孤岛存在，也离不开市场经济与商业环境，所以只有具备内在价值链和外在价值链双重支撑的众创空间才能够生存发展。

在众创空间构建的生态价值链中，上下游产业应具备产生价值的能力，且上游产业价值可促进下游产业价值持续增值，下游产业价值的持续增值引导上游产业创造更多价值。

针对内在价值链，众创空间平台本身需要提供具有生态价值链的孵化服务能力，如众创空间需围绕自身提供包括云孵化、大数据、商务服务、加速器孵化、风险投资、资源对接、导师培训、个性定制等在内的生态圈服务。另外，众创空间需分析整合上下游创业团队，并建立彼此的联系。

针对外在价值链，无论众创空间是成为上游产业的投资平台还是资源对接平台，又或者众创空间成为下游产业的投资平台、经营管理平台或是大数据平台，众创空间都需要更加开放，只有成为生态价值链不可或缺的一部分，才能生存下去。

众创空间新型孵化器需要向创业团队提供从申请入孵到最终毕业的整体运营流程。首先是众创空间的创建与市场推广，让更多的创业者和创业团队了解众创空间新型孵化器。其次，当创业团队在众创空间新型孵化器评估合格，与众创空间签订入孵协议后，众创空间开始为创业团队提供系列孵化服务，并同时对项目团队进行是否可以加速孵化的审查考核。然后，当创业团队在众创空间新型孵化器加速器评估合格后，众创空间开始为创业团队提供嵌入式加速服务。最后，在评估入孵团队毕业阶段，众创空间新型孵化器对创业团队进行终期评审，评估该创业团队是否可以毕业。

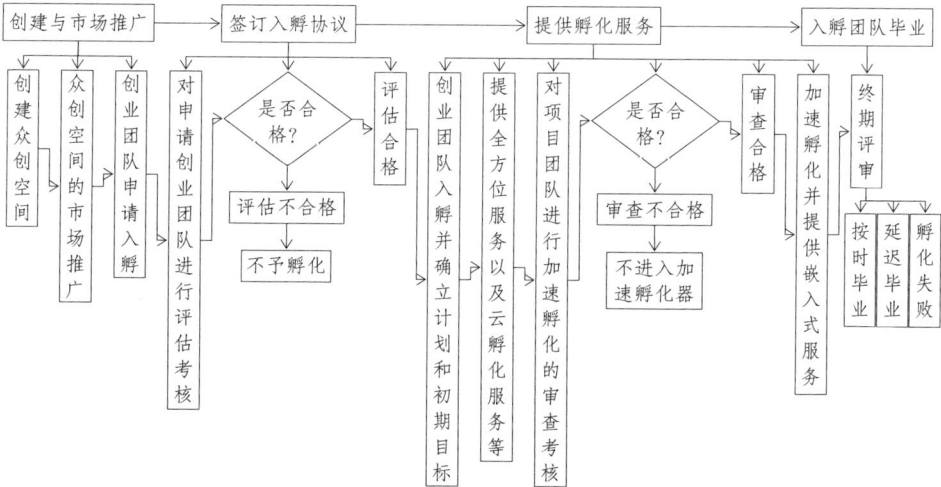

图 4-1 众创空间整体运营流程图

12

众创空间运营要素
Critical Operating Factors of Co-working Spaces

12.1 众创空间政策支持机制
Policy Supports for Co-Working Spaces

政策支持是众创空间新型孵化器为创业团队提供相应的、所需要的服务体系的基础，即众创空间新型孵化器是以政策为基准，对创业团队进行全方位支撑服务的。众创空间只有熟悉和深刻理解政策导向，把握政府对创新创业的政策方向，及时调整众创空间运营战略，才可能为创业团队提供更符合时代需求、更专业、更系统的孵化服务，在自身为社会进步做出一定贡献的同时，促进创业团队为社会的进步做出更多贡献。

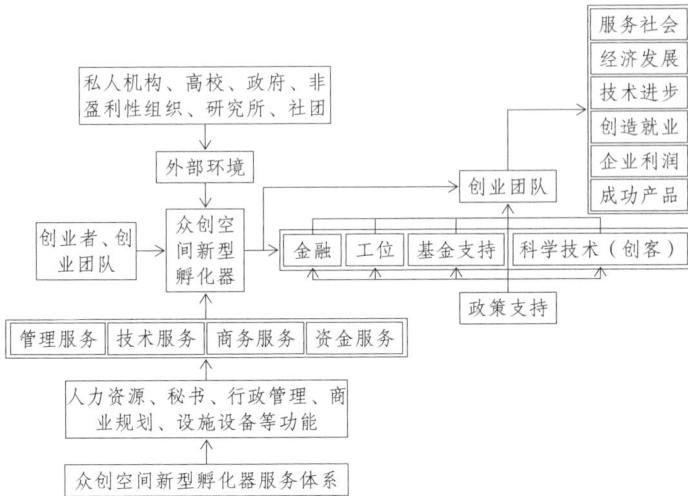

图 4-2　众创空间系统和政策关系图

众创空间新型孵化器需时刻关注政府创业扶持政策的方向，为创业团队提供快速、便捷、及时的服务。当政府发布对创业团队的创业扶持基金及相关政策时，众创空间新型孵化器需及时告知创业团队，让创业团队准备相关申报材料，并通

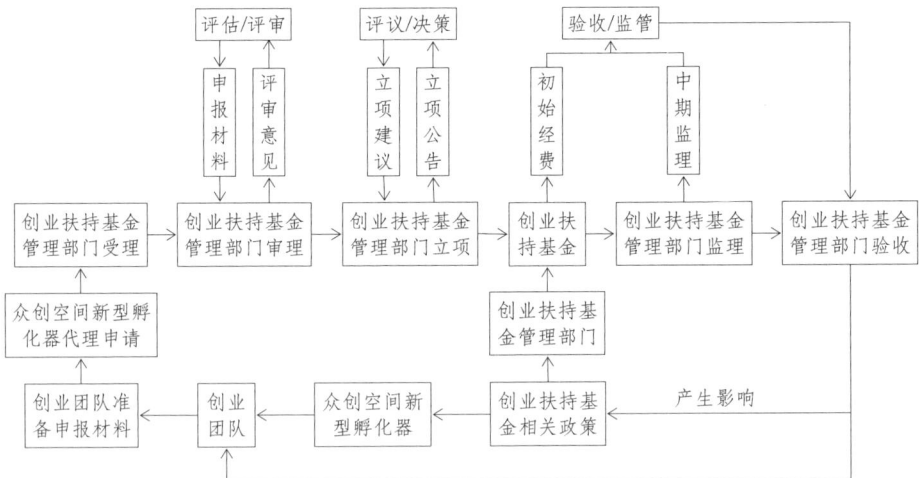

图 4-3　创业扶持基金管理流程图

过众创空间新型孵化器代理申请扶持基金。当众创空间新型孵化器代理创业团队递交创业扶持基金申请后，由创业扶持基金管理部门受理，并依次执行项目审理、审批立项和对入孵创业企业下拨经费的操作，直至完成验收工作。创业扶持基金管理部门的验收结果会进一步影响创业扶持基金相关政策的调整和深化。同时，为了确保创业扶持基金的有效性和合理性，在创业扶持基金的一系列相关流程中，创业扶持基金管理部门监理将发挥不可或缺的作用。

12.2 众创空间金融支持机制
Financial Support Mechanism of Co-working Spaces

　　为了向创业者和创业团队提供更优质的资本投资服务，大多数众创空间新型孵化器都会和风险投资基金成立风险投资咨询管理有限公司，并对投资初创企业进行监管。同时众创空间通过建立风险投资基金的信息库，根据不同风险投资基金的投资偏好推荐创业团队，进行配对。即由众创空间新型孵化器向风险投资基金推荐创业团队，提供详细有效的信息，积极配合风险投资基金的筛选。以便风险投资基金及时了解有望投资的创业团队的发展进度（如果信息涉及创业团队的商业机密，众创空间应督促风险投资基金承担保密义务）。众创空间有时也参与投资，与风险投资基金共担风险、共享收益，让风险投资基金增强信任感。

　　众创空间主要通过风险项目责任团队与风险投资基金、创业者及创业团队进行对接互动，即众创空间新型孵化器、风险投资基金和创业者、创业团队三者相互支持、相互联系，三者互动形成一种多赢互利的战略关系。

　　风险投资基金会在决策管理上支持风险项目责任团队，同时也向创业者、创业团队提供定期、定制化管理咨询。风险项目责任团队向风险投资基金提交项目预测、评估流程并实施，同时对创业者、创业团队参与董事会管理决策。创业者、创业团队则定期向风险投资基金和风险责任团队提交重大财务信息、管理信息等。

　　当风险投资基金决议通过对创业者和创业团队进行投资时，风险投资咨询管理中心投资众创空间新型孵化器入孵团队项目。此时，风险投资基金将成为创业者、创业团队、初创企业的有限合伙人，而创业者和创业团队作为一般合伙人，对项目承担无限责任。二者共同组成管控层，参与重大决策，并执行相关职能。

通常，风险投资基金包括：政府、企业、金融机构，种子、天使、风险投资，财务公司、保险公司，高新技术产业创业投资基金等。

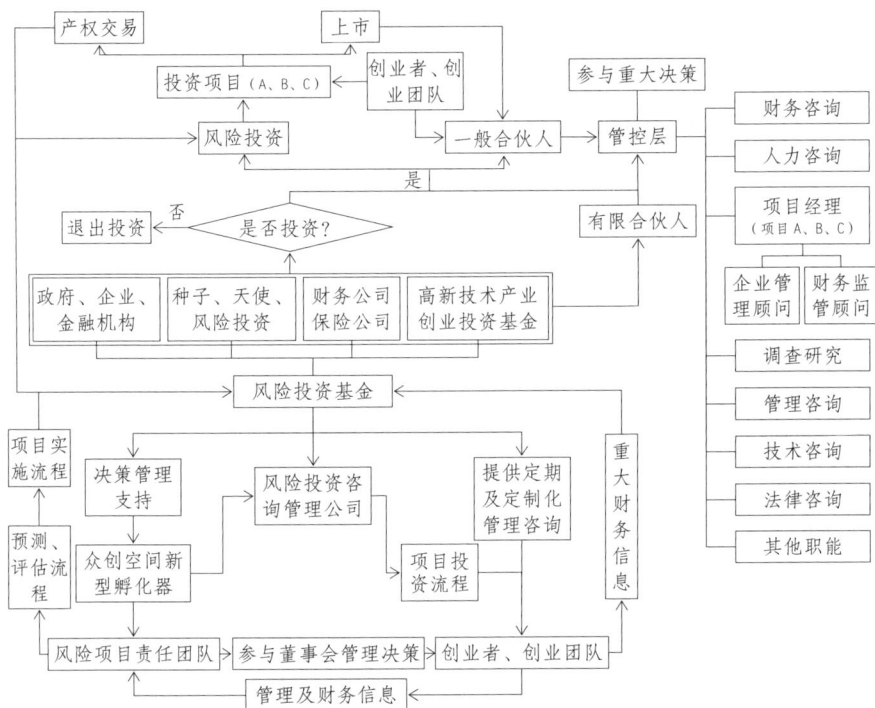

图4-4　风险投资咨询管理公司组建流程与合作信息流模式图

风险投资机构常给被投资初创企业提供技术建议、咨询，还向企业推荐管理人员，并参加被投资初创企业的董事会活动。对于创业者、创业团队、初创企业，风险投资机构往往采取特殊的审查机制。对于众创空间新型孵化器创业团队，风险投资咨询管理公司针对不同时期的团队和项目提供不同的投资类型。通常，在初创期提供种子投资，在生存期提供天使投资，从成长期开始提供风险投资。

    风险投资咨询管理公司在提供包括管理咨询服务、行业垂直服务、风险投融资、技术服务、物业管理、信息服务等各种综合服务之前，需经过风险投资专家咨询流程，参见图 4-5。通常风险投资基金融资评估及考虑因素参见表 10。

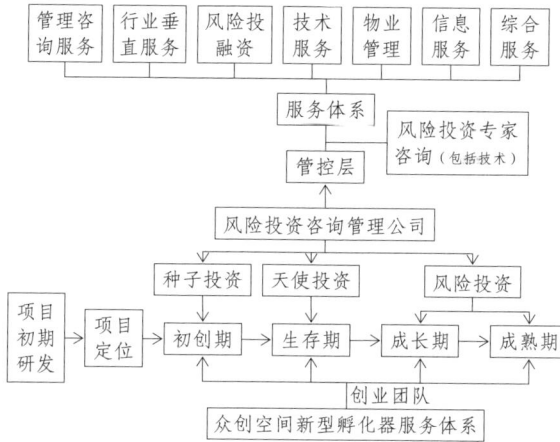

图 4-5   众创空间风险投资组织结构与一般投资关注图

表 4-1   风险投资基金投融资评估及参考因素

投融资评估的构成因素	投融资参考因素
创业团队成员结构及特点	年龄结构、性别结构、学科及经历结构（管理经历、商业经历）；经营理念、运营模式；对运营计划的掌握程度；团队对企业管理、生产、营销、投融资、财务等掌控能力
创业团队风格及创业者个性	对项目的专注程度、能否可持续有效工作、对创业风险的认识及正确反映、对战略规划的认识程度、对细节的观察注意能力
创业团队及创业者创业经验	对当期经济环境及行业环境的了解程度、是否有连续创业经验（创业次数）、是否具备领导能力、对项目专业知识的认识程度
产品及服务特性	是否持有产品专利、是否有商业壁垒（产品核心竞争力）、产品服务是否有刚性需求、产品盈利模式、该商业模式是否找到行业痛点（产品服务是否有效刺激顾客需求）、产品服务是否有竞争力
行业及市场环境特性及分析	产品及服务的市场规模、是否有来自外界的行业及市场风险
投融资财务计划	投资回报率及投融资退出方式

12.3 众创空间资源支持机制
Resources Support Mechanism of Co-working Spaces

　　孵化资源是众创空间及其创业团队发展的催化剂及必备条件。众创空间需从两个角度整合资源并加以运用，即众创空间内部创业团队之间可能的资源关系、众创空间及创业团队外部的资源关系。

　　云孵化的特点是能够最大化获得各种资源，可以在总结现有孵化器模式的基础上，优化和完善服务业态和运营机制，发挥创业服务机构的集聚效应和创新创业规模优势，让创业者之间自由分享经验、知识、思想和仪器设备等创业资源，形成开放式创业生态系统。

　　众创空间新型孵化器的创业团队本身就是一个完整的资源生态体系。同时，众创空间也会积极寻找与第三方资源对接的机会，为创业团队后期的成长做好充分的准备，并奠定基础。故众创空间提高自身与第三方资源的合作关系、战略意

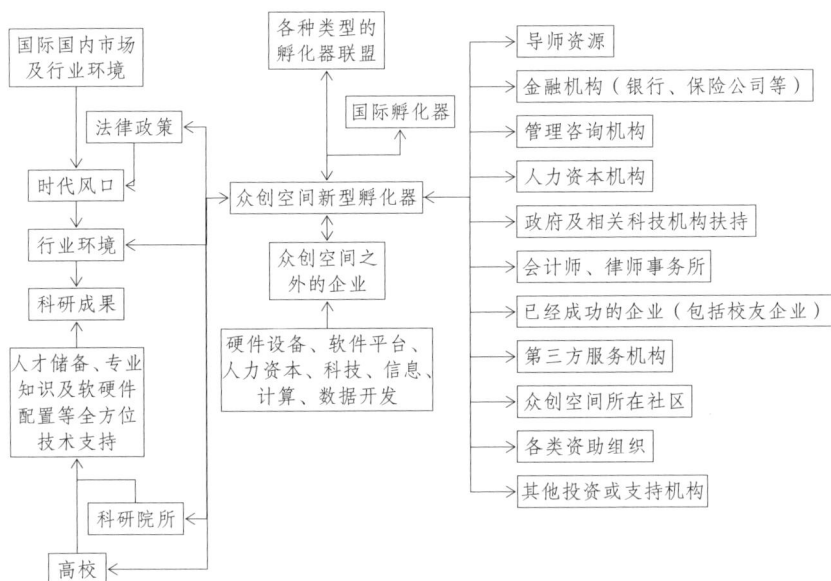

图 4-6　众创空间支点网络图

识和能力也特别重要。

众创空间会持续与外部资源、组织机构及国际孵化器等第三方机构建立各种网络关系，构成彼此间相互作用的支点网络，整合资源为创业团队提供更完备、更系统的服务。通过这些第三方服务，优化社会资源配置，促进社会经济良性有机地发展。

众创空间为创业团队实现模式创新，依靠孵化器优惠政策、全方位孵化服务降低创业成本，提升存活率；为提高高校和科研成果转化成功率，实现市场化、商业化；为财务法务、管理咨询、市场营销、知识产权等机构带来业务资源，打造完整产业链；为风险投资基金提供项目来源，推动创业投资市场发展，盘活社会资本。

12.4　众创空间对等教练式学习交流机制
Peer Learning Mechanism of Co-working Spaces

构建良性、持续的学习模型是众创空间新型孵化器及其创业团队成长、发展不可或缺的机制。为了促进众创空间新型孵化器及创业团队战略联盟的学习交流，众创空间应该组织建立创业团队联盟成员间的对等教练式学习交流机制。

对等教练式学习机制是创业培训项目的一种延伸。对等教练式学习方法是，任何云孵化平台客户端，都可以在不同的时间，以各种灵活的方式向其他客户端提供或者分享自有知识。在创业者、创业团队间提倡对等教练式分享交流平台，有助于该云孵化平台充分发挥分享经济平等、对等的互相学习理念。

在云孵化平台客户端相互学习的基础则是搭建一个知识分享互动平台，该平台会成为初创团队战略联盟成员的部分创业知识来源与获取途径，各个联盟成员采用对等教练式学习交流机制，将彼此的显性知识、隐性知识、人力资本、创新资源等管理知识资源在该知识分享互动平台进行交互、整合、重构、再造，从而实现管理知识和资源在初创团队战略联盟之间的流通。随着管理知识在各战略联盟成员之间的交互流通，知识分享互动平台的规模会更加庞大，同时对等教练式知识分享互动学习平台也将进一步获得建设、扩展、维护、更新。

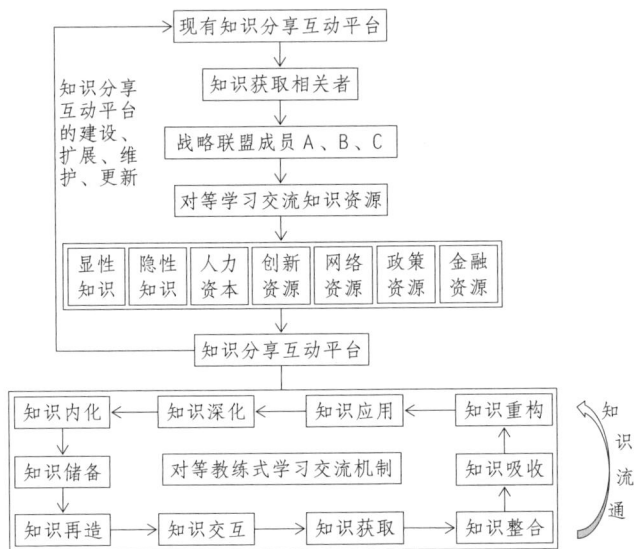

图 4-7　众创空间战略联盟对等教练式学习交流机制

在分享经济的理念下，知识资源比闲置资产更具分享潜力，众创空间云孵化分享服务平台是创业知识资源的聚宝盆。大众创业、万众创新热潮的一个重要成因就是众创空间及未来即将出现井喷式发展的云孵化分享服务平台，不光充分利用闲置资源，还充分发挥可复用、可再生的知识资源，利用低门槛这一公平要素，提高创新的群体效率与多样性效率，从而达到平等、自由、多元选择的孵化体验。

通常，创业团队的竞争力，会随着知识的种类、获取方式、转化和质量、资源配置、企业多形态能力、核心能力以及知识的获取和转化等参数形成良性或者恶性循环。

当知识种类、覆盖范围、数量和质量增加、提升时，创业团队资源配置会更加优化，团队多形态能力持续提升，团队核心能力体系也会全面成长，这样团队对知识的获取、转化和积累的能力将得到增强，从而使知识种类、数量和质量得到提升，团队的竞争优势呈现良性发展。

反之，当知识种类、覆盖范围、数量和质量减少或降低时，创业团队资源配置更加恶化，团队多形态能力持续降低，团队核心能力体系也会全面弱化，团队对知识的储备、再造、整合、重构和内化的能力就会减弱，也因此使知识种类、数量和质量降低，团队的竞争优势呈现恶性发展。

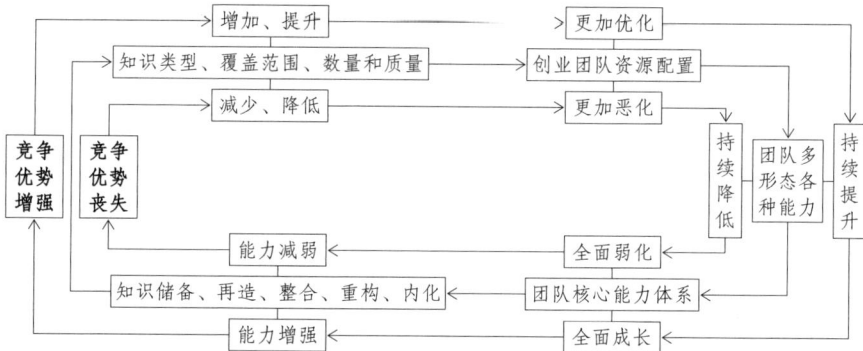

图 4-8　众创空间创业团队核心竞争力成长中的良性与恶性循环比较图

13

众创空间运营管理战略
Operation and Management Strategy of Co-working Spaces

13.1 众创空间企业入孵和加速孵化及毕业流程
Process of Entering and Accelerating and Graduation of Co-working Spaces

初创企业入孵是众创空间新型孵化器提供孵化服务的起点。众创空间注重创业团队之间的创业联盟，在对等学习交流机制下，创业联盟具有相互协调、相互学习的特点，所以在企业入孵之前，众创空间这个开放复杂的生态系统平台会对每一个初创企业进行匹配性入孵评审，包括项目发展潜力、团队凝聚力、团队价值观、与平台其他初创团队可能的融合度、项目所处平台环节部分，以及与其他初创企业的配合度等。

同时，众创空间还需考察创业团队和其他创业团队的行业互补性、资源提供和合作能力，并建立、完善平台信任制度及管理体系，对不遵守诚信、违反规则的初创企业予以处罚，"彼此不信任的人群最终只能通过正式的规则和规范进行合作"。[1] 确保创业团队之间的互相信任。从战略目标定位、技术成果市场化、关联资产管理、战略合作方式、团队建设、对等学习机制等方面加强创业团队的战略合作伙伴管理。

只有建立信任机制，彼此信任，相互之间才能结为一个有机的共同体，从而更好地交流、合作与学习，"共同体是基于互相信任之上的，缺了信任，共同体不可能自发形成"[2]。

众创空间要想维系整个平台的稳定性、开放性、高效性、灵活性，只有增强凝聚力，建立的创业联盟才有意义。

初创企业入孵是众创空间新型孵化器创业团队服务部的主管内容，初创企业入孵需经过创业团队服务部项目受理、项目初审、项目评估、专家评审，以及众创空间新型孵化器执行总经理的许可等流程步骤，只有在每个流程阶段都能在规定的工作日内顺利通过，这些企业才能获得孵化资格。而创业团队服务部在一定程度上会获得外部资源的支持，比如项目专家评审阶段（项目投资管理参见图4-29）。

因为具有良好的发展潜力，或是能带来更多的社会效益，众创空间新型孵化器通过集成内部、外部优势资源给入孵的优质创业团队提供相应的加速孵化服务。众创空间新型孵化器通过加速评价体系验证是否加速器孵化成功，即评估加速孵化企业的产品市场化、科技成果产业化、创新企业及其团队的可持续发展能力、技术进步、企业利润、经济效益、社会效益、就业机会，以及其他绩效影响因子。如果经过加速孵化体系评估为优良，加速器孵化成功，企业就能顺利毕业；如果经过加速孵化体系评估为不足，加速器没有孵化成功，企业项目则要退出加速器，进行一般孵化。

当众创空间新型孵化器的创业团队进入毕业期，众创空间项目经理需召集各

1　弗朗西斯·福山著，郭华译：《信任：社会道德与繁荣的创造》，桂林：广西师范大学出版社，2016年第1版，第30页。

2　弗朗西斯·福山著，郭华译：《信任：社会道德与繁荣的创造》，桂林：广西师范大学出版社，2016年第1版，第28页。

项目孵化决策

申请通过? ——否—— 不予孵化
│是

众创空间
执行总经理

递交申请

制定企业商业计划书 ←—— 导师培训 ←—— 5~7个工作日

评审通过? ——否—— 不予孵化
│是

专家评审 ←—— 专业委员会讨论 ←—— 3~5个工作日

评估通过? ——否—— 不予孵化
│是

项目评估

众创空间
执行总经理

递交申请 ——是——

初审通过? ——否—— 不予孵化

众创空间
项目经理 → 项目初审 ←—— 面谈、入孵标准 ←—— 1个工作日

项目初步调研

项目受理

众创空间创业团队服务部 ←—— 项目来源

众创空间新型孵化器 ←—— 外部资源对接

创业团队

项目孵化管理

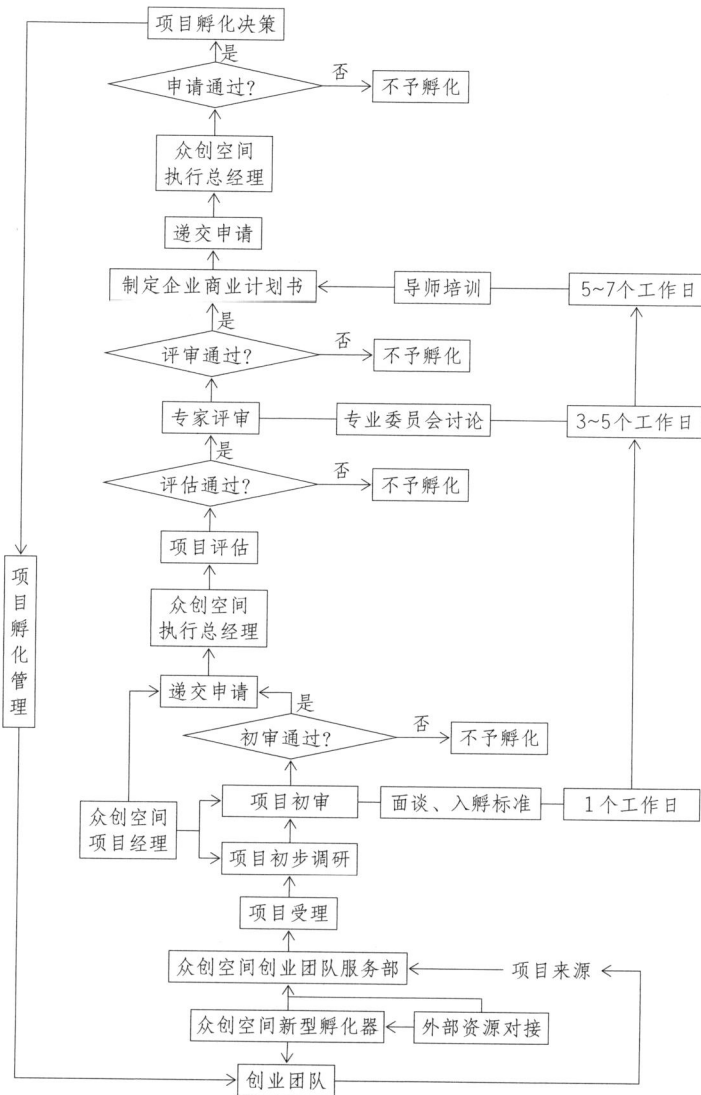

图4-9　众创空间创业团队项目评审程序

119

政策协调：政府政策支持	资金支持：种子、天使、风险投资政策扶持基金其他基金	技术支持导师团队：科研院所、导师团队、管理支持导师团队、顾问团队	众创空间新型孵化器以外的资源支持

投入

资源整合 融资来源 投资评估 服务项目规划 运营管理	项目定位和产品定位 集中办公区利用方式 创业团队评审与筛选 创业者（团队）需求 孵化时间规划流程	共享空间与设施 资金融通 教育培训 技术支持 综合服务

基本功能

众创空间新型孵化器

基础商务服务 定制商务服务 基础管理服务 定制管理服务	金融支持服务 硬件资源服务 技术资源服务 入孵评估与筛选

反馈信息

组织系统	运营能力

盈利模式	竞争战略	行政管理

创业者（团队）

是否加速成功 —否→ 项目退出加速器

是

企业毕业

衡量标准

众创空间新型孵化器绩效评估

加速评价体系

商品市场化、科技成果产业化	创新企业及其团队	可持续发展能力	技术进步	企业利润	其他影响	经济效益	社会效益	就业机会

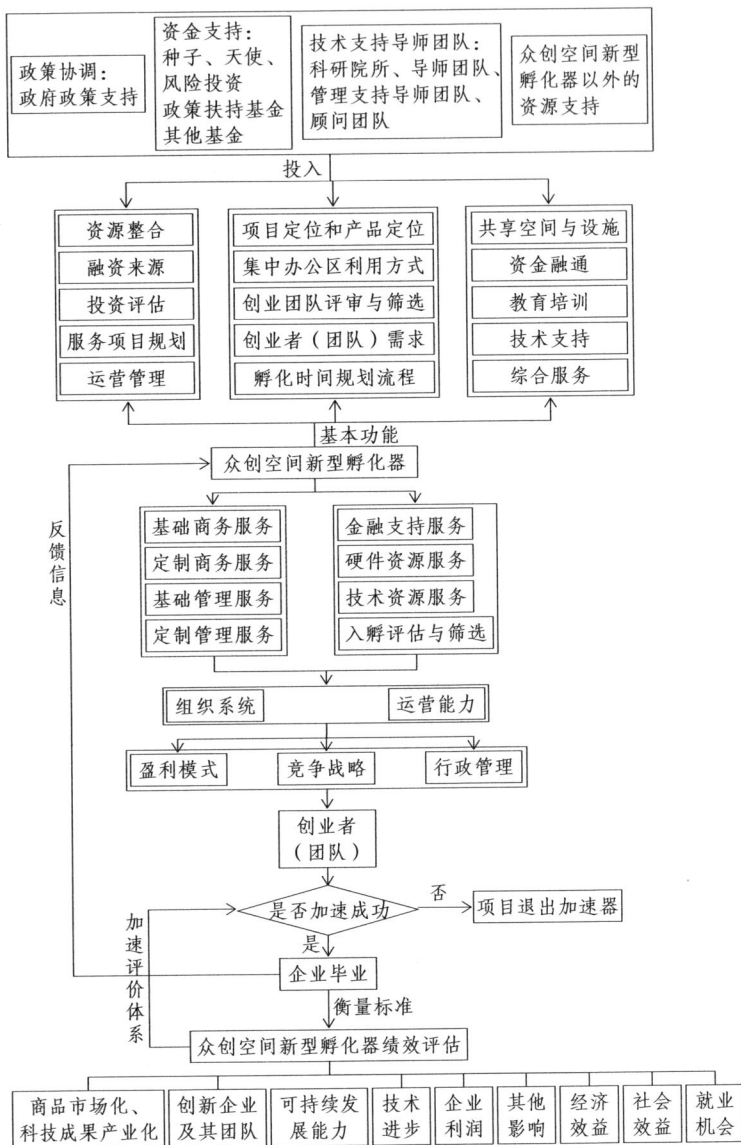

图 4-10　众创空间加速器孵化总体流程图

相关部门评价创业团队是否能够按时毕业，如果可以按时毕业，该创业团队填写企业毕业申请表，并办理相关毕业手续，参加众创空间特意举办的毕业典礼。当然创业团队毕业后，还可以再进一步获得众创空间的跟踪服务。当创业团队无法按时毕业，需要判断该创业团队是否可以延期毕业，如果延期，填写延期结业申请表，并签订延长孵化协议。或者如果是因为创业团队有新增项目孵化，那么签订孵化中期增项协议，并继续孵化；如果创业团队不再进行项目拓展，或者众创空间新型孵化器评估认为已没有继续孵化的意义，创业团队需办理迁出手续及其他相关事宜。

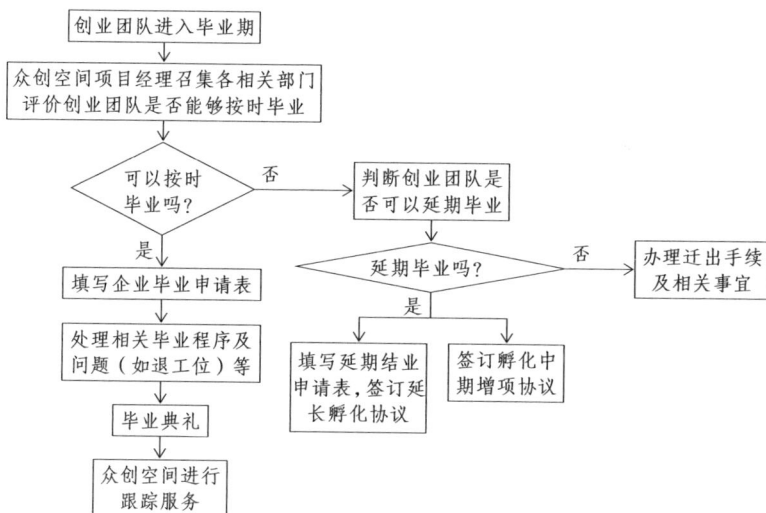

图4-11 众创空间企业毕业流程图

众创空间新型孵化器与毕业企业的关系是母校与校友的关系。创业团队毕业后，众创空间通过建立毕业企业联盟俱乐部，固化创业生态链资源，为毕业企业建立互动及沟通机制。众创空间会经常向相关毕业企业推荐创业团队，实现创业团队创业项目向毕业企业的有偿转移，或者提供机会由毕业企业投资并购创业团队，实现双方共赢。所以众创空间会通过自身的平台信息及资源网络，为毕业企业提供技术、市场、投资、人力资源等合作机会。创业团队毕业包括正常毕业和非正常毕业两种。

正常毕业：（1）与传统孵化器不同，云孵化毕业时间相对而言没有孵化的硬性要求，一般不超过 2 年。（2）在众创空间孵化服务期内，企业完成成果转化，制造出样机或样品，并且团队在完善产品的过程中对市场有了进一步认识，有能力开发系列产品或其他新产品，并有产品投入市场。对于服务型初创团队，其初步有了服务体系及品牌知名度。（3）有一定的生产规模和市场占有率及一定知名度，产品的销售有比较固定的渠道，销售网络初步建立。（4）创业团队的团队管理者对所从事的技术、经营领域的相关法律法规比较熟悉，包括财务制度、用工制度等企业各项制度都已建立，并已制定了切实可行的企业发展计划。（5）企业固定资产和流动资金有了积累，可以扩大生产规模。建立了有效的筹资渠道，为规模发展准备了条件，且具有一定的竞争能力。风险投资已经开始撤出，取得回报。

非正常毕业：（1）自动申请退出，因创业团队内部问题，创业团队负责人向孵化器服务部提出退出申请，经审核终止协议相关手续后退出孵化。如创业团队需要改变预定目标、变更孵化项目内容或终止孵化计划时，创业团队须提前一个月向众创空间创业团队服务部提出申请。（2）终止了孵化协议，对严重违反众创空间管理规章制度或考核不合格的团队，按孵化协议合同可提出终止协议，办理相关手续。[1]

13.2　众创空间要素支持策略
Factor Supports of Co-working Spaces

众创空间政策支持策略

由图 2-6 可见，众创空间对创业团队的四大支持体系都会受到政府政策的影

1　如利用场地从事违法活动的；违反本地公安、卫生、环保、工商和质量监督管理条例的；不按时上交财务报表等相关费用的；经众创空间与其沟通后依旧不执行的；以及违反其他孵化合同规定的。

响，并最终影响创业团队，故对创新创业政策的研究及类型划分也是众创空间必不可少的使命。

众创空间新型孵化器会从两个维度（基础研究维度和市场维度）出发解释创新创业政策支持体系，并最终划分成四个研究矩阵空间：资源整合型基础研究、扩散选择型基础研究、创造型基础研究和目标聚焦型基础研究创新创业政策支持体系。

资源整合型基础研究是将现有资源进行初步整合的研究，市场范围有限；扩散选择型基础研究是在资源整合型基础研究之上进行市场维度的扩张（如小米，在手机市场已经稳定的基础上，扩展其他方向的业务）；创造型基础研究是指超越现有资源，进行创造发明；目标聚焦型基础研究是扩大市场维度，扩展多角度业务。

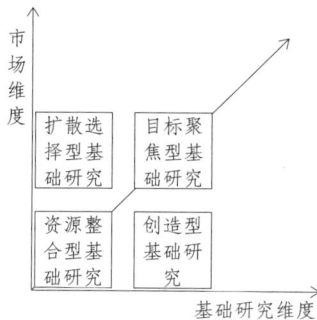

图 4-12　众创空间创新创业政策支持划分矩阵图

基于上述划分，众创空间可更精准地帮助创业团队申请、获取政府政策支持。

众创空间金融支持策略

资金短缺是每个创业企业都会面临的瓶颈，初创企业在创业阶段虽然有很好的前景，但不为社会熟知，缺乏社会信用，几乎争取不到任何社会力量的投资。众创空间新型孵化器于是提供了土壤，帮助创业团队成长，因为众创空间相对创业团队有比较高的社会知名度。

众创空间针对风险投资基金不同的需求，对创业团队进行专项指导，提高其竞争力。同时，众创空间可以定期向风险投资基金提交创业团队的财务报告、审计报告、科研成果等。随着交流的深入，风险投资基金与拟投资的创业团队之间的信息交流更密切，信息不对称度越来越小，最终双方在需求上达成共识。众创空间在整个过程中传递信息并协调关系，在风险投资基金与创业团队之间起到了桥梁与媒介作用。

（1）众创空间与风险投资基金联盟。

分享经济时代的云孵化平台不同于高度机械化、纪律化、标准化的传统孵化器提供的资金支持，它带给众创空间与风险投资基金双方更自由的选择与供给，更个性的定制的可能性。

分享经济是更自由的经济模式，它使众创空间新型孵化器中的创业团队更开放，使独立个体更自由地进入或退出战略联盟，有助于推动不合理制度的优化，推动众创空间更自由地发展。

众创空间需要充分的资金来支持创业团队，风险投资基金需要优秀的项目来源降低投资风险，恰好众创空间的入孵评审帮助风险投资基金完成了初步的项目

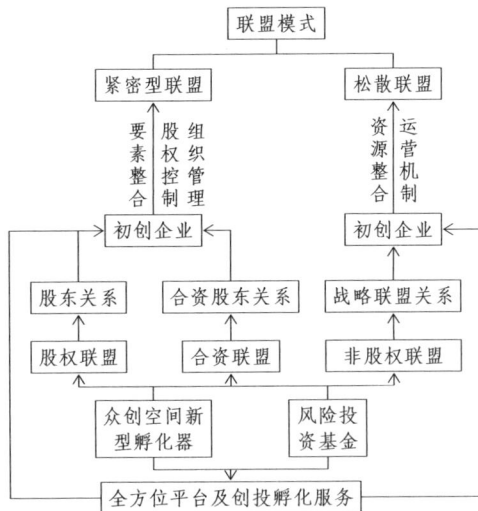

图 4-13　众创空间与风投战略联盟模式图

及风险评估，故众创空间与风险投资基金的最佳合作方式即结成战略联盟。

众创空间新型孵化器与风险投资基金战略联盟有三种方式：股权式联盟，二者互为股东，但不一定共同出资；合资联盟，二者共同出资，为合资关系；非股权式联盟，二者只是简单的战略联盟关系。股权联盟与合资联盟均属于紧密型联盟，对初创企业会投入更多的要素并整合、进行更密切的股权控制以及组织管理；非股权联盟的战略关系属于松散联盟，只对初创企业进行资源整合和运营机制管理，不会涉及更深层次的资源投入和利用，也不会涉及深度组织管理等。

表 4-2　众创空间与风投扶持初创企业的风险承担比较与特征

初创企业			风险投资	众创空间新型孵化器
企业类型	高新技术企业	替代型技术	经济风险、政策风险、追求高利润	专项垂直的众创空间既有专业型的高技术，有科创基地建设规划；也是各种科技的加速器，服务于这些企业
		实用新型技术		
		科技服务型技术		
	商业模式型			
高增长（数量、深度）			追求股本高增长	加速增长
高风险（技术、政策）			承担技术和政策的高风险	降低或分摊风险
高回报（利益、可持续性）			各类型金融机构的回报焦点不同，如短期、初期、中期、长期	追求高回报及社会公益
需要初、中、长期投资			权益投资	需要长期资本投入和资本运作
需要管理、运营、科技专家支持			专家投资，在企业需要时，派专家指导	需要专家支持、专家管理，更注重顾问委员会、专家、团队、战略研究中心
需要政策支持、扶持、正确性			N/A	需要优惠扶植政策，同时关注政策时效性、不稳定性
需要技术支持			N/A	技术专家指导
需要硬件支持			N/A	硬件支持基地
了解行业信息			行业深度研究	行业市场宏观分析
需要供应商分包商支持			N/A	可提供供应商分包商方案
备注：N/A 是指该项不适用。				

　　因为众创空间与风险投资基金在扶持初创企业上的特点和风险承担各有不同（详见表4-2），故众创空间与风险投资基金正式结为战略联盟之前，双方有必要认真研究彼此可能结成的伙伴关系，双方关注点主要表现为彼此的兼容性、综合能力、投入要素、环境、退出方式，（详见表4-3）。

表4-3　众创空间与风投战略联盟伙伴聚焦点

合作关注点	分　　类
兼容性	战略一致性、资源互补度、服务互补能力、专业互补能力、文化兼容度、资讯共享度
综合能力	知识储备能力、管理能力、创新能力、协同能力、整合能力、运作经验、学习能力、人才素质及培养能力、加速孵化能力、前景预测能力、宏观战略能力
投入要素	合作意愿、资产规模、企业声誉、资源属性、关联资源
环境	市场环境、创新环境、政策环境、投资环境、合作风险
退出方式	收益分配、股权转移、履行义务、承担责任

　　同时，众创空间新型孵化器和风险投资基金结成战略联盟之后，应建立有效的联盟评价体系。该评价体系至少要包含诚信监督、联盟运作、协议执行监督以及信息安全四个部分。联盟可在定期考核评价之后，将各方的评价结果公布，如果联盟各方成员的执行结果优于评价标准，联盟会给予一定的经济奖励与荣誉激励；反之，联盟将给予一定的经济处罚，该成员的信誉度降低。无论是获得奖励还是处罚，都意味着联盟成员声誉的改变，这是联盟成员的无形资产。毫无疑问，联盟成员的无形资产会影响到联盟的发展，从而影响到联盟的进一步合作和延续。联盟通常会委任监督委员作为内部监督专员，并邀请第三方监督作为外部监督，共同在整个联盟制度管控以及考核评价的过程中进行监督。

　　关于众创空间新型孵化器与风险投资基金战略联盟绩效评价指标体系详见表4-4。

众创空间新型孵化器　风险投资基金　授权、任命

战略联盟制度管控　监督委员

社会文化和企业文化　影响　战略联盟监控机制　←　外部监督　←　第三方监督

内部监控

联盟成员A、B、C

战略联盟评价体系

诚信监督				联盟运作			协议执行监督			信息安全		
信用评级	契约履行监督	动态行为监督	社会信誉	合作声誉	绩效指标	品牌影响力	创新协同能力	管理支持能力	运营维护能力	联盟管理效率	功能执行情况	标准执行流程	协议修正升级	核心机密保护	数据安全情况	客户机密维护

优于评价标准　　　劣于评价标准

优于评价标准

诚信监督				联盟运作			
信用评级高	契约履行优秀	动态行为优秀	社会信誉高	合作声誉高	绩效指标高	品牌影响力强	创新协同能力强	管理支持力度强	运营维护能力强

信息安全			协议执行监督			
核心机密保护到位	数据安全保护到位	客户机密维护到位	联盟管理效率高	功能执行情况好	标准执行流程优	协议修正升级快

劣于评价标准

诚信监督				联盟运作			
信用评级低	契约履行低劣	动态行为低劣	社会信誉低	合作声誉低	绩效指标低	品牌影响力弱	创新协同能力弱	管理支持力度弱	运营维护能力弱

信息安全			协议执行监督			
核心机密保护不足	数据安全保护不足	客户机密维护不足	联盟管理效率低	功能执行情况差	标准执行流程劣	协议修正升级慢

经济奖励　荣誉激励　→　奖励机制　→　信息公布　←　惩罚机制　←　经济处罚　信誉度降低

联盟成员声誉

联盟成员无形资本

战略联盟拓展

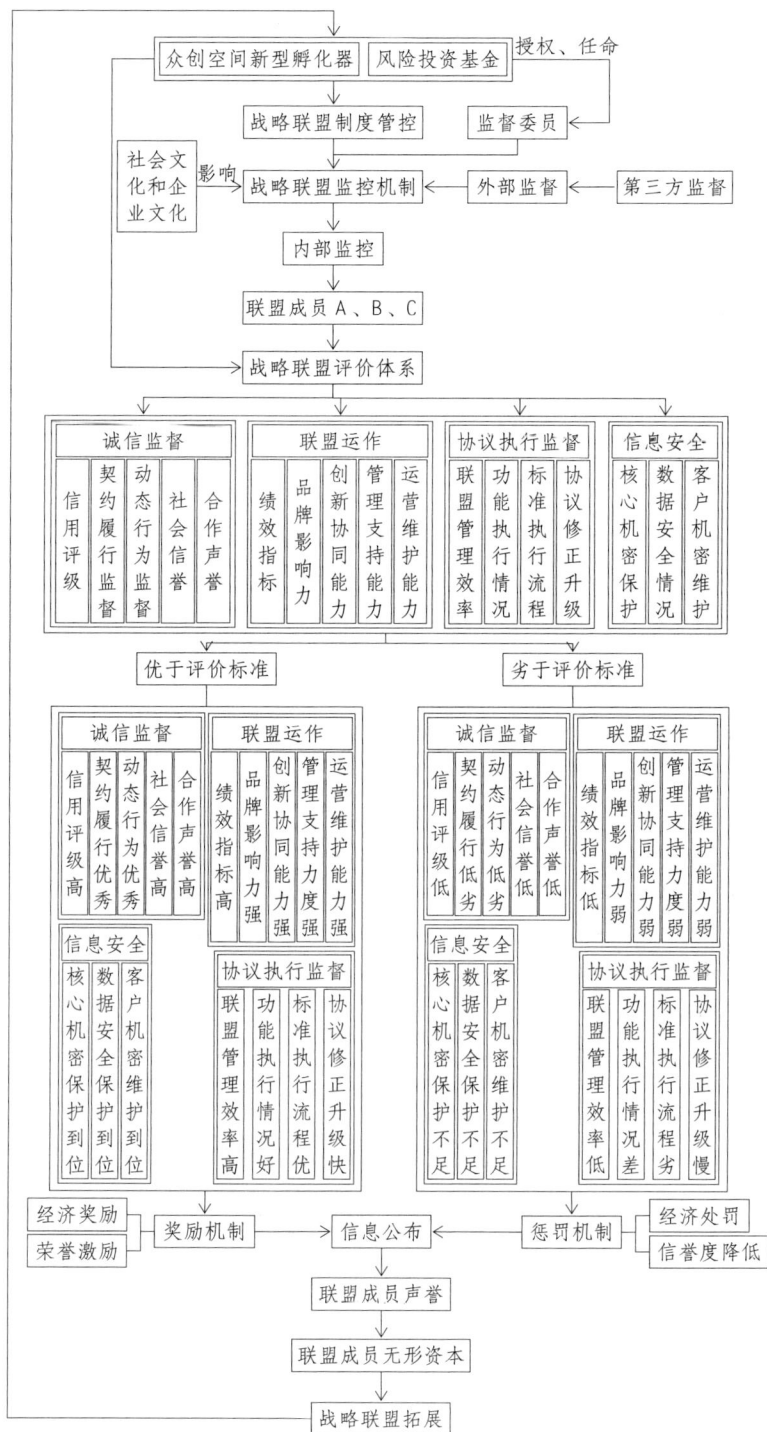

图 4-14　众创空间与风投战略联盟监控及奖惩机制

表 4-4　众创空间与风投战略联盟绩效评价指标系统

维度	分类	细　分
创新绩效	企业创新（创新能力）	创业团队管理创新能力、商业模式创新能力、技术创新能力、产品（服务）市场占有率、自身巡航能力、成长速度及规模、自我孵化能力、孵化成活率、品牌影响力、社会影响力
	组织创新（培养能力）	创业团队（入孵企业）数量、团队能力、创业团队毕业数量、创业团队平均孵化时间
融合绩效	战略融合	战略一致性
	企业融合	联盟成员协同性、融合度、诚信度；联盟成员之间的依存互补性
	品牌融合	联盟声誉、服务口碑
	文化融合	文化兼容性
整合绩效	资源整合	信息分享程度、知识分享程度、创新资源整合能力、关联资源分享程度
	风险规避	技术风险、市场风险、管理风险、融合风险、环境风险、信用风险
	联盟管理	联盟管理能力、流程管控能力、人力资本管理能力、监督机制、冲突化解能力
经营绩效	财务绩效	孵化收益、投资收益、其他增值收入
	运营绩效	联盟运营能力、执行能力、知识获取能力（通过运营使联盟成员高效获取知识）、信息流通能力；联盟运作效率、联盟之间的满意度及稳定性
	发展潜力	联盟资源状况、文化与制度、成长速度、战略发展方向

表 4-5　众创空间新型孵化器自我考评表

众创空间新型孵化器自我考评表		
基础设施	孵化场地面积	孵化设施配备
	PC 端网站与手机 APP 是否建立	基础商业与管理服务是否齐全
	创业团队数据库	基础咨询服务是否配备

续表

众创空间新型孵化器自我考评表		
管理团队	管理人员人均服务创业团队数	管理团队所涉行业
	专业人才所占比例	留学归国人才、博士、硕士、本科、大专
	曾在上市公司任职数	曾在跨国公司任职数
	曾在投资机构任职数	曾在企业高管任职数
	有三年以上企业管理经验者，工程师、会计师、律师以上职称者所占比例	
	有多次创业经验人数	
孵化资金	创业团队平均孵化资金数额	创业团队总孵化资金数额
	合作风险投资基金机构数量	合作风险投资基金向创业团队的平均投资资金数额
	资金池流水数额	孵化资金所占总资产比例
孵化服务满意率	企业对孵化服务、基础设施、孵化环境、物业管理服务的满意率	
孵化常规服务	工商注册、财税服务、代理人力资源、申报各类计划、落实优惠政策、打印复印、名牌制作等服务。	
孵化增值服务	投融资对接服务	得到投资、贷款、各类基金支持的初创企业比例，得到投资、贷款、各类基金支持的项目比例，创业团队获得资金的平均额度
	导师辅导培训服务	接受过培训服务的初创企业所占比例、购买线上云孵化辅导课程的初创企业所占比例、接受线下各种方式辅导课程的初创企业所占比例
	加速孵化服务	接受加速孵化服务的初创企业比例、接受加速孵化服务并顺利毕业的初创企业比例
	技术支持服务	技术成果转换的初创企业所占比例、技术成果转换取得成效的初创企业比例、与高校及科研院所进行技术合作的初创企业所占比例
	市场开发服务	市场开发及营销渠道服务取得成效的初创企业比例、初创企业的市场占有率及市场增长率
	资源对接服务	签订战略合作协议的初创企业所占比例、取得成效的初创企业所占比例、建立上下游产业链及资源联盟的初创企业所占比例
	互动交流服务	举办标准课程培训讲座数量；举办导师私董会交流次数；举办专题报道、产品发布活动次数；举办品牌化活动总次数（如工作坊、分享会、主题沙龙、专业讲座、行业交流会、投资路演等形式的活动）
	嵌入式服务	得到嵌入式服务的初创企业所占比例；经过嵌入式服务取得成效的初创企业所占比例
	个性化服务	得到个性化服务的初创企业所占比例；经过个性化服务，业务得以拓展的初创企业所占比例

续表

众创空间新型孵化器自我考评表	
管控制度	管理制度是否健全、管理流程是否合理、信息流通是否顺畅；人才培训机制、奖惩机制、监控机制与冲突化解机制是否健全
企业成长	孵化期满企业的成活率（毕业率）、创业团队员工数超过 50 人以上比例、收入比上年增长 30% 以上的初创企业所占比例、利润比上年增长 30% 以上的初创企业所占比例、拥有自有知识产权及专利的初创企业所占比例、以自主知识产权为主的初创企业占创业团队的比例、创业团队申报专利（含软件著作权）的数量占创业团队数的比例、创业团队申报专利（含软件著作权）的数量比上年增长比例、审批的高新技术企业占创业团队的比例、初创企业产品跨国营销（服务）的比例
社会效益	众创空间提供的就业岗位数量、入孵企业提供的就业岗位数量

众创空间新型孵化器与风险投资基金结成战略联盟之后，因资源整合与服务聚集的效应，将资源与服务进行匹配融合，会帮助和支持创业团队带来更多的创新贡献、经济效益、社会效益，因此延伸出在文化、知识、技术、规模、产业集群、人才、就业等多领域的影响力。

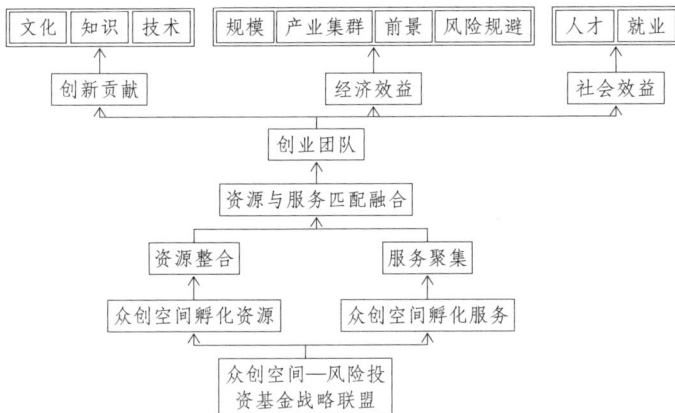

图 4-15 众创空间与风投战略联盟效益图

分享经济是高度依赖信用的经济模式，该模式有利于解决信用缺失问题，提升经济运行效率。

（2）众创空间、风险投资基金、创业者（团队）三方合作关系。

风险投资基金与创业者（团队）能否实现有效结合，关键在于能否解决交易双方存在的信息不对称问题。创业团队在进入众创空间时，会经过严格的审核程序，以及专家组的项目评估。因此通过众创空间前期考核的入孵初创企业，相较未通过考核的企业拥有更高的创业素质和能力，再加上众创空间的考核内容都是风险投资基金希望了解的内容，所以有助于降低风险投资基金的投资风险。同时，众创空间还可以通过云孵化平台吸引更多国内外优秀投资基金投资创业团队。

通过众创空间获得融资的创业团队，还可以吸引更多风险投资基金与众创空间结成战略联盟，以及吸引更多的企业入孵。

众创空间新型孵化器、风险投资基金向经过入孵评审的创业者和创业团队提供孵化服务，帮助它们成长时，双方都有孵化基金和服务体系，除此之外，孵化器还可提供孵化环境。当双方入股创业团队，只要创业团队获得一定的发展和成长，收益增加，就意味着众创空间新型孵化器、风险投资基金双方的股权投资收益相应获得了增加。

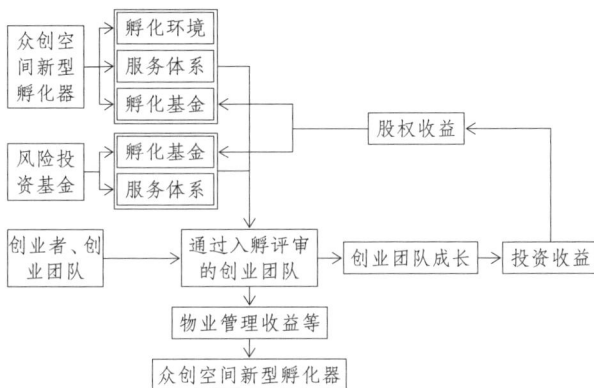

图 4-16 众创空间与风投及创业团队三方合作反馈图

创业团队需要雄厚的资本支持，众创空间新型孵化器以参股、控股方式，与创业团队嵌入式捆绑在一起，有利于创业团队更轻松地得到孵化平台的资源支持。同时，众创空间可以提供一整套强有力的管理资源，即创业团队既可得到管理资源，也可得到基金、金融机构的支持，及以往成功创建企业的经验，这就为创业团队的成长提供了坚实的基础。

众创空间、风险投资基金、创业者和创业团队，三方在执行合作关系、确定合作方式后，需明确股权激励标准及绩效考核标准，再借由一定的股权激励机制、股权比例机制及绩效考核机制促进三方的合作互动。

绩效考核机制和股权激励机制是推动三方良性合作发展的必要的收益分配制度，两者针对人群不同，股权激励机制针对管理层，绩效考核机制针对执行层，所以两者有以下差异：（1）绩效考核机制是短期行为，而股权激励机制是一种长期行为；（2）绩效是企业对执行员工过去行为及承诺的兑现，而股权激励机制更注重未来的发展；（3）绩效是企业对执行员工的基本考核制度，而股权是对管理层的专项促进机制。

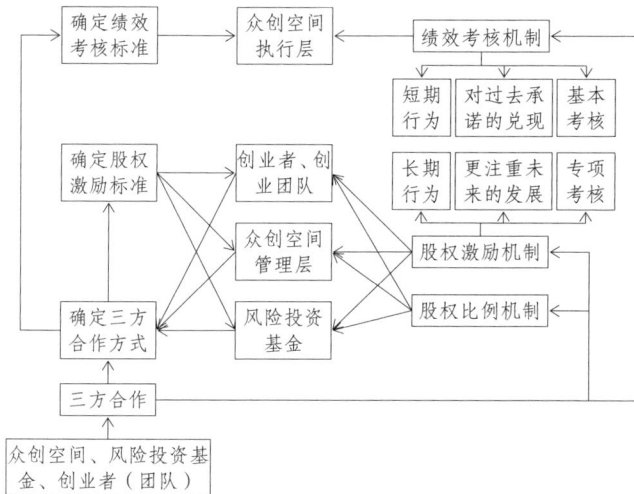

图 4-17　众创空间与风投及创业团队三方合作股权激励与绩效考核关系图

众创空间新型孵化器、风险投资基金与创业团队之间进行三方合作时，存在互相促进、互相约束的三方博弈关系。无论是众创空间新型孵化器与风险投资基金共同投资、作价入股或者设立新基金投资，还是只有风险投资基金投资，众创空间新型孵化器为创业团队背书，并互相监督，三方的博弈关系都是对等相同的，且互为利益共同体。

通常众创空间新型孵化器与风险投资基金之间是投资博弈、委托代理及信息协调的关系。风险投资基金与创业团队之间是利益最大化、双向互选的关系，并承担信誉风险。众创空间与创业团队之间是利益共同的关系，众创空间履行监管代理权。

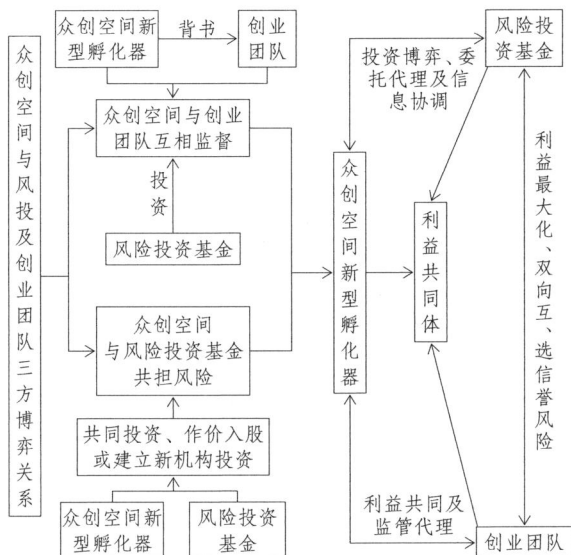

图 4-18　众创空间与风投及创业团队三方博弈机制图

"信任的匮乏则会让经济徘徊不前,还会引发其他社会问题"[1]。从博弈的角度看，一次性博弈难以精准展现参与者的信任度，无法淘汰信用缺失的成员，只有重复博弈才能暴露其信用度，进而通过激励或惩罚机制提升联盟的整体信用水平。

众创空间新型孵化器、风险投资基金、创业者和创业团队的三方合作是一个相互寻找、相互筛选、相互认可、相互协商、达成共识合作的过程。当三方确定

---

[1]　弗朗西斯·福山著，郭华译：《信任：社会道德与繁荣的创造》，桂林：广西师范大学出版社，2016年第 1 版，第 13—14 页。

合作时，需预先制定合作收益分配标准，包括三方价值估算、总体收益估算、确定三方收益分配方案，确定预先分配预案之后，三方开始正式合作。在最后分配收益时，应该按照分配标准对三方成员进行价值评估，评估预先分配方案是否可行，是否需要更改和调整。同时，对三方成员贡献的评价还会影响到三方合作类型演化，从而对三方寻找新的合作伙伴形成新的认知基础。

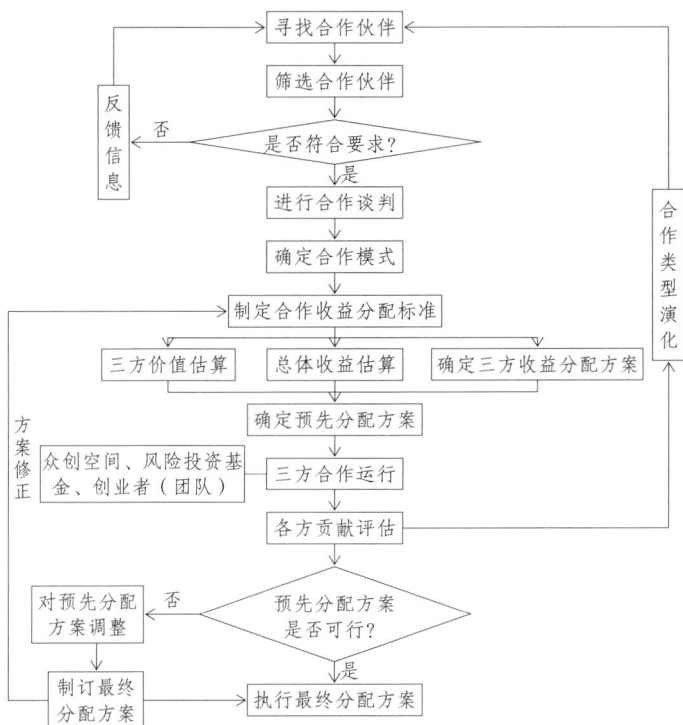

图4-19　众创空间与风投及创业团队收益分配图

良好的绩效是众创空间新型孵化器、风险投资基金、创业者和创业团队进行三方合作的基本目标。所以要分析三方合作时相互之间可能影响到绩效的关系。

首先，三方需要建立在一定的、可合作的关系上，然后分析三方特点，判断互补性，以及三方力量，这些构成三方合作的基础。之后判断三方内部动态环境及对环境变化的反应。

三方合作的内部动态环境会影响三方动态管理模式及三方合作网络结构的构成，进而影响三方功能执行能力、大小股东关系、三方成员信任关系，以及三方合作关系，三方合作必然导致三方互动及三方整合。三方整合时，三方利益协调和三方矛盾显现，对三方冲突的解决可以展示三方平衡能力，进而影响绩效。

三方对环境变化的反应能力表现在三方动态管理模式及抗风险能力，进而影响到三方功能执行能力，及三方契约履行水平。三方信任关系和大小股东关系也会影响到三方功能执行能力，并最终影响到三方合作绩效。所以，三方合作时，三方通过博弈、相互影响、相互约束，共同交互影响三方绩效。

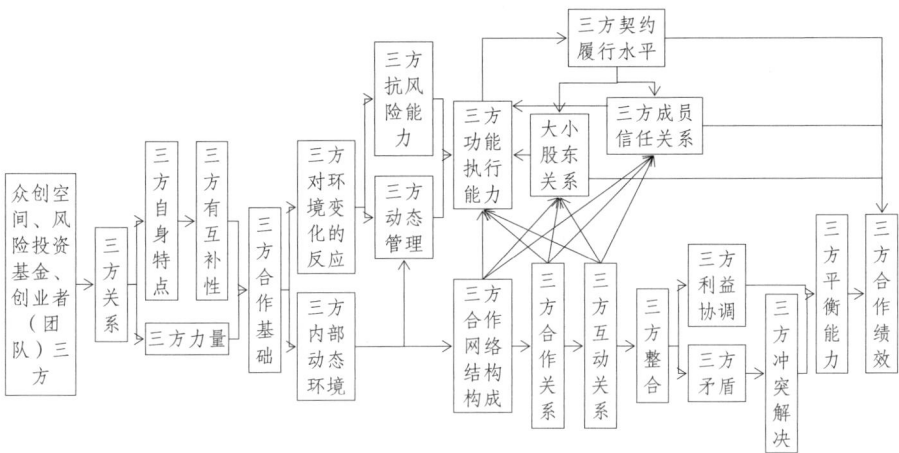

图 4-20   众创空间与风投及创业团队三方通过博弈绩效整合图

通过合作、结盟、互动、博弈、调解、收益分配、绩效考核等途径，三方的最终预期绩效目标详见表 4-6。

表 4-6   众创空间与风投及创业团队三方合作预期绩效目标

合作方	预期合作绩效目标
众创空间新型孵化器	孵化规模扩大、孵化资源增加、企业孵化率提高、孵化成功率提高、行业地位（声誉）提高、社会效益提升、经济效益提升、文化效益提升等

续表

合作方	预期合作绩效目标
风险投资基金	投资组合回报率提高、孵化成功率提高、资金周转速度加快、优质项目池增多、项目团队人力资本提升、行业地位（声誉）提高等
创业团队	成长速度加快、成长规模扩大、孵化资源获取能力提升、创业优惠政策增多、经营绩效提升、知识产权增加、高新技术深化、行业影响力提升等

众创空间新型孵化器、风险投资基金、创业者和创业团队三方在执行合作关系时，若发生冲突，需要第三方仲裁机构介入，提出冲突化解机制，而三方成员则按照第三方仲裁机构的要求履行冲突化解机制。通常第三方仲裁机构包括第三方咨询公司与法院仲裁机构两种机构。

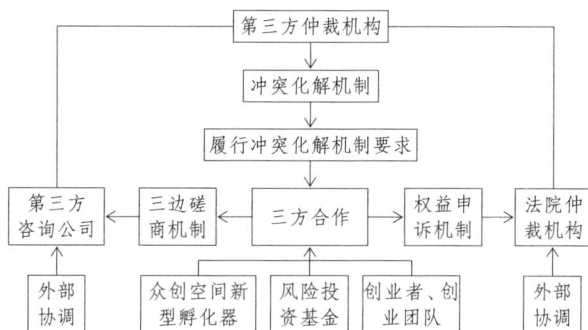

图 4-21　众创空间与风投及创业团队三方合作冲突协调机制图

众创空间资源支持策略

分享经济思维的众创空间云孵化，将跨区域、跨行业的风险投资基金、创业辅导导师资源、科技资源、人力资源等第三方资源进行高度整合，并为创新创业团队和创业者提供全要素、全流程服务。创新创业活动离不开第三方服务资源的支撑。所以，众创空间需通过引入外部第三方机构为创业团队提供更加完善的孵化服务，尤其是为创业团队提供专业垂直服务。[1]

1　包括律师事务所、会计师事务所、网络运维机构、人才培训机构、科技支持机构，具体业务是代办工商注册和政策指引、财会审计、商务培训、管理咨询培训、人力资本、科技咨询服务、专利咨询服务等。

　　但是，众创空间云孵化平台是市场经济的产物，它整合第三方机构资源的能力必然会影响众创空间创业团队的成长速度及质量。为了将众创空间打造为庞大的资源池，众创空间不仅需要外部链接、整合资源，还需内部整合创业团队之间的上下游资源关系。无论众创空间是作为整个链条的某个环节，或是承载链条的平台方，都要逐步形成生态价值链，以开放的态度面对市场，避免形成孤岛。

　　因此，众创空间连接整合的资源突破了地域限制，具有鲜明的流动性、跨界性等特征。它对资源的整合重构理念，是分享经济时代互联网＋思维的最好诠释。

　　在整合外部第三方资源的时候，众创空间新型孵化器需整合与创业团队相关的产业社群[1]，让这些产业社群与孵化器一起，共同为创业团队提供管理服务、商务服务、技术服务和金融服务。即整合创新资源、政策资源、网络资源和人力资本资源为全方位的孵化资源，从而增强创业团队的组织管理能力、运营能力、有形资源、无形资源、自我孵化能力等，进而增加孵化器创业团队的成长毕业数量。

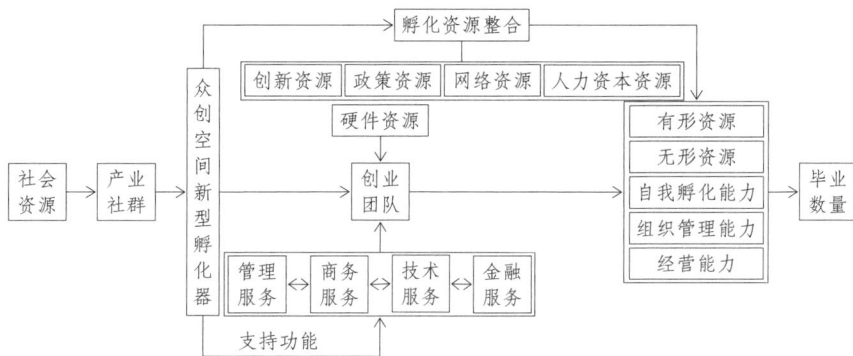

图 4-22　众创空间外在环境和资源整合能力图

　　创业团队之间的行业类型、专业领域、资源背景、知识范围等各有不同。因此，为了使孵化资源最大化，链接更多的多样性，孵化器在将所有可调用外部资源（一般包括四种资源：创新资源、政策资源、网络资源、人力资本资源）进行整合的同时，也会整合创业团队作为内部资源，形成整合创业团队上中下游的生态企业

1　具有共同特征的产业、组织、机构相聚而形成的互利互助组织。

链，并搭建相关运营平台。因为产业链及其运营维护系统必定会受到相关政策法规、产业航向、市场动态等外部环境的影响，所以产业链及其运营维护系统将呈现动态稳定循环过程。

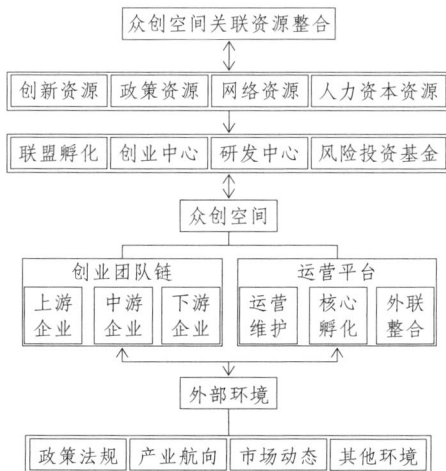

图 4-23 众创空间对创业团队间关联资源整合图

上述提到的四类资源（创新资源、政策资源、网络资源、人力资本资源）可能的目标来源于如图 4-24。而关于四类资源的汇集方式详见表 4-7。

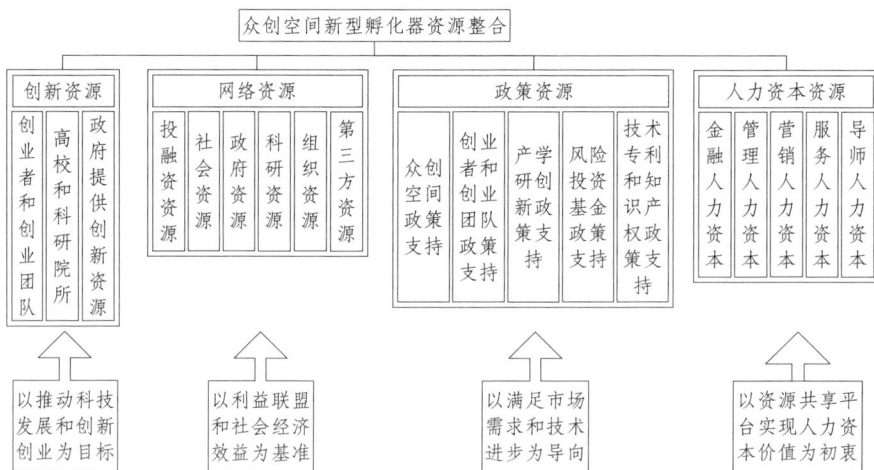

图 4-24 众创空间资源整合机制

表 4-7　众创空间资源汇集方式

资源汇集		方法
创新资源		与科研院所、大企业对接，充分利用其大型精密仪器，进而提供服务；与政府机构进行创新资源对接、了解科技政策与行业战略走向
网络资源	金融资源	对接金融机构（财务公司、保险公司等）、高新技术产业创业投资基金、种子投资、天使投资、风险投资等投融资基金
	行业资源	对接行业专业人力资源、社会关系、机构、科研院所等资源，并建立战略合作关系
	数据库	与全球各大数据库及网站对接共享专业平台，为创业团队提供技术研发、引进、立项，全方位的技术资源服务
	云孵化	全方位的通过云孵化分享服务平台、信息互联网、移动互联网为团队提供及时、准确、可靠的信息
政策资源		网上查询获取；时刻关注政策导向
人力资本资源		专业团体推荐专家、学者报名筛选；聘用知名企业家、知名学者、知名创业导师等；通过网络聚集人才

　　整个生态产业链中的企业，有的拥有实验室，有的拥有设备，有的提供渠道，有的资金雄厚，每个企业像是将自己的物资挂在一个虚拟的上下游生产线上，只支付自己所需的那一部分消耗带来的成本，通过产业链中人力资本、政策、网络、创新资源的全方位协作，在生态圈中完成整体业务，既有产业集群效应，又具备分享经济的优势。

　　虚拟生产线上的各个节点企业，专注于所提供的产品和服务，因而质量更好、效率更高，企业整体业务成品也会更加专业。这种经济和高效既能够节约初创企业成本，提高资源使用效率，又能生产出更专业的产品，最终获得的增量利益反馈于用户分享，同时在一定程度上缓解了需求和资源稀缺性的矛盾，形成优势互补，如果信息技术进一步突破、互联网架构下信用体系得以建立，分享经济下的众创空间必然是未来孵化行业的发展趋势。

众创空间对等教练式学习交流策略

　　在分享经济时代的云孵化平台中，创新创业信息、知识资源都是开放的、多元的、容易获取的。便捷、有效的互动方式和学习机制是云孵化分享服务平台的创新知识、信息、资源得以快速、高效流转的关键，是构建及优化云孵化分享服务平台中央控制系统大数据中心不可或缺的要素，也是云孵化分享服务平台高效、可持续运转的重要环节。

　　基于对等教练式学习交流机制，众创空间新型孵化器建立了"一体化系统（co-production）形态"模型学习机制，并通过"一体化系统形态"模型实现知识的扩散和交流，提升众创空间及其创业团队的市场竞争力，并向众创空间平台之外的体系扩散知识。即众创空间通过集成获取的创新资源、政策资源、网络资源和人力资本资源给入孵团队提供相应的支持和帮助，再加上创业团队本身也具备一定的外部资源。创业团队将二者进行统一整合，促进创业团队自身的组织学习，当创业团队进行学习时，知识与技能加强，团队多形态各种能力也随之加强，从而促使核心能力体系获得加强，因此团队产品和服务的市场占有率增多，并获得可持续发展，呈现可持续的优势状态，并最终获得可持续盈利。

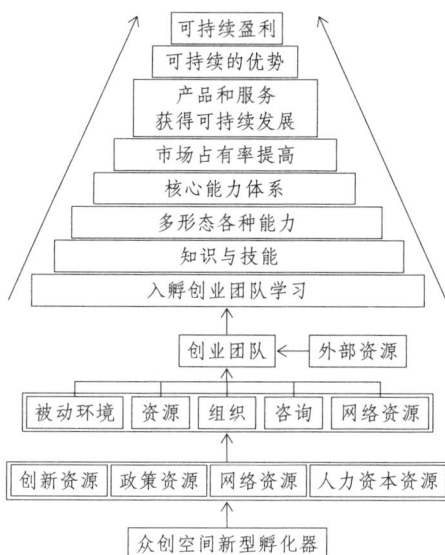

图 4-25　众创空间支持学习"一体化系统形态"模型

众创空间对创业团队提供孵化服务期间，双方经过多种方式共同讨论、联合解决创业团队的短期危机和问题，以及长期发展需求，并互相学习，强化被孵化企业的自我生存能力，实现联合成长。

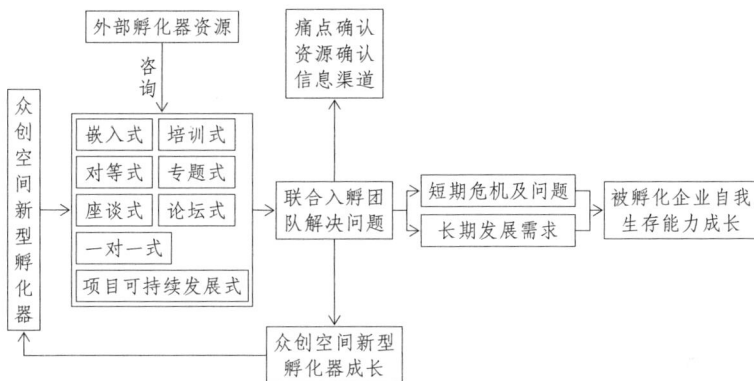

图 4-26　众创空间与入孵团队联合成长模型图

通过不断学习，众创空间新型孵化器提升了自身的孵化服务能力、组织管理能力、运营能力，同时也提升了有形资源和无形资源价值，并将资讯知识运用到对创业者、创业团队提供的云孵化和创业团队孵化服务中。云孵化分享服务平台的客户端在使用云孵化功能的同时，也会将一部分资讯反馈回孵化器，为众创空间建立云孵化分享服务平台大数据库做出贡献。创业团队在毕业之后亦会将相应的扩展性的资讯反馈回孵化器，帮助众创空间新型孵化器完善服务体系。因此三方信息互通而形成了一个闭环资讯流通循环，生生不息地支撑着众创空间的成长。

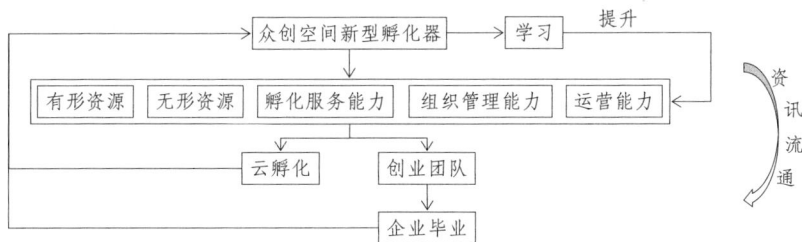

图 4-27　众创空间资讯流通循环图

13.3 众创空间管理策略
Management of Co-working Spaces

分享经济将会是一场深刻的科技革命和商业哲学思想的革命。在去中心化的价值传播下，合作分享的思维方式成为当今商业在未来发展的主旋律，它对于整个世界的资源重构、组织重构、供需重构，甚至管理模式带来了颠覆式创新。

众创空间的管理能力、辨识能力、运营能力和盈利能力都是可持续发展的必备条件。良好的管理模式是众创空间有效寻找优秀创业团队、获得风险投资基金支持、资源支持的必要条件。创业者、创业团队所组建的初创企业，常常是粗放式管理，即处于管理试行阶段。相关的企业治理机构，股东之间、股东与经营者之间、企业与员工之间仍处于磨合期，导致企业在运营过程中出现管理漏洞及各种各样的不协调情况。而众创空间新型孵化器凭借自身的管理优势及资源整合优势，能够有效帮助初创企业渡过难关，少走弯路，走向成熟。

面对市场商业环境，众创空间新型孵化器用特有的企业治理结构来保证孵化器的市场适应性。针对资本市场，企业治理结构利用董事、独立董事与监事并举，来寻求公司治理的最优化结构。针对各垂直商业市场、人力资本市场以及产品市

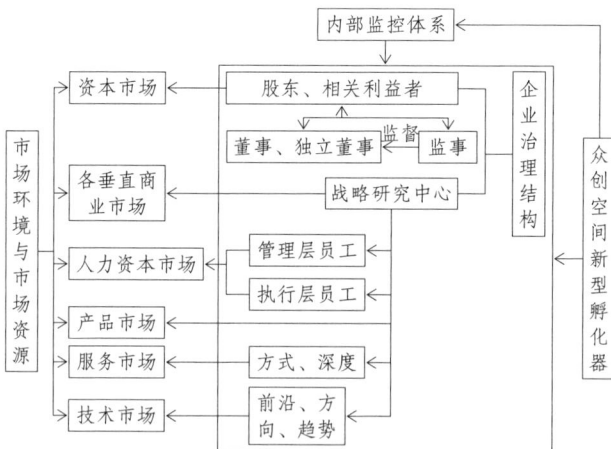

图 4-28　众创空间管理企业治理结构图

142

场、服务市场和技术市场，专门设置战略研究中心，以确保正确、合理地应对各垂直商业市场、人力资本市场、产品市场等的变化。同时为了保证企业治理结构顺利、规范运转，通常众创空间会设立完整的内部监控体系。

在项目管理监控流程上，当有创业者和创业团队申请风险投资咨询管理公司投资，风险投资咨询管理公司的项目经理会首先获取创业者和创业团队的相关信息，进行项目风险评估。如果评估符合投资要求，风险投资咨询管理公司的项目经理将向公司提出申请，并将申请候选名单和材料递交给执行总经理。当执行总经理做出项目投资决策之后，风险投资咨询管理公司的项目经理将投资决策下发到项目责任团队，签订职责分配协议，并开展项目工作计划，同时将职责分配协议和项目工作计划上交执行总经理，报送审批。当执行总经理审批通过之后项目才能真正落地执行，在项目落地执行期间，项目责任团队需定期向执行总经理提交进度报告。而为了保障整个项目投资流程顺畅、有序，风险投资咨询管理公司通常设有内部监控体系，监督项目投资流程顺利进行。

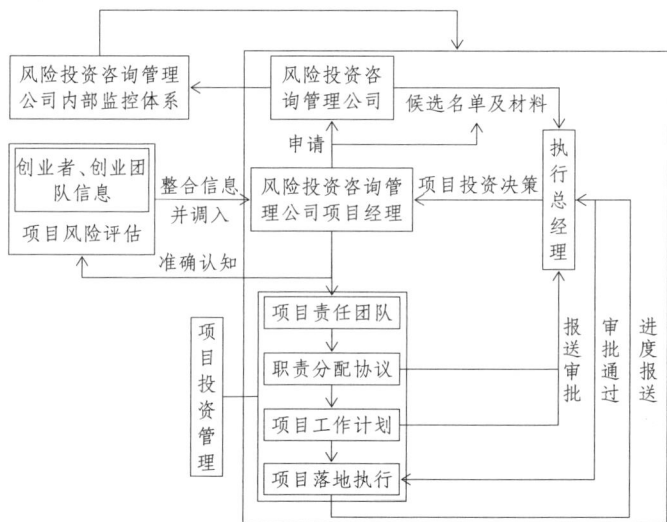

图 4-29　众创空间项目管理监控流程图

13.4　对众创空间的绩效考核评价制度
Performance Evaluation of Co-working Spaces

西方有关孵化器的评价体系研究是在大量调查数据的基础上展开的，学者们尝试了多种系统方法，力图使评价研究进入科学的轨道。首先运用层次分析法确定各指标的权重，并通过孵化器自身的发展阶段的动态来确定各评价指标的权重。

孵化能力的培养是一个长期的过程，需要较长时间的积累。而内部条件是众创空间可以控制和改变的，也是孵化企业最基本的物质基础。内部条件的优劣决定了协同发展的众创空间孵化能力的大小。

通常，综合管理团队的专业水平、创业导师数量、创业平台、创业活动、引进创业者、创业团队数量等服务效果均会影响因素考核。

众创空间的综合管理能力

综合管理能力是众创空间新型孵化器绩效考核的首要指标。众创空间管理能力体现在以下几个方面，包括对团队和项目的辨别能力及评审能力、对团队和项

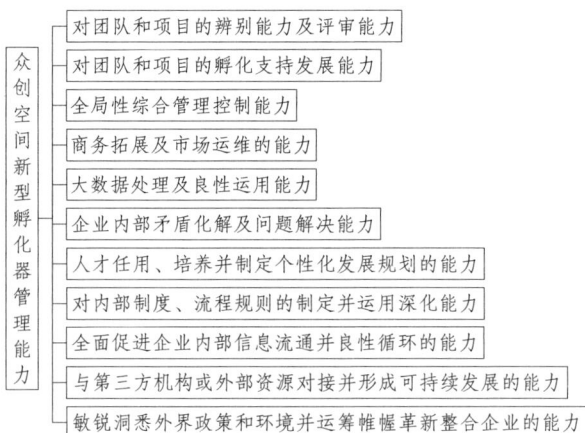

图 4-30　众创空间管理能力框架图

目的孵化支持发展能力、全局性综合管理控制能力、商务拓展及市场运维能力、大数据处理及良性运用能力等。

众创空间的导师团队综合能力

通过云孵化分享服务平台，有盈余时间的导师团队可以在线授课，提供创业培训服务，并获得相应收益。在线授课因为不受课堂教学的空间限制，摆脱时间和空间的束缚，所以能够提供低价格、高营养的辅导培训服务。这些导师可以自由决定授课时间和交付方式，不需要依附任何培训机构，也不妨碍客户端从中获得创业经验知识和相关资源。

对人类社会来讲，教育是社会发展的刚需。对云孵化分享服务平台创业者、创业团队、初创企业来讲，创业培训也是发展刚需。具备创业辅导培训才能和知识的人才，通过云孵化分享服务平台，分享自己的独家知识，并获得经济收益、提升社会影响力，从而满足多样化的创业知识需求。

导师团队综合能力是众创空间新型孵化器绩效考核的第二个指标。无论众创空间导师团队采取何种工作指导方式，都应通过导师团队对创业团队的指导帮助，全方位培养入孵团队的能力，包括提高团队的专业能力和社会协调能力、提高团队的高质量组织运营能力、提高团队产品综合开发能力、内在合作交流能力、人

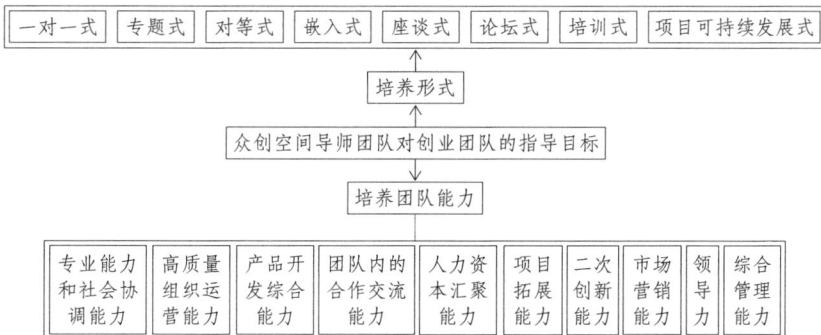

图 4-31   众创空间导师团队指导工作多样性示意图

力资本汇聚能力、项目拓展能力、二次创新能力 [1]、市场营销能力、领导力等多种综合管理能力。

众创空间的孵化能力

众创空间与创业团队共荣共生。创业团队的毕业数量以及对众创空间的认可程度可以认证众创空间提供的服务效果和管理水平，而众创空间可提供的服务能力也会影响创业团队的毕业率，即创业团队对众创空间的满意度与众创空间的孵化效率是呈线性分布的。

（1）众创空间的绩效考核评价指标。

众创空间的孵化效率是众创空间的评价体系和质量指标构成要素，它影响众创空间的绩效，包括众创空间运营过程中产生的一般利润和经济效益，以及通过众创空间带动区域经济发展、区域社会发展等明显的外部效益。单一指标是无法衡量众创空间绩效的，因此需要综合考虑、全面评价众创空间新型孵化器。

众创空间的基础设施能力、政务服务能力、资金服务能力、技术服务能力、管理服务能力、人才服务能力、信息服务能力等都是影响众创空间可持续发展的因素。目前，众创空间通常通过硬服务能力、软服务能力、融资能力、管理水平和发展能力及孵化绩效状况等方面进行孵化能力评估。

本书从七个方面探讨众创空间新型孵化器孵化能力评价体系及质量指标构成：可提供给被孵化团队的平台及各种环境能力，可提供给被孵化团队的硬件环境综合配套能力，可提供给被孵化团队的咨询管理能力，可提供给被孵化团队的综合运用市场竞争能力，可提供给被孵化团队的投融资能力，可提供给被孵化团队的建立人才资本体系的能力，可提供给被孵化团队的技术支持和知识产权能力。每个质量指标都有一定的评估要求，只有能够满足甚至高于这些评估要求的众创空间新型孵化器才是优质的众创空间新型孵化器。

1　二次创新能力是指创业团队在完成原商业计划的过程中，发现新的延伸项目，并在原有商业模式上，对新的具有商业价值的子项目进行创新，或在原商业管理模式中找到再次创新的可能。

众创空间孵化能力评价体系及质量指标构成	可提供给被孵化团队的平台及各种环境能力	交流沟通平台 法律政策环境 创新环境 人力资本环境 文化环境	为创业团队提供更多政策支持机会的能力；营造创新氛围，加强创业团队间相互学习、合作、沟通交流、资源互换、战略合作等的协调能力
	可提供给被孵化团队的硬件环境综合配套能力	物理设施 物业水平 交流沟通平台	为创业团队提供灵活多样的硬件服务（孵化空间环境、地理位置、商务设施配套、办公实验设备及其他基础设施）能力；综合物业水平能力
	可提供给被孵化团队的咨询管理综合能力	企业家精神 团队构成 组织结构 专业管理能力 成员素质	为创业团队提供更专业的具备足够领导力、资深管理经验和创业经验的导师团队及顾问团队；为创业团队提供更多样化的培训方式和辅导模式；为创业团队提供嵌入式管理咨询服务的能力
	可提供给被孵化团队的综合运用市场竞争能力	商业市场评估 营销战略 产品推广	为创业团队提供多样性支持服务的能力；为入孵团队提供战略规划和动态市场分析的能力；为创业团队提供更多综合性资源的能力
	可提供给被孵化团队的投融资对接及支持的能力	投融资渠道 投融资模式 投融资信誉 投融资成本 投融资数量 投融资规模	为创业团队提供更多的招商大会、投融资对接洽谈会、项目路演频次；为创业团队提供合理有效的风险投资基金管控体系、风险投资基金监控体系、风险投资基金合作方式等
	可提供给被孵化团队的建立人力资本体系能力	人力资本培训 人力资本聚集 人力资本开拓 人才激励机制 人力资本绩效 人力资本任用 人力资本结构	为创业团队提供更加完善的人力资本培训、人力资本服务能力；为创业团队提供优质的人力资本开发和聚集平台及方式；为创业团队定制高效的人才激励机制，提高创业团队的运转效率
	可提供给被孵化团队的技术支持和知识产权能力	专业设备数量 专业技术人员数量 专业技术人员素质 技术成果转化 知识产权保护	为入孵团队提供专业设备的能力；提供更多专业技术人员的能力；更多专项专业科学技术咨询支持的能力；为入孵团队提供更多专利技术市场化的能力；为入孵团队提供更好知识产权保护的能力

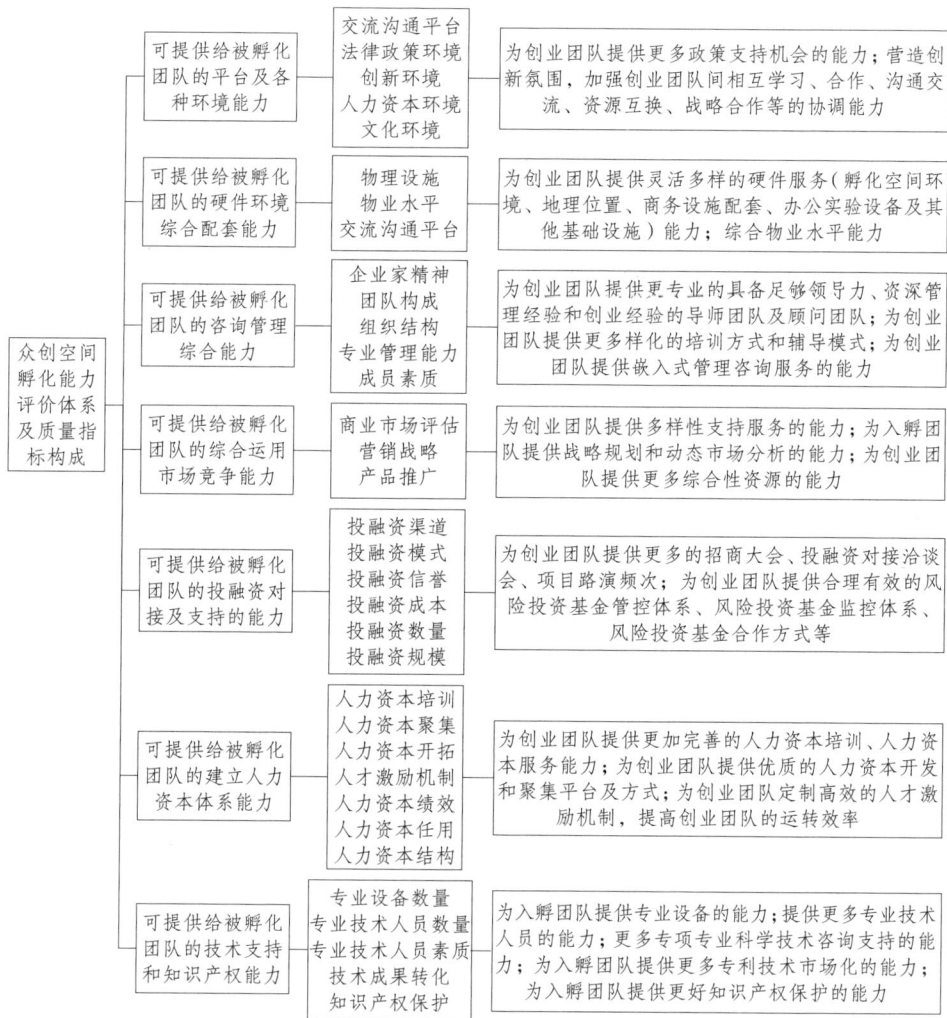

图 4-32   众创空间孵化能力评价体系及质量指标构成图

众创空间是区域经济的重要贡献者，有利于所在区域科技成果的市场化。众多众创空间新型孵化器的聚集区域，将逐步促成创新创业系统空间环境的优化，产生平台效应。这种优化能使入孵企业在资源配置、提供咨询、综合孵化服务，以及高科技成果转化等方面发挥明显效益，增大该区域的就业机会，也能促进初创企业的成长。

（2）创业团队的绩效考核评价指标。

创业团队的能力包括基础服务能力、增值服务能力和孵化效益等。创业团队的管理能力与众创空间新型孵化器的服务水平息息相关，即和众创空间对接辅导的时间与频率、孵化器服务介入程度、云孵化平台利用程度、资源利用程度等参数，会影响到创业团队的最终绩效和能力。通常，衡量创业团队绩效的可量化参数包括年均收入增长率及规模、总资产年均增长率及规模、人员年均增长率及规模、就业机会增长率、市场占有率和品牌知名度等。因此，衡量创业团队的能力可以通过创业团队绩效可量化参数以及其他能力表现，包括技术（服务）能力、融资能力、管理能力、信息获取能力、创新能力、学习能力等。

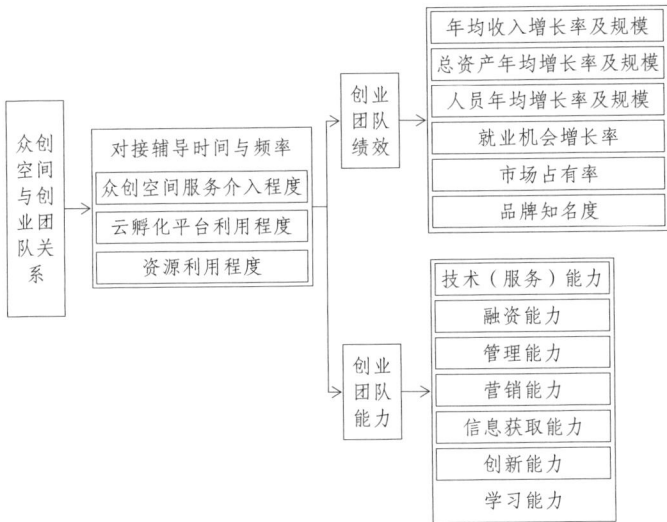

图 4-33　众创空间与创业团队成长绩效关系模型图

对众创空间新型孵化器创业团队的考核内容包括：创业团队数量、创业团队对社会的影响力（包括可能的社会效益、经济效益和文化效益）、创业团队自身的自动巡航能力、创业团队成功率、创业团队成长速度、创业团队平均孵化时间、创业团队平均毕业数量、毕业企业成长速度及其规模等多种考核因素。

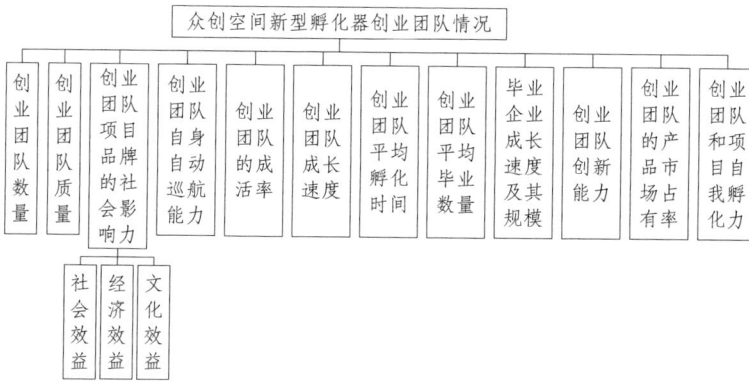

图 4-34 众创空间创业团队考核内容图

14

众创空间商业管理服务模式
Management and Services of Co-working Spaces

14.1 众创空间的盈利模式分析
Analysis of Profit Formula of Co-working Spaces

分享经济时代对时间和空间的解放，使创业的利益各方能更自由地在众创空间云孵化平台提供和获取创业相关的信息。各方创业参与者，无论创业者需求主体或是孵化器资源主体，都有消费（接受创业信息）、分享（传播创业信息）、创造（提供创业信息）的需求，如果能充分利用认知盈余时间，这些创业参与者将成为促进创新创业发展的超级能量，并成为众创空间无时空束缚的盈利不可或缺的部分。

目前，众创空间新型孵化器都还处于品牌建立阶段，行业竞争形式多为抢占市场份额。众创空间整体多依托集中办公区和增值服务实现持久稳健盈利，而集中办公区的经营多以半公益性服务为主，采用微盈利模式的设计。众创空间不以高利润为首要目标，或是依靠企业加速器、创业者公寓来获得基本利润，而是从长远的战略角度考虑，鼓励扶持创新企业。在为初创团队提供资源与云孵化分享服务平台之余，还为创新企业提供立体综合的创业支持体系，并形成一条可持续发展的生态圈，取得市场份额，形成品牌效应。并且，从企业孵化全过程的各个环节获得利益。

所以，众创空间的利润点，短期是以集中办公区作为硬件孵化空间，依靠"租金＋配套业务"服务模式获取费用。中期利润点是通过申请获得各类针对众创空间新型孵化器的政府补贴，降低土地使用成本，以及为初创企业服务，在创业生态系统各环节中收取服务费。

中期利润点还包括线下和线上创业活动。线下活动包含举办创新创业类主题活动、创业大赛、创业辅导讲座、投融资对接大会、路演活动、创业成果展示等。线上针对创业者提供服务信息发布、行业信息及前沿资讯、在线招聘或寻找合伙人、线上项目推广宣传、寻找投融资对接资源、在线购买导师辅导课程、创业者社区等专属创业社群圈，及各类课程、活动的在线组织、预约、报名、投资对接信息及创新大赛信息发布等。

众创空间的长期利润点则是通过对优良项目的投资分红而获得回报。

众创空间新型孵化器的三种基本盈利制度模式分别是：以公益属性为主导的模式、以投资属性为主导的模式、以导入属性为主导的模式，这三种模式分别决定了众创空间新型孵化器是半公益性、营利性还是导入性的众创空间。

营利性众创空间是指以获得利润为目标的众创空间，它给创业团队提供营利性有偿收费服务，帮助企业成长。营利性众创空间新型孵化器会通过提供全方位优质孵化服务，并培育初创企业，通过作价入股或者直接投资入股实现自身的增值。处于完全的市场经济大环境下，无论提供投融资服务、培训辅导服务，还是其他商务服务，都具有市场化特征。营利性众创空间新型孵化器就是以市场为中心，通过各种投资方式取得相应份额，通过对众创空间的运营实现资产增值，获得投资回报，实现利益最大化。

半公益性众创空间是指众创空间在第三方机构的支持下，给创业团队提供部分免费、部分收费的服务，当初创企业顺利成长毕业之后，再给予该第三方机构一定的回馈。半公益性众创空间具备法人资格，以公共服务为使命，享有税收优惠待遇，不以盈利为最终目的，但也需要有一定的盈利能力辅助维持众创空间的运转。

半公益性众创空间所获得的利润不在成员中分配，而是用于提高众创空间管理效率。这种众创空间可能是由政府拨款建立的，属于非偿还性类，担负着公共服务和促进社会利益的责任和使命，它能够增加就业、解决贫困、促进经济发展。半公益性众创空间新型孵化器也可能是一些具备企业精神和共享精神的企业家为促进高新技术的发展而成立的，提供一系列的软硬件支持服务。

导入性众创空间是指众创空间给创业团队提供纯免费服务，帮助企业成长，但是最终目的是将创业团队引流到其他具备经济效益的服务中来。这种类型的众创空间一般由银行组建，提供适度免费、公益的孵化服务，但最终目的是为了促进银行贷款业务的发展，故本书给这种类型的众创空间命名为导入性众创空间。

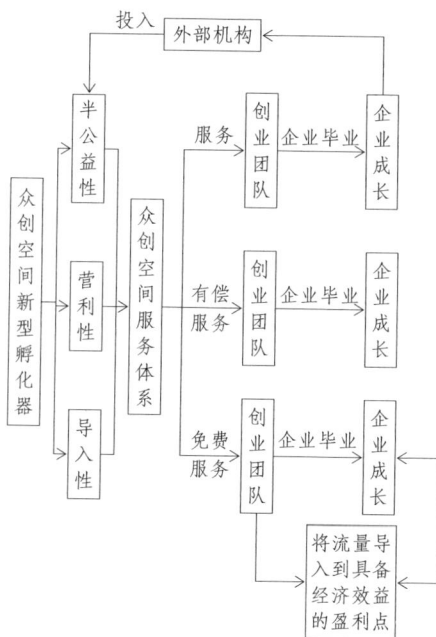

图 4-35　营利性与半公益性及导入性众创空间运行模式比较图

表 4-8　营利性、半公益性及导入性众创空间特性比较

比较项目	营利性众创空间 新型孵化器	半公益性众创空间 新型孵化器	导入性众创空间 新型孵化器
经营目标	利润最大化	孵化企业，盈利，社会效益与经济效益并举	将流量导入到具备经济效益的盈利点
投资来源	纯市场经济化的民间资本的风险投资、众筹等	政府、大型机构及企业与民间资本风险投资等	银行、大型金融机构
收入来源	房租、投资股权收入、第三方增值服务收入等	房租、物业服务、简单代理及中介服务、投资收入等	投资收入及贷款利息
功能	提供产品和服务，满足创业团队需求，创造就业	孵化企业，创造就业，社会公益及社会责任	提供增值服务
产品	孵化产品和孵化服务	孵化初创企业，培养创新，造就社会创新氛围	金融产品

14.2　众创空间的增值和利益延伸服务
Value-Adding of Co-working Spaces

　　众创空间新型孵化器的根本问题是初创团队的创业成功率。当今世界，创业失败是常态，创业成功是偶然。众创空间的创业团队和初创企业怎样避免高失败率，是众创空间需要探索、研究和解决的课题。一个好的众创空间应该使创业团队的创业失败率持续下降，找出初创企业失败的共性有助于找到解决创业失败的最佳途径。

表 4-9　导致初创企业失败的主要问题及其解决方法

问题	解决办法
资金不足	通过寻找银行、种子投资、天使投资、风险投资、扶持基金等借贷及权益融资方式解决

续表

问题	解决办法
开发的产品及服务不符合市场需求	首先通过市场调研解决产品或服务的市场定位问题，同时找到痛点；通过寻求众创空间新型孵化器等孵化平台的支持，获取咨询、导师辅导等服务，深度理解市场及行业需求
财务控制不当，运营费用过高	制定日常经营费用的管控制度及运营和财务规划，有团队成员专职或兼职负责管理，并严格把握经费使用方式以及使用规划，任何超出规划的财务支出需经过严格授权与审批；降低固定成本；合理账目管理；合理人力资本支出；初创团队应尽量降低成本使其有更长的持续经营能力
团队成员分工不明确	充分利用孵化器咨询服务、导师和顾问的服务，建立起明确的一人身兼多职的分工体系
战略不清晰	初创企业也应该制定宏观战略；制定企业运营规划；寻找专业指导、咨询服务、导师和顾问；把握公司发展的重要关键节点
管理经验不足	初创企业应建立学习型团队，通过不断学习来增加团队对企业运营管理的认识，并有目的地寻找有管理经验的人才加入团队，同时通过孵化器导师和顾问平台，进行全面的专业培训，使初创团队初步掌握企业经营管理的基本知识，弥补经验不足的缺陷，提高创业团队整体的商业思维能力
团队凝聚力问题	由于初创企业是以团队目标和愿景为核心而组成的，所以在初创企业成立初期，就需要与孵化器对接，通过孵化器孵化平台，得到导师专业的指导和培训服务，初步奠定企业文化的基石，提升团队向心力和凝聚力，来迎接企业未来发展道路中遇到的各种困难与挑战

众创空间新型孵化器通过整合资源提供各种服务，满足创业团队及云孵化企业的各种需求。众创空间可能提供的服务会随着时间和规模逐渐演化。初期提供的服务往往只是集中于办公区场地和常规商务服务（工商、税务代理，简单人力资源服务，包括社保代理、代理记账等）。随着众创空间功能的不断深化，不断积累连接整合资源，服务能力也会不断增强，逐渐提供培训辅导、投融资对接、信息交互、资源对接、专业定制等全方位、多角度的增值服务。

而众创空间可提供的增值服务一般包括自身具备和从外部获取（即以众创空间平台为资源建设中心）两种途径。虽然众创空间可以通过整合创业团队产业链的资源以及众创空间自身携带的资源，形成自身可提供的资源，但毕竟本身资源有限，单纯依靠自身资源无法满足众多创业者、创业团队、初创企业复杂、各异、迫切的需求。因此众创空间还需要进行资源建设，以众创空间平台为中心连接各种外部资源，并整合资源，通过提供专业服务的方式满足创业者的需求、帮助他们成长。这些资源包括资金、技术、人力资本、知识、信息等。在区域经济竞争和城市发展的大背景下，以众创空间新型孵化器孵化服务为基础，实现服务共享、信息集聚。

众创空间新型孵化器将创业者和创业团队、高校、科研院所、已经入孵的企业、政府、风险投资基金、会计师、律师等所有资源进行连接并运营，提供全方位信息互通和支持的孵化服务。所以，众创空间以提供全方位孵化服务为主要盈利点，而房地产出租、导师辅导、垂直孵化、创客孵化、股权投资等单项业务只是附加价值链的不同价值方向。

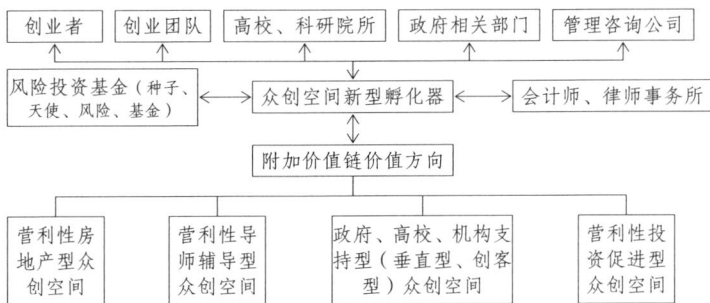

图4-36　众创空间运营网络及附加价值链图

众创空间服务及收益路径

分享经济时代的众创空间是轻资产运营的组织，即在有限的物理空间和硬件资源条件下，众创空间与有助于提升软实力的第三方资源合作，并结为战略联盟，整合创新资源，产生规模效应，促进创新价值的转移和流通。通过建立对等高效的管理运营体系、信息传导流程、学习机制、评价体系等，确保建立稳定合理、有扩展性、低成本的商业结构，形成稳定的商业模式，为创业者、创业团队提供优质体验的孵化服务。

同时，以分享经济和协同共有为模式的众创空间提供的全方位服务更有实用性、机动性和便利性，如集中办公区的共享、公寓等硬件配套设施的共享、创客空间实验仪器和设备的共享、导师知识信息的分享等，创业者、创业团队和初创企业可以通过云孵化服务平台先行预约、办理手续、进行交易等，提升众创空间各项服务及软硬件设施的使用效率，尽量缩短闲置时间。

因此，分享经济思维下众创空间新型孵化器云孵化平台，通过自身提供的线上、线下孵化服务，获取佣金或股权收益。分享经济云孵化平台并不需要直接拥有完整的创新资源，只需要通过建立良性运作机制、资源流转通道、中央控制系统大数据中心，撮合交易，获得佣金即可。云孵化平台依托移动互联网、在线评价和信任系统、支付系统、定位系统等技术手段，有效地将创业者、创业团队和创新资源供给方进行最优匹配，达到双方收益的最大化，完成交易。

众创空间新型孵化器为创业团队提供全方位、全流程、全形态的孵化服务，从硬件资源支持到软件资源支持，以及智力资源支持，尽可能满足创业团队的所有需求。主要包括：云孵化服务、常规服务、硬件资源服务、加速器孵化服务、风险投资基金服务、信息交互服务、技术支持服务、导师培训服务、资源对接服务、专业个性定制服务、嵌入式服务，以及创业团队所需的其他个性服务和综合服务等，真正提供从企业入孵开始到企业毕业整个流程所需的综合性孵化服务。当然这些服务的前提是获得政府政策、社会各界的积极支持和参与，才能保证其有效运行。

（1）云孵化服务：分享经济时代给了云孵化将有效创新资源整合汇集在云孵化平台上，来满足创业者和创业团队的需求的舞台。云孵化器能够准确地获取创业者需求并进行评估，创业者通过查阅云数据库，能够获得诸多创业问题的解决办法，或是链接到相关专业人员，获取一对一的服务。

分享经济时代，互联网的蓬勃发展及其带来的连接红利让云孵化服务成为现实，并且其全系统、便利化、低成本的属性必将引发一场孵化领域的大变革。

（2）加速器孵化服务：入孵众创空间的初创企业在规模、项目类型、所属领域、创新力、发展速度、团队实力等方面各有不同，所以为了帮助更有潜力的创业者

众创空间新型孵化器	众创空间新型孵化器服务平台	云孵化服务	提供远程服务、文献查询、行业产品信息服务、在线咨询、在线交易、在线培训、在线资源对接等服务，以及在线组织活动等不受时空约束及限制的服务。	创业团队
		常规服务	工商税务咨询；会计、财务管理等；法律政策咨询；融资、上市咨询；专利服务；政府资助、补贴、创业投资基金申报等服务；申请高新技术等资质；文书处理等秘书工作；为企业进行媒体宣传及广告对接等。	
		硬件资源服务	会议及商务洽谈室、多功能报告及路演空间等集中办公区空间；视听设备、通信设施等配套设施；创客发明与创造设备及仪器；生活设施及各类物业等后勤支持服务。	
		加速器孵化服务	对创新性更高、更优质项目或团队的加速孵化服务。	
		风险投资基金服务	搭建投融资（种子、天使、风险投资；政府配套基金；高新技术产业创投基金、金融机构等）对接平台、招商平台、路演平台等，帮助创业团队获得风险投资基金。	
		信息交互服务	提供网络与协会服务；信息互动服务；PC端与手机端的平台支持服务；线上、线下活动交互服务；会展服务、横向交流、联盟服务；建立俱乐部、联谊会、生活圈、读书会、户外会；参观、访学、培训、指导等促进信息交流和信息资源获取的服务。	
		技术支持服务	研究与开发援助；与高校和科研机构等技术领域的单位和企业合作，提供专利市场化、技术成果转化、知识产权服务；技术帮助、产品评估、中试支持；提供相关科技信息；对创业团队间生产经营中的技术、加工、合作等工作进行协调。	
		导师培训服务	以嵌入式、一对一、对等式、座谈式、培训式等多种辅导培训方式帮助创业团队进行商业计划书准备、人力资本培训、企业管理培训、市场营销及渠道支持等。	
		资源对接服务	为创业团队提供的网络、资金、媒体合作、第三方专业机构、社区支持、政府支持、供应商和分包商等资源服务，与创新资源、政策资源、网络资源和人力资本资源进行对接。	
		专业定制服务	为创业团队提供产品发展趋势分析、战略规划、项目定位、团队管理建设、品牌塑造、产品宣传推广、市场运营策划、管理咨询、人才培训、融资咨询等服务。	
		嵌入式服务	从入孵到毕业的全流程中，根据创业团队和项目对社会文化、市场需要、产品需要、团队需要的影响，提供服务。	

图 4-37　众创空间总体服务平台

和创业团队获得更多资源及专业服务等，众创空间提供加速器孵化服务。

（3）风险投资基金服务：资本支持是创业者、创业团队获得发展的核心要素，尤其在创业初期。高新技术产业更是如此，需要足够的资金支持以保证其研究和开发、渠道拓展等。因此，众创空间应争取各种资金支持，包括政府专项基金、银行、金融机构、信用担保机构、天使投资、风险投资、基金会等，并为风险投资基金与创业者和创业团队牵线搭桥、举办路演活动等，通过多种方式获取资金来源，促进相互之间的合作，为创业者和创业团队提供资金支持。并通过众创空间作为担保平台，缓解融资方与投资方信息不对称的情形，增加双方信赖度，降低投融资风险。

（4）信息交互服务：知识的流通和信息获取是创业团队获得成功必不可少的条件，信息和知识可以帮助众创空间成长，并处于良性运转状态。因此，众创空间会从线上线下两个维度、多种方式提供信息交互服务。

（5）技术支持服务：对创业团队，尤其对高新技术企业，技术支持是不可或缺的基本条件，无论是技术外包、技术培训、专家指导、硬件提供、设备维修，或是专利产权相关事宜等角度，都属于技术支持的范畴，都会对创业团队的发展产生深远的影响。

（6）导师培训服务：企业管理是指对企业的生产经营活动进行计划、组织、指挥、协调和控制等的一系列职能，维持企业持续的创新能力，并能够可持续发展，这两点是企业取得成功的关键要素。一般创业者和创业团队普遍缺乏管理知识，即便创业初期有一定的技术优势，也很容易失败。团队建设、商业模式定位、品牌塑造、产品推广、市场营销、渠道建设等从产品的开发、测试再到推广销售的整个过程，都需要导师辅导培训。

（7）资源对接服务：众创空间是汇集资源的平台，故优秀的众创空间必然是一个庞大的资源池。众创空间链接一切资源的基本目的是为创业团队提供孵化服务、帮助创业团队快速认识并了解资源信息，并将资源转化为创业团队发展的动力。因此，众创空间会从线上线下两个维度、以多种方式提供资源对接服务。

（8）专业个性定制服务：每个创业者和创业团队都有自己的专属需求，每个创业者和创业团队都各不相同、情况各异，故众创空间需将创业团队可能需要的服务分成各个模块，并配备专业的师资、教材，针对各个专项模块提供专业服务。

（9）嵌入式服务：嵌入在创业者和创业团队内部，提供孵化服务。

创业团队在不同发展阶段所需的孵化服务不同，详见表 4-10。

表 4-10　众创空间针对创业团队在成长不同阶段提供的服务表

发展阶段	众创空间新型孵化器提供服务	
	阶段性服务	全局性服务
梦想期	提供理念设计、战略规划、定位等服务	办公空间租赁、商业配套设施租赁等硬件资源支持 政策、法律、财税、技术、行业信息、文献查询等信息咨询服务 导师咨询和培训（如团队建设） 交流合作、知识交互、资源对接、战略合作服务 人力资本招聘、人力资本培训、管理和支持服务 专利技术支持与知识产权保护 路演平台、投融资对接平台、招商、会务服务 整合资源、为创业团队提供资源链接、第三方资源库的服务 加速器孵化服务 入孵团队个性定制服务 模块化流程管理与制度建设服务 行政管理硬件、软件、通信等服务 云孵化服务 嵌入式服务（导师团队嵌入创业团队，全流程提供服务） 提供综合管理服务
	提供或对接种子基金等投融资机构服务	
	协助企业注册登记服务	
初创期	帮助企业引入种子、天使投资服务	
	帮助企业进行市场调研及中介服务	
	帮助企业进行市场潜力分析及可行性研究，并进行项目定位服务	
	引导企业完成商业计划书及路演 PPT	
生存期	提供帮助企业引入天使或风险投资	
	帮助企业完成推荐厂家测试服务	
	协助企业提供人力资本服务	
	协助企业团队及组织机构建设	
成长期	帮助企业引入风险投资，并为企业提供更加完善的商业服务及融资担保服务	
	协助企业进行市场规划与推广营销	
	协助企业建立组织管理机制	
成熟期	协助企业打造产品（服务）品牌	
	协助企业扩大市场份额	
	协助企业规划可持续发展路线，并开发新型产品和市场渠道	
稳定期	协助企业进行进一步融资扩股或提供上市服务	

众创空间新型孵化器的收益来自于服务，无论是云孵化服务、硬件资源支持服务，还是常规服务、基础商业服务、风险投资基金服务、资源对接服务、信息交互服务等，均有盈利点。例如云孵化服务的流量收益、在线交易平台收益、会员制收益等；硬件资源支持服务的各种租赁服务，餐吧、超市、咖啡吧的盈

利利润；物业管理收入；场地使用租金等。详细收益模式图参见图4-38。具体
服务内容参见图4-37。

众创空间新型孵化器收益	云孵化服务	流量收益费用； VIP会员制收费：等级套餐会员收费；提前储值折扣消费收费； 单次交易收费：下载行业代表性文件收费；在线交易成功获取平台费等； 在线辅导、培训等门票收费。
	常规服务	一般政策、财税等的咨询和解读为免费； 代理记账、工商、税务、行政事务、代理社保和公积金、财务管理服务收费； 协助申请各种政策、补贴、科技基金、创新创业基金等服务收取费用； 各项秘书工作服务收费。
	硬件资源服务	场地租金：洽谈室、会议室等硬件租赁服务收费，集中办公区即可以按年收费，还 可以按季度收费、按月收费、按天收费等；其他租赁服务通常按照次数收费；餐饮、 超市、生活设施等盈利利润；物业管理费用。
	加速器孵化服务	加速器孵化服务为会员制收费服务。
	风险投资基金服务	创业团队投资对接成功收取中介费用；为创业团队提供小额周转资金收取一定费 用；投资创业团队获得股权收益；其他服务作入股等股权收益等。
	信息交互服务	创业者俱乐部、联谊会、户外会等会员收费；创业者沙龙、读书会等会员费用；PC 端与APP端（云服务）盈利；资源对接成功收取适当的中介费用；组织参观、游 学、交流等互动收益。
	技术支持服务	为创业者提供技术帮助、产品评估、知识产权服务等人工费用；技术成果转化，提 供专利技术的收益，以及获得股权收益；帮助创业者和创业团队与高校、科研院所 等科研机构对接的适当的中介费用等收益。
	导师培训服务	课堂教学培训、论坛讲座等服务收益；在线课堂、培训等收费；向创业团队提供专 题式、一对一等深度咨询服务时收费。
	资源对接服务	资源对接成功中收取适当的中介服务费用；提供给创业团队各种创新资源、网络资 源、政策资源、人力资本资源相应的服务收益。
	专业个性定制服务	按照套餐或者单次创业团队特定需求等提供个性化定制解决方案等服务收益。
	嵌入式服务	为创业团队提供套餐型、长期跟踪型嵌入式服务等所得收益。

图4-38   众创空间主要收益模式图

众创空间服务策略

当企业获得入孵评审且签订入孵协议后，众创空间新型孵化器会为创业团队
提供制定战略规划的服务。在提供加速器孵化服务时，众创空间会判断该创业团
队是否为优质团队和项目，如果是优质团队和项目，众创空间会帮助其制定长达
12个月的长期发展战略。如果只是一般团队及项目，众创空间会区分该团队或项

目是否有加速发展潜力，如果有加速发展潜力，则先帮助其制定 3 个月的短期发展策略。如果再经过评估判断之后，发现依旧没有加速发展潜力，则与入孵团队（企业）商讨终止加速孵化，进入一般孵化。

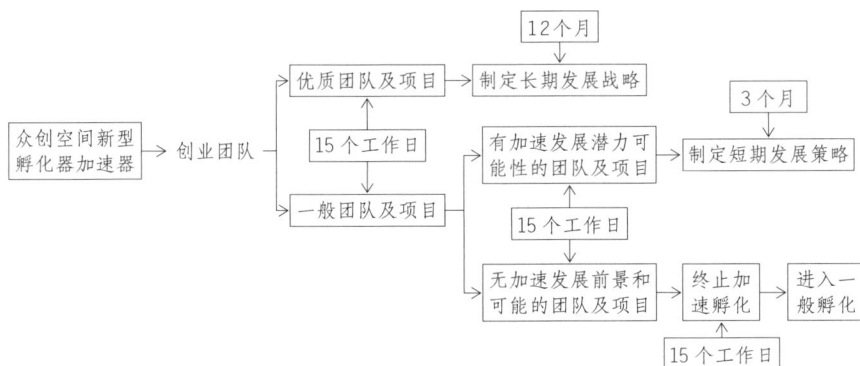

图 4-39　众创空间加速器对创业团队制定战略流程图

　　当众创空间新型孵化器协助创业团队制定战略规划之后，孵化器通过风险项目责任团队向创业团队提供投融资服务，创业团队向孵化器反馈股权会费。同时，孵化器和风险投资基金组成咨询委员会，为创业团队提供专业投资和融资咨询服务。当创业团队进行投融资咨询时，创业团队向咨询委员会上缴适当费用，若融资成功，则获取一定股权并收取其他费用。与此同时，孵化器可以在其他创业团队中寻找合适的企业，帮助进行投资的创业团队寻找合适的投资企业。

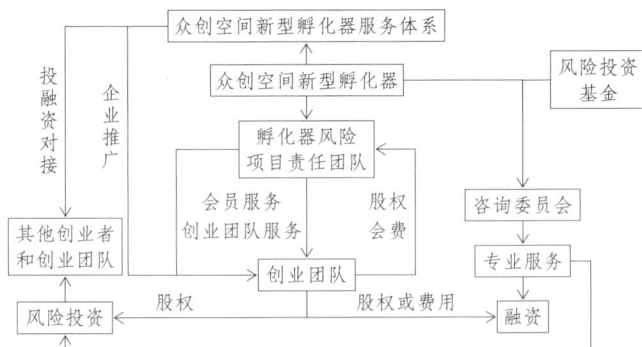

图 4-40　众创空间管理创业团队投融资服务图

众创空间新型孵化器对创业团队的投资方式包括两种：孵化器单独投资，包括直接投资入股和将孵化服务作价入股两种；或者孵化器和风险投资基金结为战略联盟进行投资。但是无论哪种投资方式，孵化器都会获得一定的创业团队股权，实现相应的投资收益。

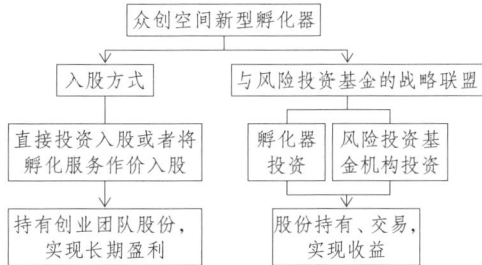

图 4-41   众创空间投资盈利利润图

服务是众创空间的核心，为了提升服务效率、提高服务效果，众创空间新型孵化器针对创业团队在孵化过程中可能面临的问题，设置了一整套完善的服务流程。

首先，孵化器项目经理可以通过两种方式了解创业团队可能面临的问题，即主动搜集整理问题和创业团队主动提出问题，这些问题可能是创业团队的管理问题、商务问题，还可能是产品问题等。当项目经理了解这些问题之后，首先需查阅众创空间云孵化分享服务平台问题库，查阅问题库中是否有该类问题的解决方案。如果有，就可以直接解决问题并进行记录；如果没有该类问题的解决方案，众创空间新型孵化器项目经理需进行综合分析，并确定问题属性，以及确定是否需要调动外部资源解决问题。当问题获得解决之后，落实各项解决方案，并进行方案总结，之后再将相应的问题解决反馈信息反馈到项目经理，项目经理需跟踪问题解决进度，并将新的解决方案添加到云孵化器问题库。

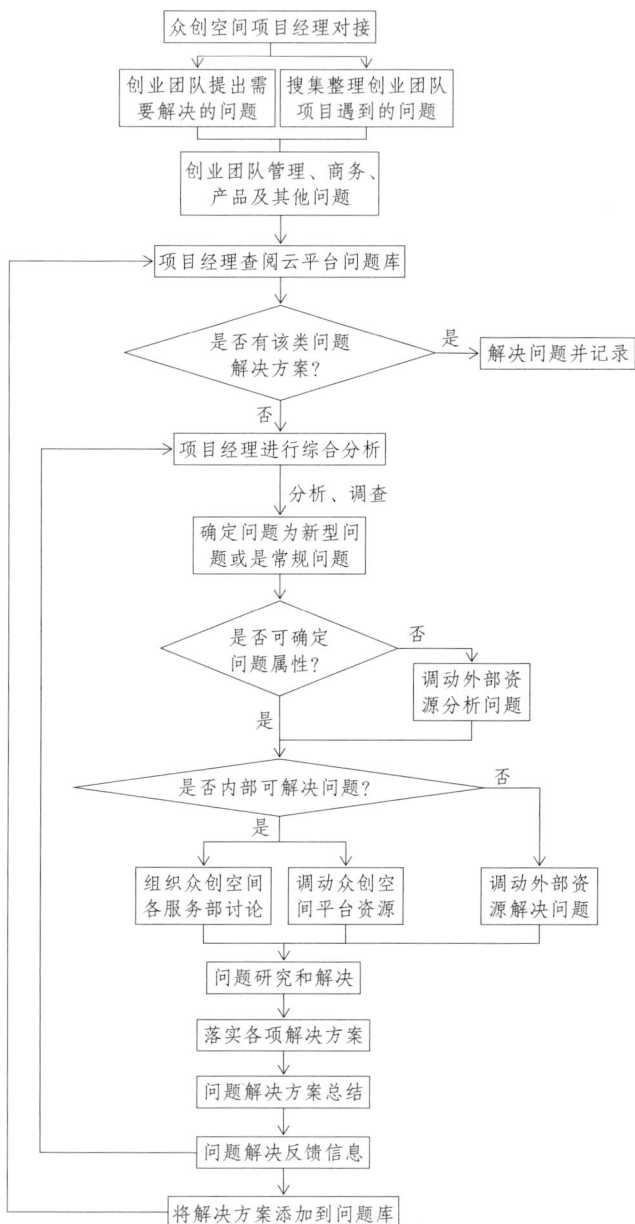

图 4-42　创业团队解决问题的服务流程图

14.3 众创空间品牌的培育
Branding of Co-working Spaces

品牌定位是众创空间的准心。众创空间新型孵化器是一个聚合创新创业资源的开放复杂的商业生态系统平台，包括人才资源、技术资源等，实现资源的高度集聚。

在创新创业的时代风口，众创空间新型孵化器通过整合高校及科研院所、投融资机构、人力资本、第三方机构等各类资源，形成融合咨询、培训、孵化资源功能的机构，构成众创空间全方位孵化服务体系，为创业团队提供孵化服务，最终通过促进经济发展、推动社会进步、加速科技飞跃、提升商业文化的商业生态圈等综合能力展现其形象设计理念。

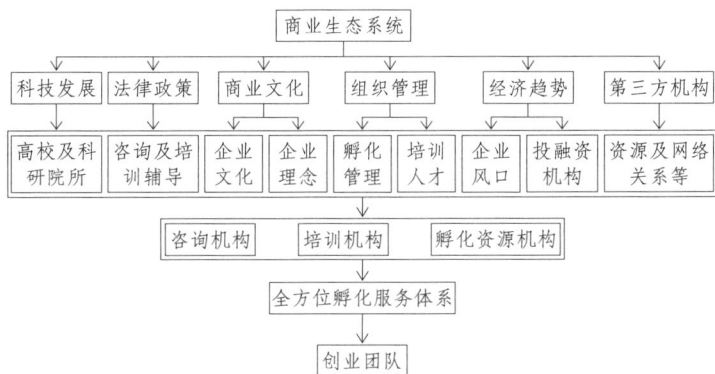

图 4-43 众创空间综合能力分析框架图

通常，企业综合能力表现为外部环境、自身能力，以及拥有的资源结构和与同行业其他企业相比具有自身独特性的融合。众创空间新型孵化器通过外部因素、内在资源和能力，以及自身独特性等因素共同体现众创空间的综合能力。其中，外部因素包括政策法律法规、政府扶持、经济环境、科技及文化发展现状；内在资源及能力包括人力资源、财力资源、设施资源、服务能力、管理能力；特定因素包括携带的技术资源、包含的导师团队、可提供的定制服务、孵化器品牌，以及企业管理经验。

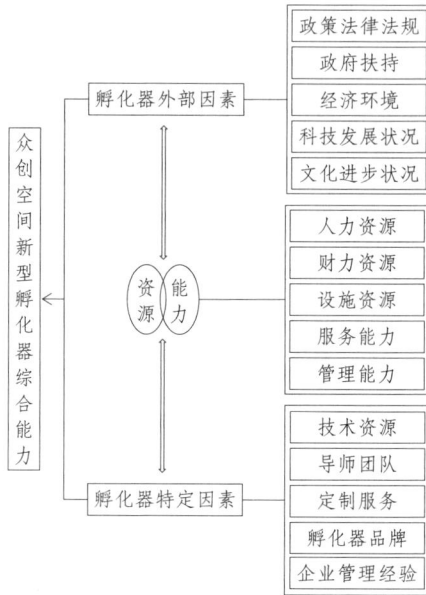

図 4-44　众创空间综合能力构成图

　　从时间顺序上讲，通常众创空间新型孵化器发展到一定阶段，就要进入创业园的建设时期，使众创空间规模化发展。由于众创空间率先取得新型孵化器的综合管理经验、规模化经营，使创业园的总体创业生态孵化平台发挥更加巨大的作用，同时取得更大的经济效益。传统孵化器可以借鉴众创空间在功能和商业模式上的优势，因此在众创空间的竞争下也能不断向新型服务型孵化器转变，这就推动了传统科技园区型孵化器改革、创新，不断增加和完善自身的服务功能，形成良性循环机制，更有利于传统科技园区在分享经济时代更高效地实现科技成果的市场化。

第五章 | **创客型众创空间孵化器**

Chapter V   Makers' Co-working Spaces

15

创客与创客空间

Makers and Makers' Spaces

在移动互联网时代，传统的以科技发展为导向、以科研人员为主体、以实验室为载体的科学技术创新活动已成为过去。[1] 以用户参与为中心，以社会实践为舞台，共同创新、开放创新的模式正在成为主流，创客即以用户创新为核心理念。创客概念来源于英文单词 Maker，是指对于创意、设计、制造极度推崇的发烧友群体是创意加科技的践行者，是把具备相当技术挑战的创意转变为现实的群体。

分享经济明确体现在创新科技如何驱动产业转型，如何开创新兴市场以及加剧市场竞争从而释放经济增长潜能中。克里斯·安德森（Chris Anderson）在他的书中预测了即将到来的融合互联网和制造业而引发的制造业革命，[2] 这些创客们

1　在传统的商业思维模式下，制造商开发的产品并不完全匹配用户需求，制造商常常按照商业成本规律，制造出想象中客户所需求的产品，并没有站在客户的立场进行产品的持续创新与改进。

2　克里斯·安德森著，萧潇译：《创客：新工业革命》，北京：中信出版社，2012 年第 1 版。作者是美国《连线》杂志前任主编，该书被誉为创客界的圣经。

引领科技行业走向了一个全新的以个体制造为主导的未来时代。创客学创始人菲尔·麦肯尼（Phil McKinney）提出了人人皆创客的观点，每个人都有创造的能力，关键在于如何挖掘人们的创造能力。[1]

分享经济思维下，创客从最初只专注于运用数字技术，设计创新产品原型，这样一个具有创新思维和动手制作兴趣爱好的群体，逐步扩展为所有热衷于动手实践，以分享和交流创新思想及技术为乐的创新群体。2011年以来，全球掀起了创客文化浪潮。2014年，美国把创客提升到打造新一轮国家创新竞争力的高度，并宣布每年6月18日为美国国家创客日。创客运动是新时代进行技术创新和颠覆传统理念的驱动器，是一轮具有里程碑式技术革命意义的新浪潮。

自古以来，中国就是有着创客精神的国度，格物致知、《天工开物》、墨子与鲁班等，都是世界最早的具有创客相关理念的著作和大师。目前，中国创客活跃的地区有上海、深圳、北京等城市。2015年3月10日，美国在纽约时代广场打出了"MAKE WITH SHENZHEN"（和深圳一起创造）的巨幅广告，使深圳成为举世瞩目的创客之城。深圳在每年6月份，还专门设立了国际创客周，这说明中国已经进入了一个创客时代。

创客型众创空间孵化器（创客空间）[2]是在互联网及移动互联网技术、硬件开源和3D制造工具基础上发展而来，以服务创客群体和满足创客个性化需求为目标，将创客的创新创意转化为实体成品，为创客提供互联网或移动互联网开源硬件平台、开放型实验室、制造加工车间、产品设计培训辅导、供应链管理支持服务和创新创意思想互动交流的空间。随着互联网及移动互联网时代引发的知识环境的改变，企业的创新竞争逐渐加剧、多元的客户端需求越来越多样化，创客模式应运而生。创客型孵化器推动着传统制造业的重塑和革新。

1　菲尔·麦肯尼著，苏西译：《创客学：苹果公司也在偷师的创新课》，北京：世界图书出版有限公司，2013年第1版。

2　戴尔·多尔蒂（Dale Dougheny），著名创客杂志《爱上制作》（*Make*）杂志主编，对创客空间的定义："不同职业、具有创意的人们和社区聚集在这里，分享彼此的创造，认识志同道合的朋友，将想法变成现实。"

创客空间就是创客们一起出产品的地方，这个概念最早可以追溯到欧洲的黑客空间（hackerspace）。目前在全球有很多著名的创客空间，在中国，知名的创客空间有柴火创客空间、北京创客空间、新车间等。应该说，中国的创客运动和创客空间正在迅速发展中。创客运动这股全球化浪潮，催生了最新硬件业务，深刻改变了 DIY（自己动手做）的内涵。

在开源文化理念的指导下，众筹机制、新型工具、创意社区、创客文化等新的概念集合并应用在创客空间的平台上，使 DIY 从自己动手，演变为需要依靠社区与公众的支持，增加了每个人都可以做出能够推向市场的新产品的可能性。[1]创客制造被定位成影响科技创新和教育的重要角色。在互联网、移动互联网及实体空间的共同推动下，DIY 制作和发明者不仅有了自己的创客空间，并且全球的科技发烧友、IT 爱好者、软硬件工程师、工艺设计师、黑客等群体形成了有互联网、移动互联网时代特征的全球创客网络组织，使 DIY 制造本身成为了一场全球性的创新运动。

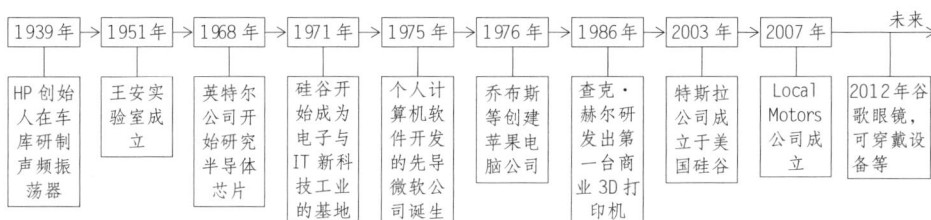

1939年	1951年	1968年	1971年	1975年	1976年	1986年	2003年	2007年	未来
HP 创始人在车库研制声频振荡器	王安实验室成立	英特尔公司开始研究半导体芯片	硅谷开始成为电子与 IT 新科技工业的基地	个人计算机软件开发的先导微软公司诞生	乔布斯等创建苹果电脑公司	查克·赫尔研发出第一台商业 3D 打印机	特斯拉公司成立于美国硅谷	Local Motors 公司成立	2012年谷歌眼镜，可穿戴设备等

图 5-1 创客空间的历史沿革

---

1 《爱上制作》杂志在 DIY Making 内涵扩散过程中扮演了重要的角色。为了避免黑客（Hack）一词可能产生的歧义，主编戴尔·多尔蒂提出了 Maker 与 Makerspace 的概念取代原有的 Hackerspace，同时强调了动手的特征。

16

创客空间的创新教育

Innovation Education of Makers' Spaces

创客空间明显不同于众创空间的特点是它的创客教育功能。创客教育[1]，是指通过综合动手创造活动、创新实践课程和创客环境氛围三位一体，培养参与者科技创新、创业所需的知识、能力、视野的教育行为。

创客空间是社会化的，给创客提供把创意、梦想、激情变为现实的科技创新创业平台。每一个以兴趣、梦想为起点，以创意为导向，以创造体验为生活方式，热爱科技创造发明的人都可成为一名创客。创客是分享经济时代的制造者，创客教育既需要有分享经济的自由分享，还需要有创客制造的工程规范引导。创客教育的主要宗旨就是培养这种创客精神。

（1）创客的创新教育是创客空间的一项社会功能，它弥补了传统教育忽略兴

1　2012 年美国政府计划在 4 年内为千所中小学校建设"创客空间"，配备开源硬件、3D 打印机和激光切割机等数字开发和制造工具。

趣和动手能力的缺陷。在传统教育中，所有的参与者都是学生，而在创客教育中，学生变为参与者。传统的学校科技教育是"让我做"，其主体是老师和学校，围绕着老师讲解和教授学生，以及学生按照一定试验模式和程序进行现场操作；而创客教育是"我要做"，注重参与者的自发性，强调参与者的自我兴趣与动手能力，让参与者自由发挥、自主探究，激发参与者自我创造的能力，培养参与者的创新思维和探索精神。是参与者从兴趣出发，实现把创意变成以科技作品为主、辅导教师为辅的学习模式。在整个创客教育中，除了有助于创意及项目的自我完成，更加提倡创客的团队精神，参与者通过相互学习、协同合作，把创意梦想变成创造行动，获得创新成果。

（2）创客空间配备多种专业设备和硬件工具、专业的创客导师辅导体系和课程、先进的数字通讯技术和网络平台支持，为参与者提供了传统学校实验室无法比拟的制造加工场所，及多元化的跨界学科交叉和科技创新平台，使参与者提前接触到最前沿的科技理念及创新理念。

（3）创客教育还为参与者提供了传统学校科技实验室教育无法比拟的创新制造资源，同时也提供了把梦想、创意、创新、制造融为一体的创客文化，并通过学习创新方法，植入到参与者的观念中。在以个人兴趣为导向的创客思维中，对参与者进行系统的创新思维教育，激发了参与者把兴趣、梦想与动手能力完美结合的可能，培养参与者的创新精神，释放参与者创新创造的潜力。创客教育运用新的创新方法、技术工具，跨界跨领域合作等理念，使参与者更多地认识到自身的优势，并将优势与爱好相结合。在创客空间里，培养从加工制作到产品研发等一系列创客需具备的能力。

（4）创客教育是激发参与者把好奇心变为实际行动的教育手段，它能够培养参与者获取跨学科新知识，完善知识结构，以及综合运用知识和动手制作的能力，创客空间的创客教育能使对各种科技领域兴趣不同的参与者混合组成团队，协作完成复杂的创新任务。

（5）自由的组合团队也是创客教育不同于传统教育科技实验室的部分，创客空间是一个开源社区，是参与者聚集、分享知识、创造新事物的新型大型制造加工场所。参与者在创客空间自由地自制创意作品、自由组合团队完成复杂项目的过程中，既充分发挥了个人的主动性，又扩大了学科认知能力以及与其他参与者分享、互动的能力，最终在开源、分享、设计及产品化过程中，提高整体的创新意识和团队合作能力。体验交叉学科组成团队的工作方式，可以最大限度释放参与者的创新、创造、创业热情。

所以，创客教育不同于学校传统的科技实验室教育，是因为创客教育涵盖了从软件到硬件的全方位创新实验平台，并充分体现了交流、分享、合作、共赢，培养参与者逐渐理解消费者、制造者、创新者三者的关系，使他们逐渐从消费者转向创新者，最终成为具备创新能力的创客。

同时，创客教育本身就是一套完整的创新生态链。创客教育给了参与者一个锻炼创新思维的平台及解决创新问题的思考体系。它有助于引导参与者认识到创新并没有完全的规律可循，实践是探索创客文化的主体，是成为创客的必由之路。创客教育还可以培养参与者沟通协作、解决问题、批判性思维的能力，这也是创客空间教育学生应该达到的基本目标。

最后，创客教育具有积极的社会效益，它既能整体提升社会的科技创新能力，为社会科技创新平台及创客空间输送优质人才，还能间接促进社会的产业提升能力，推动社会的科技进步。

17

创客空间运营管理模式分析

Analysis of Operation Model of Makers' Spaces

17.1 创客空间运营及产品孵化流程

Operation and Incubation Process of Makers' Spaces

分享经济思维下的创客型众创空间新型孵化器，既可以提供给科技发烧友实验设备、仪器、电子器件等，亦可以与大学、科研机构、科研企业等结盟，还能提供给入孵创客空间的创业者、创业团队和初创企业一定的硬件租赁支持等。

分享经济通过三种途径提高总体供给能力：提高现有资源的使用率，提升未来新增产品和服务的利用率，提升资源利用的效率。虽然创客发烧友所需的设备、仪器等本身就存在自然折旧，但增加使用强度并不能大幅度增加这类资本的折旧速度。

在创客型众创空间新型孵化器的总体运营结构方面，创客型众创空间新型孵化器会给创业团队提供四大体系的支持：来自高校与政府的支撑体系，来自科技实验室的技术体系，来自众创空间新型孵化器本身的孵化体系，以及来自风险投资基金机构的资本体系。其中，支撑体系进行教育与规划（E&P），提供创业人力资本和政策环境，是创新创业的航标，是创客型项目的政策制度基石。技术体系进行研究与开发（R&D），提供创新人力资本和技术环境，帮助创业团队产出高技术含量的科研成果，是拥有自主知识产权的核心技术群。它的科研成果可以是合作研发，可以获得产权许可，也可以进行技术转让，是创客型项目的技术基石。孵化体系的评估与管理（E&M），提供管理人力资本和孵化环境，能够促进创业团队成为初创企业，并成为新兴产业的核心企业，为资本体系的介入提供良好的项目基石。最后，资本体系进行整合与支持（I&S），提供投资型人力资本和金融环境，使创客型项目真正成为创新企业，成为新兴产业的领导者，直到产业上市。上述四个体系相辅相成、相互支撑，构成推动创客型项目发展不可或缺的总体运营力量。

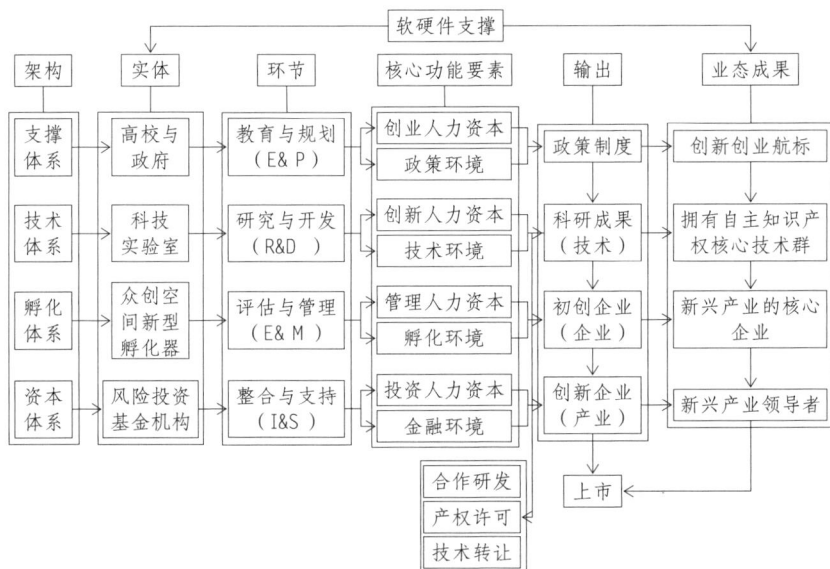

图 5-2　创客型众创空间总体运营结构图

创客型众创空间新型孵化器项目产品从规划到产品面世，最终取得经济效益共经历六个阶段。第一阶段是规划阶段，对项目进行基础孵化与基础规划，为项目的研究开发打下战略与支撑基础；第二阶段是研究阶段，为项目的进一步发展打下扎实的理论基础；第三阶段是产品研发阶段，完成产品的研发、原型设计、实验室初测试与中期测试，并为投入市场做好所有准备；第四阶段是市场开发阶段，尝试把项目产品化，并初步开发及导入市场；第五阶段是市场发展期，对产品进行大范围市场推广，并对产品持续进行更新、优化，扩大产品市场占有率；第六阶段是产品成熟期，即产品经济效益的产生阶段，为创客团队带来一定的经济利益。

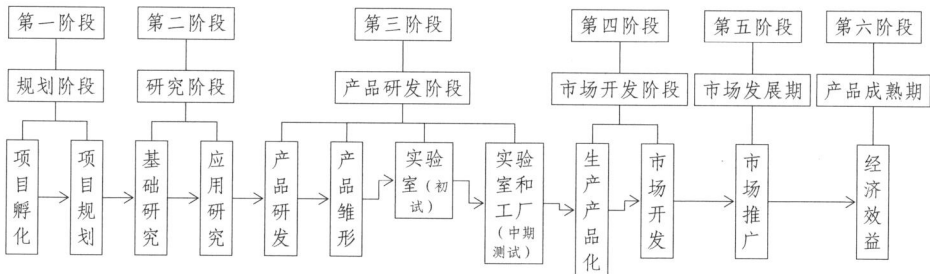

图 5-3　创客型众创空间项目产品孵化图

17.2 创客空间服务体系
Service System of Makers' Spaces

创客空间是兼具各种创新业态的创客创业服务机构。它既是帮助科技企业快速融资的天使平台，又是科技发烧友项目专业管理机构，还是创客交流平台、创客训练营、年轻科技企业家成长组织、创客社区、创客创业媒体等。

创客团队是指创业项目与科技相关，具备科学前瞻性、发展方向性与可实现性的特点。创客团队的技术创新源头通常来自四种情况，即高校、科研院所、政府提供的创新资源，以及一些创业者或创业团队自发的科技项目。当创客团队入孵创客空间之后，创客团队不仅可以得到创客空间提供的一般商业项目的孵化服务，还可以得到包括技术设备、技术顾问支持、技术外包、产品供应和分发等在内的一连串技术服务，直到产品真正投入市场。也就是说，入孵企业可以得到创客空间提供的两个大类服务：创客服务和一般性众创空间服务。其中，创客服务即为创客团队从产品研发到成品的整个技术流程需要的服务；一般性众创空间服务包括金融需求、管理需求、商务需求三大部分，这三大部分基本涵盖了一般商业模式所需的所有孵化服务。

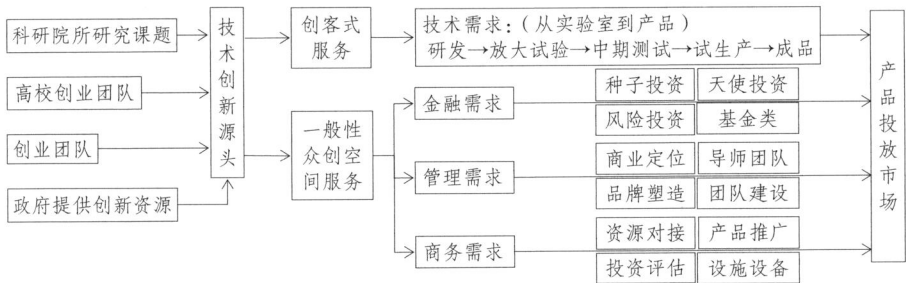

图 5-4　创客团队入驻创客空间支持体系

　　创客空间对创客型创客和创客团队的孵化服务既包括场地设备等支持性设施，也包括产品规划、市场营销等辅助性支持。创客空间还可以为创客和创客团队提供各种培训、金融、导师辅导，以及其他增值服务等全方位支持服务，帮助创客和创客团队顺利毕业。

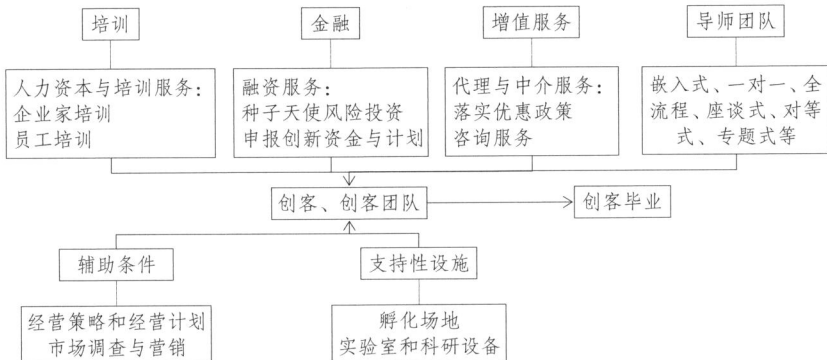

图 5-5　创客型众创空间孵化服务图

创客空间为创客团队提供了全面且内容丰富的创客工厂（实验室）服务，既包括材料中心、质量监管、信息分析、雏形设计中心、流程管理中心等组织机构，还包括仪器设备、仓储管理、培训指导、风险投资、供应分包等多种服务，并且还可以将研发外包给孵化器中其他的创客团队，实现创客空间各孵化服务项目的协同合作。

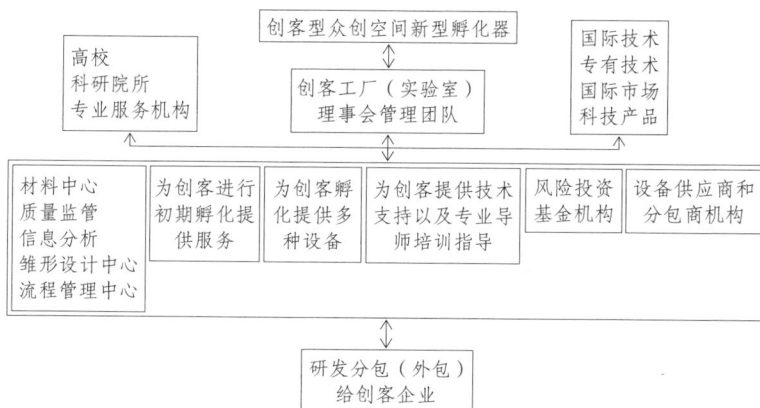

图 5-6　创客型众创空间实验室对各孵化服务项目协同合作图

关于创客型企业成长各阶段所需的金融支持如表 5-1。

表 5-1　创客型企业成长各阶段所需的金融支持表

发展阶段	活动及特点	投入资金
研究与开发	技术开发、市场研究	创客团队自有资金、民间资本投资、种子基金投资
初创公司建立	初步确立商业模式及产品定位，开始产品的研发及初试	引入天使投资、风险投资，及其他金融机构投资
成长期	进一步完善商业模式，明确产品定位，进一步研发、销售、推广产品，进入产品中试期	引入带有资源的金融机构、风险投资、大型企业进行投资
成熟期	生产、销售达到一定规模，产品、服务也达到一定市场规模	引入资源型、战略型的金融机构、风险投资、大型企业进行投资
稳定期	销售体系及渠道建设基本完善，有一定的技术储备及市场占有率	通过银行投资、大型风险基金等作为战略型投资，或准备上市，吸引社会资金的投入

17.3 创客空间服务策略
Service Strategy of Makers' Spaces

　　为了促进创客及创客团队的发展和成长，同时带来更多的社会效益，针对创客空间的特殊性，创客型众创空间和风险投资基金结成战略联盟时关注焦点与集中办公区型众创空间略有不同。

　　创客空间在结成战略联盟之前，联盟双方至少需要思考五个方面：兼容性、综合能力、投入要素、环境，以及退出方式。只有在此基础上，创客空间和风险投资基金结成战略联盟时，双方的优势才能集成、互补（表 5-2），才能涌现出更多的优势资源，帮助创客及创客团队成长。

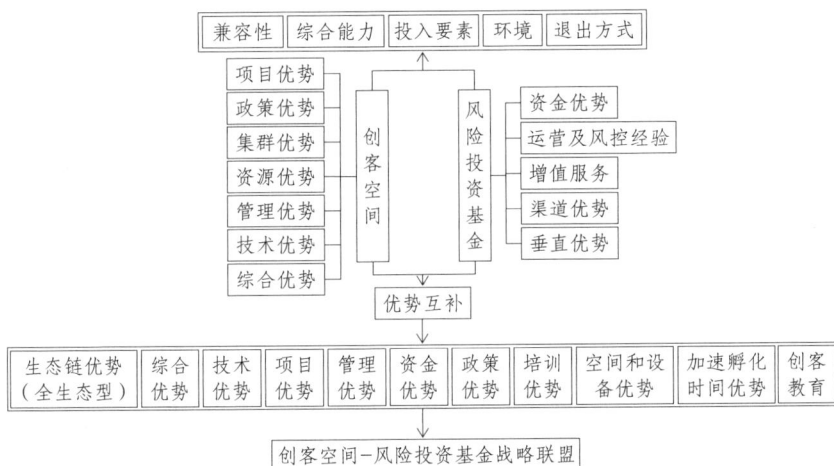

图 5-7　创客型众创空间与风险投资基金战略联盟图

表 5-2　创客型众创空间与风投的优势互补关系

内容	创客空间	风险投资基金
项目优势互补	对专业垂直领域有丰富的管理经验及高新技术的前瞻性、测评高度	对项目的辨识能力和评估能力

续表

内容	创客空间	风险投资基金
资金优势互补	创客基金不能覆盖所有的创客资金需求，资金规模不足	风险投资基金侧重于创客团队的成长和拓展阶段
管理优势互补	创客空间有专业的咨询导师团队及科技企业运营经验，有投融资知识	风投专注于某一行业，具有丰富的技术知识及高技术企业管理经验
政策优势互补	掌握最新的政府和高新区对创客空间的政策支持及政府政策申请流程	风险投资基金与创客空间优惠政策互动
集群优势互补	多行业、多领域创客团队的整合、集中、共同孵化	对单行业、单领域的丰富背景知识与深度了解
技术优势互补	对多行业、多领域技术人力资本、技术资源的整合和重构	对单行业、单领域技术的深度认知和理解
资源优势互补	对政策、管理、培训、技术、中介等第三方服务机构的资源整合	在投资领域的人脉关系等核心资源优势
运营及风控优势互补	是一个专业的管理咨询及商业运营平台	对财务和风险控制的细分认知
渠道优势互补	可以整合政府政策、高新技术、人力资本、创新创业的综合性前瞻性平台及渠道	对市场前景、行业走向的认知
增值优势互补	对创客和创客团队等和创客相关客户群体的定制服务	附加于风险投资的其他服务
垂直优势互补	针对某类创客及创客团队进行垂直孵化	专注于垂直特定行业作为投资核心

　　在创客空间的战略集成、资源提供层面，创客空间从基础的主导优势推进到核心优势，形成综合优势，集成基础孵化，促进创客团队的成长。无论是创客或创客团队的产品概念优化流程，还是项目产品开发流程，都会提供支持服务。并且，将那些与科技相关的企业、机构、组织、政策、供应商、分包商、金融等资源进行整合，实现功能集成，帮助创客团队优化产品概念流程与产品开发流程。

　　因此，创客型众创空间对创客型企业的培育主要体现在以下方面：通过对技术关联性大、市场前景广阔的关键技术和产品的孵化，培育战略性新兴产业；通

图 5-8 的内容

创客空间功能集成

创客与创客团队 | 加速器 | 政策支持 | 高校与科研院所 | 供应商和分包商 | 投融资机构

创客空间平台

产品概念优化流程：科研项目需求 → 确定技术资源 → 资源获取 → 分类 → 整合 → 检索 → 匹配

项目产品开发流程：项目孵化 → 项目规划 → 产品开发 → 实验室(初试) → 实验室和工厂(中期测试) → 产品化

基础孵化集成：专家导师团队 | 仪器设备 | 人力资本 | 项目信息资源 | 技术系统 | 资金支持

创客空间战略集成

创客空间资源提供

创客空间平台主导优势 → 创客空间核心优势 → 创客空间综合优势

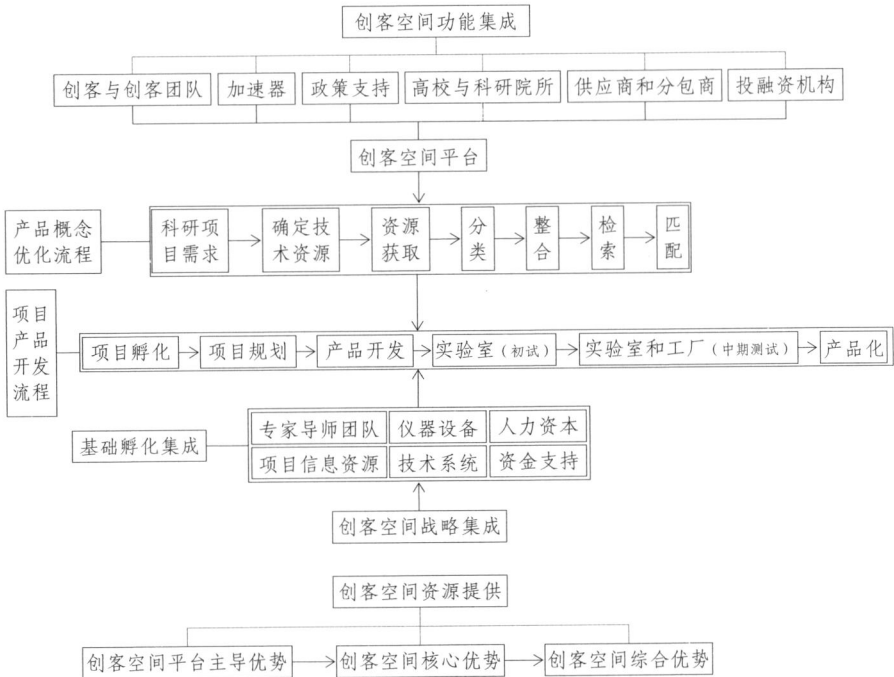

图 5-8 创客型众创空间战略集成与资源提供图

过各种科技中介机构参与网络活动，并提供社会化、专业化服务，促使它们降低服务成本，提高服务质量，从而有利于形成区域内的中介服务产业优势与特色；通过基于成果的孵化、初创型企业孵化、潜力型企业孵化、产业孵化加速的孵化机制，产生加速效应，加速产业化进程；通过创客空间，充分发挥资源聚集效能、优化经济资源配置，推动整个区域经济的提升和转型。

最终，针对以科技创新为核心的创客型项目，必须建立具有创新协同机制战略联盟的运作机制。也就是以创客梦想和兴趣为动力，以创客空间为依托，以创客设备为基础，以创客操作流程为保障，以市场需求和科技进步为导向，以管理商业模式创新为支撑，以联盟平台实现人力资本价值为初衷，以资源和增值服务为延伸，以创客教育为目标，以推动科技发展和创新创业为愿景，并且将以政策支持和制度创新为基准的信息、资金、资源、数据和人力资本进行整合重构，全面促进科技创新型创客项目的发展，推进创客空间的持续发展。

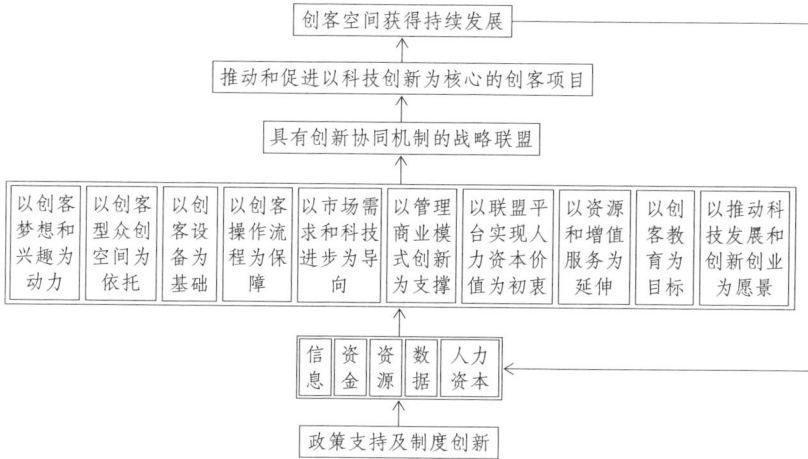

图 5-9 创客型众创空间战略联盟协同运作创新机制图

17.4 创客空间的管理服务模式分析
Analysis of Managing Service of Makers' Space

国际创客空间运营模式主要有三种：（1）公益性创客空间。拥有社会公益基金、赞助人或政府部门的官方支持，其运营模式是通过捐款来维持创客空间的运作。一般在大学与社区内部建立，是以创客科技教育、科普为主要目的，实行自我组织的管理模式。（2）纯商业化组织（俱乐部模式）。其运营模式通常是拥有完善的会员制度，实行严格的会员制管理，面向专业级和发烧级创客，更重视创客的专业需求和创造体验。纯商业化创客空间通过会员制收费及创客会员培训费用等参与活动的费用获取利润。（3）半公益性组织。其经费来源包括会员制收费及社会公益基金、赞助人和政府部门官方支持。对专业级和发烧级创客会员采取收费制度，同时为创客群体提供互动交流、合作交友的平台，并举办科普教育活动。

社区型创客空间属于半公益性组织，是创客空间的主流模式。全美最早的创客空间探索之桥，以及一些以 DIY 生物学为主题的创客空间均以此方式运行。

　　无论哪种运营模式的创客公司旗下的线下品牌：主要提供场地开展创客沙龙，为创客群体提供交流、交友与交易的平台，为合作伙伴提供线下展示空间。

　　中国创客空间基本运营模式为：（1）市场化的会员制俱乐部。采取会员制模式，发展专业级高端会员，为会员提供一系列专业的硬件设备与工作空间，通过收取会员费，鼓励会员赞助来维持创客空间的运营。（2）公益机构主导型的创客空间。通过赞助或者社会公益机构支持，把创客空间打造为创客创意、科普教育、相互交流、实现创意梦想的基础平台，并为创客群体提供一定的增值服务。（3）教育机构创客空间。以教育机构或者培训机构为主导的创客空间，通过定期举办线下交流活动，培训、指导初级创客或者学生创客，并推出优秀教育视频或课程，为培养明日之创客铺设坚实的基础。

表 5-3　市场化与公益机构及教育型的创客空间比较表

	市场化创客空间	公益机构主导创客空间	教育型创客空间
范例	北京创客空间	柴火空间	清华 X- 空间
性质	收费	少量收费或免费	免费
指向	细分消费市场	社会公众	学生
目的	盈利	公益	公益
产品和服务指向	创客及公众	创客及创客团队	学生及学生团队

17.5　创客空间云孵化特性
Clould-incubation Characteristics of Makers' Co-working Spaces

　　创客空间云孵化特性是指通过一个松散的网络互相连接，并普遍使用社区自治的运行方式，通过分享工具与知识，来进行个人及团队制造。它以工作流程为中心而不是依靠职能部门来构建。随着创客运动的不断深入，创客项目也开始有了专业化与商业化的特征。[1]

创客空间有别于传统孵化器的地方是，没有固定的模式与主题。不同创客空间的运营模式与具体功能各不相同。

创客空间中的创客不等于创业者。在西方，创客空间也不是单纯的创业者创业的孵化器。更重要的是，创客文化是融合了技术元素的 DIY 文化的延伸。创客们是以发烧友的形式在创客空间中存在，他们只想把想法转变为作品，不会过多地考虑其作品的商业价值，创客空间作为创新技术活动开展、互动、交流、发明创造和技术积累的场所，其特点包括：（1）创客空间有着云分享的特色，自由、开源、分享是它的价值观。创客空间的自由精神，软硬件开源、分享机制，使那些有着不同经验和技能的创客，可以更好地交流、碰撞、合作，创造出一些生动有趣的设计。（2）创客空间的项目有着跨界整合创新的特色。创客们善于利用自由的创新思维来创造发明新的技术，创客的创新主要集中在以个人兴趣为基础的项目研发上，其项目覆盖范围广泛，例如电子、机械、机器人、3D 打印等，同时也包括传统的金属加工、塑料、新材料及艺术创作等。（3）创客空间的作品，由众筹渠道募集资金或风险投资机构投资、赞助来进一步开发。

通常创客空间在创客入会时，都会首先询问创客对创客空间的需求，这是国际上各创客空间提供服务的基本原则。创客空间认为只有得到创客的认可，被创客付诸实施并取得显著效果的服务供给，才是有效的服务。因此，当创客入会时，创客空间管理人员会与创客进行详细的沟通，在讲解创客空间相关知识的同时明确创客的需求。在入会后的管理中，创客空间会给创客配备专业导师及辅助人员，并组建专业的创客服务团队为创客进行指导。尤其是第三方机构的服务，可以帮助有商业转换需求的创客撰写商业计划书、进行项目评估、申请政府及其他机构资助，即提供创客企业的战略设计辅导、企业经营管理辅导、市场策略、法律服务、财务申报等服务。此外，创客空间还会通过定期寻访创客发现问题、解决问题。

---

1 从纽约创客空间 NYC Resistor 中诞生的 Pebble 智能手表，以及从 Rep Rap 开源 3D 打印机社区中诞生的廉价 3D 打印机 Makerbot 成为了商业创客形成的标志。同时，创客文化也在诸多方面重塑了硬件制造的创新文化。

创客们被鼓励积极建立联系，方法包括建立云社区群、维基百科、云存储平台及即时通讯。创客们在网络社区和实体创客空间里自由交流梦想，一旦达成共识，即可以组成项目团队。

目前，国际创客已经构建了定位准确和目标清晰的产、学、研的生态体系。国际创客空间会定期邀请大学和科研机构及著名创客等的教授、专家对入会创客进行技术指导，分享新知识。同时，创造条件，使创客与外部第三方机构合作，把创新研发的技术产品转化为生产力，形成市场化产品。

同时，国际创客空间在运行机制上有较强的自主经营能力，多采取企业化或工业慈善机构捐赠的方式筹措资金，并在提供多元化服务的同时，采取多种营利模式，提高创客空间独立生存的能力，创造宽松的发展环境，极大地促进其服务功能的多样性。

综上所述，众创空间是分享经济时代的标志与象征之一，分享经济下的众创空间云孵化产业在未来潜力巨大；分享经济理论会在云孵化领域迅速拓展，并以云孵化分享服务平台形式呈现。

但是，中国分享经济下云孵化的发展也面临着挑战。云孵化分享服务平台是呈现立体新形态的平面型孵化平台，监管法律体系尚有空白，亟待重构。端到端的经济体系易引发利益调整，统筹协调难度大。云孵化产业发展尚在襁褓中，创业者、云孵化分享服务平台的使用者，对分享经济和云孵化理念的认识不到位，易产生水土不服等。这些都是有待解决的问题。

创新分享精神文化是众创空间文化体系的核心，也是最具有生命活力和自我特征的一个重要层面，更是众创空间新型孵化器区别于其他社会经济组织文化最根本的辨别因素之一。通常，众创空间新型孵化器精神文化建设内容主要包括：开放包容文化、创新服务文化、分享互动文化。

开放包容文化是指众创空间是一个开放的平台，会不断吸纳新的资源提供者参与平台活动，并不断接纳创业团队。创新服务文化则是通过营造创业者、创业团队和初创企业成长和发展的环境，众创空间新型孵化器把支持帮助创业团队创新创业成长作为首要的社会责任和价值追求。

分享互动文化需要创业团队配合和坚守。因为创新创业过程极其复杂，具有不确定性、高风险性等特征，它并不是一个单独的实体可以独自完成的，需要大家共同协作。因此资源分享、成员互动、联合协作就是众创空间新型孵化器的精神主题。选择复合型、高素质负责人和管理人员，专业化管理团队，形成自己的精神文化、价值观、思维方式。另外，还要向社会展示众创空间新型孵化器组织的开放、分享价值特征。

众创空间是一个新的社会经济组织，能否获得可持续发展，取决于众创空间对分享经济的理解及对大众孵化体系的认知，以及在硬件系统、资源对接、知识结构、金融支持、技术支持、制度、人力资源、管理培训、服务能力等方面的综合创新力，这些综合创新力共同构成了众创空间在当今高度竞争的市场环境中的可持续发展能力。

附录 A

Appendix A

国际著名创客空间

International Famous Makers' Co-working Spaces

微观装配实验室 Fabrication Laboratory（Fab Lab）

美国的微观装配实验室[1]是美国麻省理工学院媒体实验室比特与原子研究中心发起的，以教育为核心的一个制造产品和工具的小型工厂，属于社区型创客空间。其灵感来源于中心主任尼尔·格申费尔德（Gershenfeld）教授于 1998 年开设的一门最受欢迎的课程——"如何能够创造任何东西"（How to make almost everything）。该课程为学生提供工具和机器，让学生在动手的环境中探索科学，以往毫无技术经验的各科学生们都可以在课堂上创造出很多充满想象力的生动有

---

1 微观装配实验室由格申费尔德教授在 1998 年成立于麻省理工学院（MIT）。

趣的产品，如收集尖叫的盒子、保护女性安全的配有传感器和防御性毛刺的裙子，及为鹦鹉制作的网络浏览器等。这门课满足学生们自由创造需求的理念，并逐渐成为微观装配实验室的核心目标。这种可以通过制作个性化的发明来表达自我的方式，被格申费尔德称为"当代社会的读写能力"（modem literacy）。

　　由美国国家科学基金会（NSF）拨款建造，于 2010 年成立的位于波士顿的索森德科技中心（SouthEnd Tech Center），是全美第一家微观装配实验室。

　　微观装配实验室是一个快速建立原型的平台，学生们通过微观装配实验室提供的硬件设施以及材料，开放源代码和由 MIT 研究人员开发的程序等电子工具来实现他们的创意设计和制造。每个微观装配实验室的开发过程、创新成果也并不是独立的，而是在整个微观装配实验室网络中通过如视频会议等各种手段进行分享的。为了方便知识与创新的激荡、传播和分享，微观装配实验室开发的全过程都需要用技术文档加以记录。思考圈（thinking circle）的理念使文档整理更加方便。微观装配实验室的用户可以利用计算机、扫描仪、照相机将创新设计在思考圈中传播，获得他人的建议和评价。微观装配实验室之间往往通过频繁的视频会议互相联系、沟通、分享，通过核心能力的共享使得使用者和项目也成为共享的资源。为了进一步推动微观装配实验室社区的发展，实验室正在快速地建设致力于促进全球各地微观装配实验室成员互动交流的配套的制造学会（Fab Academy）。社会是真正促进微观装配实验室发展的助推器。微观装配实验室的成员可以借助互联网、移动互联网等通信手段及技术，分享全球网络资源、获取网络知识，并通过数字技术、新型生产工具、3D 打印等硬件设备，积极探索科技与社会创新相结合的模式，是将自我创意落地，与其他创客展开协同合作的新路径。

科技工坊 Techshop

　　美国的科技工坊[1] 是连锁的商业机构[2]。运营模式有两种：一是会员制，只需按

1　科技工坊是吉姆·牛顿（Jim Newton）在 2006 年成立于加州 Menlo Park 的创客空间，目前已经在美国多个城市有工作室，总共有近 4000 会员，是目前美国规模最大的创客空间。
2　2006 年在加州的 Menlo Park 开设第一家分店。

月缴纳会员费[1]，即可享受连锁机构科技工坊的所有资源，包括办公空间和工具等；另一种是参加科技工坊开设的，由其资深会员深度一对一教授的各种小范围创业培训课程（只参加培训会收取办公空间费用）。

科技工坊通过会员费和收费课程盈利，以公司的形式运营，是典型的商业型机器商店，即开放式硬件工厂机械工厂（machine shop）。它为会员提供所需的场地、工具、设备、教学以及支持人员等资源，以便创客会员创造创新作品，如同一个巨型工厂。提供的硬件工具非常齐全，不仅包括铣床、车床、焊接台、离子切割机、金属板材加工设备、钻孔机、锯、工业缝纫机、手工工具、塑料加工设备等传统器械，还包括激光切割、3D打印等新型生产工具。会员可以自由使用这些设备以及参加技术分享课程。对于零水准的会员，科技工坊会提供各种使用新工具与创新方法的课程。[2]

与社区型创客空间微观装配实验室相比，科技工坊只对会员开放，是一个相对封闭的体系。但组织运营模式相对更规范化，更受专业级的创客、创业者青睐。

路径空间 Access Space

英国的路径空间由杰克·哈瑞斯（Jake Harries）在英国南约克郡的谢菲尔德成立，是涉及包括艺术、设计、电脑、回收、电子、科技、音乐、摄影等多个领域的多媒体实验室。

路径空间为创客们提供各种开发使用的工具，主题是回收旧电脑并再利用，即所有的公用电脑均可以回收再组装利用，并全部安装开源系统与开源软件。作为创客空间，机械加工设备、电子开发设备、3D打印机以及激光切割机等也都是路径空间必备之物。

---

1 科技工坊每月的会员费是125美元。
2 从科技工坊中诞生了许多革命性产品。最著名的是移动刷卡支付鼻祖产品 Square 信用卡读卡器，还有如实现农药最少使用的氮元素侦测器，及一种新型的灌溉系统和服务器冷却系统，帮助早产儿维持体温的婴儿保暖器等。

探索之桥 Noisebridge

美国的探索之桥[1]是全美最早的创客空间,它以"做得民主"(DO-OCRACY)为空间精神,它完全开放、一切免费。

探索之桥的资金主要来自于个人赞助[2]与企业赞助,而不是向空间使用者收取费用。即使是企业赞助,探索之桥也拒绝替任何的厂商打广告。在探索之桥里,分为公共工作区、工具间、阅读区、教学区等区块,虽然设备没有科技工坊完善,但也足以构成一个从零到(From Zero to)创客的完整生态系统。

探索之桥崇尚开放、自由、互助,在有些混乱的表面下按照类似开源社区的组织方式,保持着规律有序的运作。探索之桥不追求创客空间面积,其更像传统杂乱的旧式工厂车间(其中有一个车间被命名为肮脏的屋子[Dirty Room]),但其配备创客空间所需的所有工具,比如各种切割、焊接工具、3D打印机、电脑、桌上足球、自动售货机、小厨房。探索之桥是个开放的场所,无需缴纳会员费或报名课程就可以直接进入创客空间,并直接开始工作。探索之桥的课程以免费为主,听课者无需报名便可以直接前来上课,内容涵盖从传统制造和3D打印到编程、设计等。探索之桥的全职会员要经过复杂的申请流程,包括要得到至少两位现任会员的推荐。全职会员意味着负责维持、改善和管理探索之桥。

混沌电脑俱乐部 Chaos Computer Club(Chaos Camp)

混沌电脑俱乐部[3]是全球最著名的黑客组织之一,最初以揭露重大的技术安全漏洞而闻名于世,从芯片到接口(PIN),再到智能手机等,而后随着混沌电脑俱乐部发展为一个开放的实验室平台,拥有激光切割机、3D打印机等基础设备,创客们从软件走向硬件。混沌电脑俱乐部有自己的一套精神信仰体系,创客们更多是为了纯粹的兴趣而聚集在一起,对技术的钻研有一种朝圣心理。他们在这里

1　探索之桥创立于2007年,创始人米奇・奥特曼(Mitch Altman),被称作"创客教父",在2007年在德国参加混沌电脑俱乐部后,想在美国设立同类场所,最终在旧金山建立了Noisebridge。
2　食物、饮料赞助费,或是赞助美元来取得贴纸与T恤等。
3　混沌电脑俱乐部由沃・霍兰(Wau Holland)于1981年在德国成立,是最早的、也是欧洲最大的hackerspace。沃・霍兰认为"混沌"这个词是对如今这个世界最好的解释,因此创设了混沌电脑俱乐部。

按照自身兴趣设计及制作实体原型，动手发明创造传统产品的创新解决方案，并通过开展活动分享思想、技术，最终把好的创意转化为新产品。

目前，除了黑客外，还有一些记者、学者等自由工作者加入到混沌电脑俱乐部。

创优实验室 Metalab

澳大利亚的创优实验室成立于 2006 年，是一个高新技术社区聚会俱乐部。创优实验室的主要项目包括提供基础设施、IT、新媒体、数字艺术、网络艺术和黑客文化等领域的物理空间，为技术创意的爱好者、创客、创始人和数字艺术家之间的合作提供服务。如今，创优实验室已经成为全球创客空间运动的催化剂，是多家互联网创业公司的发源地。

工匠之家 Artisan's Asylum

美国的工匠之家[1]是由一家信封工厂改建而成的非营利创客空间，采取会员制[2]方式运作。会员里既有专业的发明家，也有科技发烧友，创客并不是完全注重产品的经济效益，而是以兴趣为出发点。目前，长期入驻的工作室涵盖多个领域，有珠宝设计制作、机器人制作、电子电路设计、布艺设计、机械加工、焊接、木工。该开放空间里面有各种设备，会员加入后，可以获得并使用这里提供的各种专业和工具，包括机器人、电子、玻璃及珠宝设计、自行车、木工、切割、焊接设备，以及激光 3D 打印机等一些昂贵的设备，并有不同的工作区域，以及 140 个工作空间。创客们可租用联合办公（co-working）空间，也可租用其设备。同时，通过相互交流激发灵感的创客氛围也吸引了更多会员加入，工匠之家为会员提供了配备厨房的专门创意思维交流空间。其中著名的项目有 5.4 米宽、1.814 吨重的

1　工匠之家由创客圭·卡瓦尔康蒂（Gui Cavalcanti）在 2010 年创建，他热衷于大型机器人制造，该空间最初起源于他想制造一个机器人的梦想。工匠之家是美国东岸（麻省）的最大创客空间，同时也是最典型的社区型创客空间。

2　每月会员从选择时段的 60 美元起价，最高 200 美元即可以获得 24 小时全天候的会员资格和全部公共工具的使用权限。目前，工匠之家每月的会员数量已经达到大约 250 人。

六足液压机器人 Stompy，以及世界上第一支 3D 打印笔[1]。

工匠之家更侧重于产品研发，创客们可以在这里做产品原型，但需要另找地方批量生产。在融资方面，创客们通过 Kickstarter 等众筹平台募集产品商业化的资金，募集项目有纯商业类项目，也有非营利的公益项目。此外，工匠之家还有著名创客及专家定期举办创客培训，传授系统创客经验。在工匠之家有一些创客是全职的，但更多的是因为兴趣爱好的发烧友形式，利用业余时间在这里工作。

英国的创客空间 The United Kindom Makerspace

英国的创客空间是一种配备创客所需工具的社区中心。不仅为社区提供制造设备，并为社区成员提供必要的培训，帮助他们利用现有资源进行设计、建模，并制作出那些无法靠个人力量完成的作品。创客空间既是有相同兴趣的创客群体，他们在创客空间互相分享物理空间和工具，同时也可以是商业公司、非营利组织、学校或图书馆等的附属组织。虽然英国创客空间的组织形式各不相同，但所有类型都是为了能整合制造设备资源，形成社区，进行相关培训。

中国创客型众创空间
Chinese Makers and Co-working Spaces

目前，创客型众创空间在北京、上海、广州、深圳等城市发展较为迅速，如上海新车间、深圳柴火创客空间、北京创客空间、南京创客空间、成都创客空间、阳光创客空间、广州梦车间等。

云研社科技

2014 年，伴随中国首家全球创新技术云孵化品牌云研社科技的出现，中国网

1　在众筹网站 Kickstarter 上成功募款 300 万美金。

络虚拟孵化器正式登上历史舞台。

云研社科技的服务体系可以表述为：云研社科技构建了一个包含股权众筹、云端孵化器、创新技术和项目库、创新研发维基协作平台等功能的线上平台系统，是一家创新技术智库（IP 银行），云研社科技持续与世界各国的创新技术数据库建立紧密合作，目前已经拥有独立的国外专利技术数据库和项目库。[1]

清华 X- 空间

清华 x- 空间[2]倡导学科交叉、探索未知、体验式学习与团队协作的教育理念，致力于围绕三创（创意、创新、创业）探索新型的人才教育模式，帮助学生学习创意创新创业的知识、技能和理念，培养学生的创造力，包括创造性精神、创造性思维、创造性能力和执行能力。[3]

清华 x- 空间的服务体系表述如下：公益性开放平台，持续接收来自清华大学的学生、校友和老师的创意创新创业不同阶段的项目[4]，并为其提供学习和活动机会、培育指导、资源网络和服务。围绕学习、活动、资源网络和培育四个功能板块搭建平台，从创意、创新和创业三个维度推进。包括与清华大学研究生院共同推出"清华大学学生创新力提升证书"课程[5]；逐步搭建起纵横布局的创新中心，为学生提供专业领域的训练、指导和咨询；根据不同类型的项目团队，开展有针对性的系列活动，如创新工作坊、驻校企业家（entrepreneur-in-residence）和

1　云研社科技 CEO 王尔漫的表述。

2　清华 x- 空间（Tsinghua x-lab），是清华大学新型创意创新创业人才发现和培养的教育平台，简称"三创空间"，于 2013 年 4 月 25 日正式成立。清华 x- 空间依托清华大学经济管理学院，由清华大学经济管理学院、机械工程学院、理学院、信息科学技术学院、美术学院、医学院、航天航空学院、环境学院、建筑学院、材料学院、公共管理学院、工程物理系、法学院、新闻与传播学院 14 个院系合作共建，并与清华科技园、清华控股和清华企业家协会建立了战略合作伙伴关系。

3　《清华 x-lab 积极实践教育支撑创意创新创业理念》，好酷网 [2015-04-19]：http：//www.haokoo.com/else/2842172.html。

4　《MBA 学生和校友参观清华 x-lab》，清华经管学院 [2014-11-24]，http：//cms.sem.tsinghua.edu.cn/semcms/xmxwcn/67614.htm?tempContent=full。

5　《清华大学启动学生创新力提升证书项目》，清华大学 [2015-01-16]，http：//www.tsinghua.edu.cn/publish/news/4205/2015/20150116140250901468254/20150116140250901468254_.html。

驻校天使（angel-in-residence）咨询服务、北极光系列创新讲座等。

DRC 创億梦工厂

DRC 创億梦工厂[1]采取"基金 + 媒体 + 孵化器"三位一体的模式，设置"億空间、创億社、億 T 台、融億投、億培训、億导师"等众多功能模块，为创客搭建对接产业链上下游环境的设计、科技服务平台，提供高新技术企业申报、中心企业创新基金、设计创新提升计划等服务。

DRC 创億梦工厂的创业服务体系包括：（1）億科技。DRC 3D 打印，为创客提供包括塑料、光敏树脂、石膏粉等多种材料的大型工业产品快速成型服务；斯帝欧 STUDIO 3D 打印港，提供打印服务、打印产品零售及作品展示。（2）快速印刷。为创客提供小批量、高精度、免制版的快速打印服务，无论是设计草图、产品手册还是出版物。（3）億 TV 及 4K 影视技术。为每个创億项目拍摄 3 分钟视频短片，并帮助其线上、线下传播推广，及集 4K 影视实时制作、调色、影院为一体的超高清视频技术服务，提供与国际同步的高品质数字图像服务。（4）億培训。与国内外设计艺术院校合作，为入驻创客提供培训服务。（5）融億投。与金融机构合作，为创客提供众筹、银行担保等服务，让资本注入最具潜力项目；为创客、创业公司、小微企业举行路演、创億大赛等商务活动。（6）億办公。创億社，功能齐全的独立办公空间；億空间，为尚未组建团队的创客提供开放式集中办公环境，寻找团队成员。（7）交流展示。億集市，周末创億创业集市集中推介展卖创业者的创意产品；億拍卖，不定期举办设计孤品、科技产品、艺术品、画作等拍卖活动。

上海新车间

上海新车间是中国第一家创客空间，是非营利性社区型创客空间，实行会员制度。创客可以在创作中寻求快乐，可以与团队一起协作，也可以参加国际竞赛，寻找并创造新的机会。它的使命是支持、创建并推广物理计算、开源硬件和物联网，

1　由北京 DRC 工业创意产业基地 2015 年 3 月创立。

长期目标是传播创客空间的理念以及推广创客文化。

上海新车间的服务体系如下：新车间将开放式工作空间、实验空间及基础设备提供给硬件高手、电子艺术家、设计师、DIY爱好者等所有创客，举办包括电子、嵌入式系统、编程和机器人等不同主题的研讨会和培训班，进行项目的初创推广、工坊、竞赛，同时也会参与国际竞赛。同时，新车间也将成为一个融资和管理平台，支持创客实施自己的作品和项目。

上海新车间的盈利模式及特点是采取会员制的方式来收费。其地理位置优越，所在区域是上海市工程类、艺术类高校汇集区，创客资源丰富、国际化程度高。

深圳柴火创客空间

柴火创客空间[1]是深圳第一家创客空间，是非营利性创客空间，实行会员制度，是深圳的创客们聚集的"创意会所"。柴火创客空间寓意众人拾柴火焰高，为热衷于创意、设计、制造的创客提供自由开放的协作环境，鼓励跨界交流，促进创意的实现以及产品化。

柴火创客空间的服务体系如下：机器科技的工作坊。空间提供基本的原型开发设备如3D打印机、激光切割机、电子开发设备、机械加工设备等，并组织创客聚会。柴火创客空间创意产品涉及开源硬件、Linux及嵌入式开发、物联网、绿色能源、城市农场等多个主题。举办不同类型的分享会，分享创意、理念、经验、心得。每周三晚上的柴火共进社，举办创客聚会活动，创客们互相分享交流，并获取前沿技术信息。

柴火创客空间的盈利模式及特点有：采取会员制的方式来收取少量会费，由Seeed Studio和HAXLR8R加速器赞助场地与管理员费用。柴火创客空间注重从零到创客（Zero-to-Maker），即入门创客群体，为想成为创客的人提供参与的途径。

---

1 柴火创客空间是2010年成立的机器科技工作坊。

北京创客空间

北京创客空间[1]是兼具孵化功能的创客空间，致力于为创客们搭建创意思想交流的平台，坚持跨领域协同合作创推创意产品，建立与产业龙头公司合作并提供融资支撑的平台。在北京创客空间可以体验从 0 到 1 的过程并学习相关知识，通过跨领域协同合作完成各种酷炫的产品。

北京创客空间的服务体系如下：拥有原型加工基地以及加工设施与设备，成立目的是让艺术家、设计师、软硬件高手、手工制作爱好者有机会在空间认识更多创客，运用和发展现有的开源和学术研究成果来把这些想法变成现实。形式包括：（1）创客会（Meetup）。创客线下交流互动的活动，每个创客有 3-5 分钟时间介绍自己的项目或灵感，通过交流讨论组建团队完成项目，所有创客都可以免费参加。（2）创客 C2D2 分享会。主题涵盖艺术、设计、科技等各个方面，包含了众多有趣的创客项目和软硬件结合创业者，促进合作和产品展示交流，所有创客都可以免费参加。（3）创客工作坊。动手实践平台，有创客前辈指导，如：Arduino 开发、音乐播放器、3D 打印、图形化编程、手工 DIY、激光雕刻、激光键盘制作等。（4）联合主办活动。与合作公司共同主办一些活动。（5）创想 48 小时活动。2012 年开始举办 Hackathon 创想马拉松活动，集合艺术家、设计师、工程师们，48 小时内从不认识到组队做项目，最后每组队伍做项目陈述与展示。内容包括智能硬件开发、工业设计、软件开发、视频短片等。（6）创客教育。引导学员打破固有观念和思路，动手、思考、争论、创造，使其成为具有发明、设计、规划、决策能力的创造性人才，并邀请知名创客与学员分享，共同完成作品。（7）智造工作坊。系列工具学习和体验工作坊，如激光切割机、3D 打印机、CNC 数控机床、车床、铣床等工作坊。

南京创客空间

南京创客空间[2]积极鼓励研发实用型产品和项目，形成知识产权和专利。

1　北京创客空间成立于 2011 年 1 月，是全球创客网络中的组成部分，也是亚洲规模最大的创客空间之一。
2　南京创客空间成立于 2012 年 5 月，是由南京地区一群软硬件技术人才和设计人才发起的民间非营利性组织（NGO）。

南京创客空间的服务体系为：（1）为创客们免费提供交流分享、研发制作、工作场地和设备（配置齐全的加工和制作设备，如 3D 打印机、激光雕刻机、CNC 机床、焊接台等，帮助创客们将自己的想法变成现实）。（2）积极鼓励创客间资源、知识、技能合作，为"创意—原型"阶段的创客提供资源支持，关注原型级创意的实现，努力打造"创意—原型—产品—市场化"创新全链条。（3）提供互动交流合作平台，传播创客文化，分享创意、技术与经验（南创公开课、项目研讨会、高校巡讲会），实现创意（创客工坊、命题式现场开发、创客大赛、创业活动、产业对接）。

成都创客空间

成都创客空间[1]是一个推动互联网计算、开源硬件、开源软件、技术创新、知识分享、创意交流以及协同创造为主的服务机构。

成都创客空间的服务体系为：将工作空间提供给创客来实施项目，支持、创建并推广 3D 打印，移动计算、开源硬件和物联网。举办包括电子、嵌入式系统、编程和机器人等不同主题的研讨会、培训班、项目和初创推广、工坊、竞赛，并参与国际竞赛。同时也将成为一个融资和管理平台。

广州梦车间

梦车间[2]是一家创业型创客空间，致力于科学技术工程数学（STEM）与创客教育产品的研发与销售，为青少年群体提供专业的科技教育产品与解决方案。打造开放式的社会化实验室，为工程师、艺术家等创客群体提供一个实现梦想的场所。

广州梦车间的服务体系为：提供互动交流平台，定期举办创意或项目展示、路演、发布等创客活动聚会，为大众提供创意体验服务、创新科技孵化服务和科技人才培养服务；提供 3D 建模工作坊；打造专业化创客资讯分享平台，提供最

---

1 成都创客空间（iChengdu）创立于 2010 年 8 月。
2 广州梦车间成立于 2013 年 6 月 3 号。

新科普趣闻，挖掘市场需求，为创客提供最精准的行业信息分享、行业资源渠道。

广州梦车间的特点有：线上筑梦创造与线下的梦车间创客文化空间，以及小伙伴创意点子淘宝店等核心品牌。

附录 B
Appendix B

中国众创空间运营模式类型
Operation Typology of Co-working Spaces

　　目前，中国众创空间新型孵化器总体上聚集在创新创业氛围较为活跃的北京、深圳、上海、武汉、杭州、西安、成都、苏州等城市，其中比较著名的有创新工场、车库咖啡、创客空间、天使汇、亚杰商会、联想之星、创业家等。

　　这些众创空间聚集整合各种创新创业要素，运营模式、管理机制、提供的孵化服务、企业文化等也各具特色，呈现出多元化形态。同时成立了众创空间资源共享平台和行业自律组织，如北京众创空间联盟等。

　　目前，中国众创空间大致可分为以下六种类型：服务型、专业垂直型、投资促进型、综合平台型、导师辅导型、融资平台型。

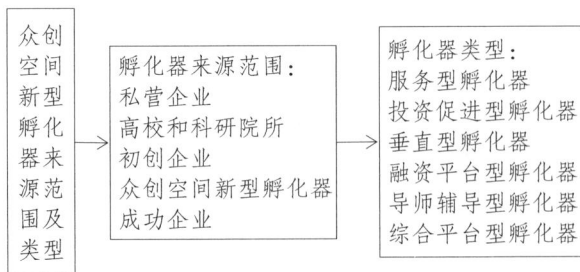

附录图 众创空间类型范围图

服务型众创空间
Service Oriented Co-working Spaces

提供综合性创业生态体系，包括基础商务服务、投融资对接、导师培训辅导、人力资本、市场运营渠道建设、政策申请、法律顾问、团队建设、个性定制及社区、住宿等硬件支持的一系列孵化服务。

车库咖啡

车库咖啡[1]是以集中办公区型开放式办公空间为依托，为初创团队提供创业孵化的服务型孵化器。作为开放式创业培训辅导平台和资源对接平台，为初创团队提供畅通的互动合作交流平台，帮助创业者或创业项目组建团队、快速梳理项目、搭建风险投资对接平台、寻找人才、建立互动机制及对接其他业务合作等。车库咖啡的理念和定位更加关注创新创业精神和文化的推广。

车库咖啡的创业服务体系为：（1）搭建风险投资对接平台。利用开放式办公空间，搭建风险投资对接服务平台。帮助创业者、创业团队寻找投资资金，并接受风险投资机构委托代其寻找项目，向风险投资机构推荐优质创业者、创业团队等。（2）提供线下及线上信息发布服务。利用空间墙壁和网络博客，为创业者、创业团队发布求贤、团队组建、人力资源招聘、投融资需求、业务交流等信息，

1　车库咖啡成立于 2011 年 4 月，是以创业为主题的咖啡厅，为早期的创业团队提供价格低廉的办公环境和交流合作平台，在美国斯坦福大学附近有分店营业。

为风险投资机构发布招商等信息。通过手机 APP 客户端，免费向创业者、创业团队、风险投资机构提供在线信息咨询、在线对接服务等。（3）为创业者举办免费创业培训讲座。邀请风险投资机构和创业导师来店指导，进行创业辅导、培训讲座；邀请基金、银行、金融服务及投资机构、律师或会计师事务所等第三方机构举办专题讲座、沙龙活动等。每天下午举行创业者、创业团队项目展示，并邀请业内风险投资机构、创业老师或参与者点评。[1]

车库咖啡的盈利模式及特点是：通过工位出售、餐品提供、会务举办，提供活动场地、广告与自媒体、各地的创业培训和创业交流，协办和参与创业大赛，为其他创业咖啡馆或创业服务平台提供咨询服务等方式盈利。车库咖啡对创业团队不持股，不设专项基金，主要以沙龙、培训、路演、大赛等丰富的活动来吸引投资人关注。[2]

3W 咖啡

3W 咖啡[3]是中国第一家互联网众筹的创新型创业孵化服务机构，旨在为互联网企业搭建行业创业投资交流的社群平台及孵化服务，协助互联网行业优质创业项目与资本对接。3W 孵化器是集创业咖啡厅、孵化器、创业基金、品牌推广、人才招聘等于一体的创业孵化服务系统，是中国最早成功的众筹创业咖啡馆，不仅解决创业者办公场地等硬件问题，也衍生出除联合办公之外的其他服务。

3W 咖啡的创业服务体系包括：（1）开放式办公空间。提供行政秘书、地址注册、硬件支持、律师咨询、政策咨询、财务咨询等基础服务。（2）投融资对接服务。提供项目路演等投融资对接服务，优质初创团队可申请 3W 基金。（3）导师辅导培训：通过 3W 鹰学院提供导师辅导培训。（4）互动交流平台。通过 3W

1　李晓锋、王双双，中关村"车库咖啡"：《弥补创业前端服务不足的思考与启示》，《科技管理研究》，2013 年第 13 期。

2　王子威：最全的"众创空间"专题研究。http：//www.weixinyidu.com/n_1110514。

3　3W 咖啡于 2011 年 8 月 6 日创建开业，是由中国互联网行业领军企业家、创业家、投资人组成的人脉圈层。3W 咖啡于 2013 年 8 月转型为 3W 孵化器，主要为互联网创业者提供全方位孵化服务。

CEO 互助会、3W 空间早餐会等加速知识共享与传播。（5）媒体包装。3W 创新传媒。（6）人才招聘服务。拉勾网。

3W 咖啡的盈利模式及特点是：通过免费或低租金进行流量积累[1]，包括日常咖啡收入、场地租赁及活动收入、店内广告大屏幕收入及品牌推广收入等。

YOU+ 国际青年社区

YOU+ 国际青年社区[2]创办于中国广州，是一个面向现代都市青年的连锁生活社区。

YOU+ 国际青年社区的创业服务体系包括：将居住、社交、创业相融合，改变创业者的居住习惯，形成具备创新创业氛围的独特创新模式的社区。社区物业整合管理，分割装修造型，租给创业者、创业团队，为创业者、创业团队解决住宿问题，并为优秀创业者提供多种免费服务（办公工位、娱乐设施等），建立创新创业生活社区。创业者、创业团队，及创投业、媒体业、律师、会计师等第三方机构专业服务人才皆可入住，从而形成创业者互助会和熟人社区，加强创业者之间的思想碰撞及合作，提高创业成功率。[3]

YOU+ 国际青年社区的盈利模式及特点是：房租收入，社区公寓平均价格较周边价格低。

创业公社

创业公社[4]以"孵化 + 投行 + 产业链增值"的运营模式，立足于打造全产业链创新型孵化器品牌，是集开放式办公空间、小微金融、互动交流平台等为一体的互助型创业公寓。

1　这是一种互联网思维。
2　YOU+ 国际青年社区广州凤凰店于 2012 年 6 月 1 日正式开业，是以公寓为载体的创新型孵化器，集居住、办公、娱乐于一身。
3　马喜生：《YOU+：给创客们安个家》，《南方日报》，2015 年 6 月 10 日。
4　创业公社由北京京西创业投资基金管理有限公司设立于 2013 年 5 月，中关村股权交易服务集团战略投资。

创业公社的创业服务体系为：创业团队入驻配套各软硬件设施的集中办公区和创业者公寓。为创业者提供小微金融服务，如股权融资、债务融资、创业快捷贷、新三板挂牌。提供高科技政策扶植申请。集中招聘，比如在线招聘、校园招聘。培训活动、创业导师、法律服务、基础运营服务等。

创业公社的盈利模式及特点是：通过活动场地提供、公寓租赁、创业培训、投融资对接等增值服务获得利润。具体包括：（1）创新型组合金融服务。入驻团队享有各阶段接受融资辅导的优先权，量身打造与银行、天使投资人、创投机构的对接通道。（2）互联网思维运营。以网站、微信为入口，客户经理制度实现服务承诺。（3）开放式工位 + 传统工位自由组合。

零壹时光创业咖啡

零壹时光创业咖啡[1] 是以传播创业文化为主题的众筹式、集中办公区式的，典型的以为高校校友服务为基础的众创空间。

零壹时光创业咖啡的创业服务体系包括：（1）创业孵化服务支持。集中办公空间；法律财务等咨询；政策申请；人才资源、知识产权服务；成立种子基金，并举办项目路演、座谈会、沙龙等活动，搭建创业者与天使投资、风险投资基金对接平台；通过与互联网巨头合作，对创业项目进行推广。（2）校友／行业服务。新品发布会、创业酒会、企业年会；北邮校友创业圈；承接校友返校活动、校友企业校园招聘工作；建立校内营销推广合作渠道；完善并扩充维护创业校友数据库；对行业资源系统整合。

零壹时光创业咖啡的盈利模式及特点是：办公场地租赁、餐饮服务等日常经营盈利，通过种子基金投资分享成长红利及其他增值服务盈利。其服务于北邮校友及社会创业者和创业团队，凝聚北邮校友及社会网络资源。

---

1 零壹时光成立于 2014 年初，是北邮创业校友与师生通过互联网预售众筹的方式共同发起创建的一个以创业文化为主题的咖啡馆和小型孵化器。

科技寺

科技寺[1]是集开放式办公空间及全方位创业服务为一体的线上线下相结合的联合创业空间，创业者可以通过科技寺寻找合作伙伴、客户、投资、资源和灵感。

科技寺的创业服务体系包括：（1）基础服务。基础行政服务，会议室及咖啡厅空间使用。（2）投融资。驻寺 VC，风投内推渠道。（3）法务。不定期法务培训，律师事务所内训。（4）财务、人力、行政。专业指导、培训及协助，创业者专心做好产品即可。（5）活动。互联网活动举办地。

科技寺的盈利模式及特点是：通过提供开放式办公空间租赁及其他增值服务获得盈利。

专业垂直型众创空间
Professional and Vertical Oriented Co-Working Spaces

这类众创空间通过提供行业互动交流平台及社交网络、专业技术支持及服务平台，以及行业产业链第三方资源支持，对优质创业项目进行垂直孵化，包括行业产品打磨、产业链上下游机构的合作交流、成立行业垂直基金进行合投等。

基于企业现有先进技术资源，通过技术扶持，配合企业领先的产业优势为创业者提供高效便捷的创新创业服务。

微软创投加速器

微软创投加速器[2]将硅谷孵化器模式引入中国，旨在深入中国的创业生态链，鼓励更多创业者使用微软云计算平台进行技术开发及实现创新，同时为企业提供多方位创业支持资源。微软创投加速器每年进行两期孵化，并严选创业团队，推行精准孵化。从而实现微软加速孵化生态系统与创业团队共同成长的目的。

微软创投加速器的创业服务体系为：每个入驻微软创投加速器的团队，都获

1　科技寺 TechTemple（隶属于北京科聚思网络科技有限公司）成立于 2013 年 9 月。
2　微软于 2012 年 7 月启动微软创投加速器。

得微软 6 万美元的 Windows Azure 云服务以及 6 个月的孵化，并能进入终身的校友制。在这 6 个月的时间内，企业可以免费搬到位于中关村的微软亚太研发集团总部大楼里办公。同时，微软提供由行业专家及技术专家组成的导师团，为初创公司的产品和团队提供专业的指导意见和课程，并为初创团队提供招聘帮助，对接投资机构，寻找早期用户和市场等。微软创投加速器为创业团队提供的资源支持多于资金支持。创业团队 6 个月毕业的时候，需进行成果展示。毕业后，将继续获得微软创投加速器终身支持及导师课程持续开放，资源连续对接服务，如每月创始人交流聚会 [1]。

微软创投加速器的运营模式及特点是：创业团队可获得微软资源支持及品牌背书。

IC 咖啡

IC 咖啡 [2] 以"科技咖啡 + 创业咖啡"模式为基础，是新型的高科技产业链俱乐部。由芯片、系统软硬件、IT 互联、媒体、产业分析及科技投资等领域的管理及业内人士共同组建，旨在通过汇聚高科技产业智慧与资源，共同打造一个高科技领域线下社交平台、科技传播平台、创新创业孵化平台及投融资资本平台。

IC 咖啡的创业服务体系包括：（1）科技交流与推广。定期讲座沙龙、高科技产品及企业推广。（2）ICT 创业投资业务。基本办公服务、项目辅导、导师配对、融资顾问、项目咨询、项目推介等。

IC 咖啡的商业模式及特点包括：（1）跨行业覆盖。串联 ICT 产业上下游，从传统芯片到新兴 3D 打印。（2）跨地域覆盖。遍及全球高科技聚点，京沪深 + 台湾 + 美国 + 新加坡。（3）跨领域覆盖。技术、市场、媒体、学术界、投资机构及个人。（4）跨功能覆盖。可以实现行业资源、渠道资源、资本等多级对接。

---

1 《微软创投加速器：不是慈善机构，只帮助有能力的人》，速途网 [2014-07-29]，http：//www.sootoo.com/content/505424.shtml。

2 IC 咖啡由集成电路领域的专业人士共同发起成立。

传媒梦工场

传媒梦工场 [1] 是一个全方位的创业平台,旨在培育传媒领域创新人才和新一代高科技企业,是致力于早期阶段投资,并提供全方位创业培育的投资机构。

传媒梦工场的创业服务体系为：通过资本运作及传媒运营资源的投入,为早期创业者提供资金、商业、技术、市场、人力、法律、培训等一揽子服务,专注孵化"以技术为手段、以内容为优势,并将二者结合,符合新型媒体创意环境"的产品和团队,帮助早期创业者快速成长。

传媒梦工场的运营模式及特点是：遴选有优秀创意、具有良好市场前景的新媒体项目及创业团队,形成新媒体创业生态区,为其提供发展所需的相关资金、资质、资源及成熟管理,帮助其成长。创业项目孵化成功后,集团控制的上市公司有优先购买权。实行一公司一基金的孵化运作机制,所有资金和资源投入以股本形式进入公司,传媒梦工场的战略合作伙伴将跟投并提供其资源。

投资促进型众创空间
Investment Oriented Co-working Spaces

投资促进型孵化器,以资本为核心和纽带,聚集种子投资、天使投资、风险投资等投资机构,并依托其平台吸引汇集优质创业项目,主要为创业企业提供融资服务,解决资金问题,并帮助企业对接配套资源,从而提升创业成功率。

创新工场

创新工场 [2] 是一家为早期创业者提供全方位创业服务的投资机构,不仅提供创业所需的资金,还针对早期创业所需要的商业、技术、产品、市场、人力、法务、财务等提供一揽子创业服务,旨在帮助早期阶段的创业公司顺利启动和快速成长。

创新工场的创业服务体系为：创新工场与创业团队全方位合作、共同研发、

1　传媒梦工场由浙江日报报业集团于 2011 年 10 月 31 日创办。
2　创新工场由李开复创办于 2009 年 9 月,是一个全方位的创业和投资孵化平台。

推广产品。包括：（1）人力资源。多渠道招聘、高端人才猎头、人才数据库、专业薪酬调研、领导力培训。（2）法律架构。公司架构搭建、融资法务咨询、商务法律咨询、合规运营建议、法务培训／指导。（3）财务管理。资金／账务管理、税务筹划、投融资财务支持、提供外部相关资源、财务培训／指导。（4）技术架构。系统架构、技术产品选型、解决方案推荐、软件工程、技术人员培训。（5）用户体验。UI策略指导、基于UI的产品创新、UI咨询和培训、UI人才招聘与培养、UI社区交流。（6）市场／公关。市场战略咨询、品牌传播指导、资源拓展整合、媒体关系、创业系列讲座。

创新工场的盈利模式及特点是：通过搭建融资平台，提供投融资对接服务，提高创业者、创业团队成功率的同时，分享其成长红利。

乐邦乐成

乐邦乐成[1]专注于为移动互联、文化创意、创业服务、生物医药等新兴智力密集型产业提供创业服务、天使投资。

乐邦乐成的创业服务体系包括：（1）办公空间。对有投资意向的团队免费提供办公空间，是创业者投资人的集聚交流空间。（2）投资人坐班。筛选BP，为创业者预约合适的投资人，在每周四下午"投资人坐班"进行面对面交流。（3）创业沙龙。举办创业交流活动，帮助创业者互助实践成长。（4）创业讲堂。由乐邦乐成邀请金融投资专家、行业管理专家、法律政策专家等，提供导向性、专业性、启发性的讲座式培训和互动交流。（5）增值服务。税务筹划、融资及改制挂牌、战略咨询、市场推广及渠道、人力资源支持。（6）综合支持。财务支持、知识产权支持、法律代理支持。

乐邦乐成的运营模式及特点是：投资方向为移动互联网、文化创意、智能硬件及装备，投资团队具有清华、北科、中科院10年创业投资孵化背景。

1　2009年，乐邦乐成成立，2013年11月29日设立孵化器公司（北京乐邦乐成科技孵化器有限公司）。

光谷创业咖啡

光谷创业咖啡[1]定位于为创业者和投资者构建"交流平台 + 创新孵化器 + 创业培训 + 天使投资"的服务体系。

光谷创业咖啡的创业服务体系包括：（1）青桐汇。承办主题型、区域型青桐汇，协办光谷·青桐汇。（2）青桐学院。光谷创业咖啡是"青桐学院"教学点之一。（3）青桐计划。微路演走进高校。（4）基础服务。交流、办公场地、物业服务、咨询服务。（5）培训服务。创业导师、创业培训、创新创业学院。（6）中介服务。工商注册、财务代理、人才招聘、项目申报、优惠政策办理。（7）融资服务。项目路演、投资人对接、股权对接。

光谷创业咖啡的盈利模式及特点是：公司通过收取办公空间租金，通过青桐学院教学获得盈利，通过咨询服务、培训服务、中介服务、融资服务获得盈利。

起点创业营

起点创业营[2]是一家聚焦于早期高科技和创新型创业企业的投资孵化机构，致力于发现、扶持和培养优秀的初创团队，并通过持续有效的创业培训和服务，催生出更多优秀的创业者及优质创业企业。起点创业投资基金专注于早期的创业投资，投资领域包括无线互联网、新媒体（TMT）、健康服务及环保科技等领域，并以种子期和 A 轮投资为主。

起点创业营的创业服务体系包括：（1）办公空间及配套设施。会议室、办公设备、培训设施、集中办公区，以及财会、行政、HR 等公共服务。（2）创业培训体系。定期创业培训辅导；投资经理定期帮助创业团队打磨商业模式；创业公开课，邀请风险投资机构、成功创业者、创业导师、企业家等提供公益创业培训（包括创业思维培养及实战技能培训）。（3）互动交流平台。定期举办主题创业论坛和创业讲座；定期举办项目路演及创业活动，给创业者与天使投资人和风险投资提供接

1　光谷创业咖啡成立于 2013 年，由雷军和李儒雄共同成立武汉光谷咖啡创投有限公司。
2　起点创业营由查立先生创办于 2011 年 12 月。

触平台。（4）创业军营。预备役计划,适于有清晰商业点子或基本演示的初创团队。（5）创业预备役计划。专门面向 2～4 人（含）初创团队而设计的创业计划。

起点创业营的盈利模式及特点是：通过投资基金入股投资，获得成长红利；通过创业培训等各种增值服务获得盈利。计划将天使投资的孵化模式向其他区域扩展，建立创业者、创业团队的早期孵化及投资网络，但在扩展过程中，需根据各区域独特性调整其"天使投资 + 创业孵化"的模式，以适应当地创业环境。

融创空间

融创空间[1]是集众创空间、文化科技企业孵化器为一体的新型创新创业孵化园区，以众筹模式发挥创新创业资源集聚效应，构建开放式创业生态体系。

融创空间的创业服务体系是：为中小微企业提供创新创业服务，包括开放式办公空间、社交网络、互动交流平台、创新资源共享平台、科技产品体验及成果展览，及基础商务服务，集移动办公、咨询服务、金融服务、工商注册、创业培训、投资路演、成果交易、科技体验、新品发布、商务洽谈、公共会议室、政策解读、产品加工等多层次综合服务于一体，目的是打造贯穿中小企业生命周期的四级梯度孵化体系。

融创空间的运营模式及特点是：实现创新与创业、线上与线下、孵化与投资相结合，以文化科技为主题的创业孵化服务平台；服务重点在产品市场推广阶段；投资基金重点支持文化科技、智能制造、科技服务业等领域；与京东集团的产品及股权众筹、科技金融、创业企业孵化业务形成互补态势，为中小微企业和个人创业跨越成长障碍、提升核心竞争力提供支撑。

飞马旅

飞马旅[2]是中国首家创业项目专业管理支持机构，是一个由飞马旅创业项目服

---

1 "融创动力科技文化创意产业园"是在北京市科学技术委员会、朝阳区科学技术委员会的支持下，由北京生产力促进中心、融创动力（北京）科技孵化器有限公司等机构共同发起建设。
2 飞马旅成立于 2014 年 5 月 6 号，由袁岳博士担任飞马旅首任 CEO。

务机构、飞马天使基金、飞马投资基金联盟、飞马国际君子会结合形成的创新型创业服务公司。飞马旅每年计划招收 50 个创业企业加入，其中 20 个是处在发展快车道前夜的"飞马之星"，其余 30 个是富有成长潜质的"飞马之驹"。

飞马旅的创业服务体系包括：（1）咨询服务。创业团队管理基础诊断、战略梳理与管理系统规划化咨询。（2）行业市场研究及营销传播支持。关键市场的基础研究，关键营销模式与产品研发设计与品类管理策略的优化，品牌传播策略框架、核心公关策略与关键媒体传播支持。（3）人力资源服务。创业团队人力资源发展规划梳理与关键人才配置支持。（4）资源及第三方机构支持。社会与政府关系支持、园区与政策资源整合支持、飞马旅创始人与支持者资源支持，进行资源整合；提供创业团队与投资机构对接、优化谈判、合作平台。（5）提供飞马旅现有推广平台及对外合作机制。

飞马旅的运营模式及特点：通过以微股份 1%（飞马之星）、2%～4%（飞马之驹）置换提供给创业团队的孵化服务，获得成长红利。

苏河汇

苏河汇[1]是一家天使投资机构，专注于互联网／移动互联网等 TMT 领域的早期投资，2016 年上市。一年投资两次（3 月和 9 月），每次投资 20 支创业团队，为每支团队提供 50 万的种子投资（换取 10% 股份），并邀请参加为期 6 个月的育成计划。6 个月后，对优秀的创业团队追加数百万投资。

苏河汇的创业服务体系包括:（1）孵化服务。办公空间、培训活动、财务中心、技术中心、媒体中心、创业教练、知识产权、人力资源、上市辅导。（2）业务支撑。基金募集和管理、跨地域载体、自研客户关系管理和办公自动化系统。（3）苏学堂。吸纳优秀创业者、创业团队,进行深度创业孵化服务,并进行创业培训。（4）苏河投。举办路演等创投活动，进行种子直投、天使合投、产业投资、资本运作。（5）苏河说。每周 Family Night，提供互动交流平台。

1　苏河汇（上海激创投资管理股份有限公司）成立于 2012 年 6 月。

苏河汇的运营模式及特点是：通过种子直投和"天使领投 + 合投"的模式，帮助创业团队快速获得资金支持。种子直投用于创业企业快速打造产品并推向市场，当产品和服务经过市场验证后，苏河汇通过合投模式，帮助创业企业完成天使轮融资。[1]

东方嘉诚

东方嘉诚[2]围绕创业者、创业团队的全生命周期提供孵化服务。根据中小企业的发展需求特点，搭建集政府补贴咨询及材料受理、银行金融组合产品、股权组合产品、债券融资、融资租赁、短期资金融通、信用服务、基础代办服务、创业培训等多种服务为一体的综合中小企业服务体系。

东方嘉诚的创业服务体系包括：（1）办公空间。服务式办公区、高新认证、行政秘书、洽谈室、会议室等。（2）创业培训辅导。学历教育培训、市场营销及渠道建设等。（3）投融资对接服务。种子、天使、风险投资；与银行等金融机构合作；对投融资机构进行信用评级、新三板上市等服务。（4）资源对接服务。创业沙龙、创业俱乐部。（5）其他增值服务。人力资源、工商注册、记账审计评估；政策、法律、财务、税务咨询；专业技术支持、产业研究规划等。[3]

东方嘉诚的运营模式及特点是：东方嘉诚围绕创业者在不同成长阶段的不同需求，打造"空间 + 资本 + 服务"的完整创业链。通过股权投资分享创业企业的成长红利，及通过增值服务收取佣金。

创客总部

创客总部[4]以"靠谱协同创业圈"为理念，搭建技术科研人员、创业者、创业

1　苏河汇 CEO 罗钥所言。
2　2012 年 4 月 5 日东方嘉诚成立。
3　《老厂房迸发新活力 记 C92 东方嘉诚文化创意产业园》,《天津日报》, 2015 年 9 月 10 日。
4　成立于 2013 年 12 月，是由北大校友、联想之星创业联盟成员企业共同发起的移动互联网和互联网金融孵化器，皆在为创业团队提供办公场地、业务对接和天使投资等专业化的产业链服务。

团队、企业、风险投资机构、行业上下游机构的合作交流平台。采用"业务对接 + 组合投资"模式，提供办公场地、业务对接和天使投资等。线上线下服务相结合，关注人工智能、互联网教育、消费升级新材料、生物医学等领域。

创客总部的创业服务体系包括：（1）组合投资支持。种子基金直接投资、免费对接下一轮投资、免费对接银行贷款、新四板推荐上市。（2）实战创业指导。辅助打磨产品及团队、市场推广、投资问道、创客私董会、创客沙龙、创客乐活、主题聚餐、老虎大讲堂、BP 打磨营、鲲鹏计划、创业导师指导和支持。（3）产业资源对接。推荐合作伙伴、产业资源共享、资源谈判、协同优价、政府政策解读申请、校友协同创业合作。（4）日常运营支持。工商注册、财税法务、人力资源、知识产权、IT 服务、媒体营销等各项支持。（5）多元办公空间。开放式办公工位、会议室、公共服务区。

创客总部的盈利模式及特点是：初期只收取办公工位租金与基础服务佣金；后定位于股权投资，分享其成长红利，并通过产业链增值服务盈利。

启迪之星

启迪之星 [1] 培育计划由清华科技园启迪控股发起，面向全球征集"拥有领先的行业创新技术或基于技术的商业模式"的创业项目，立足于筛选拥有优秀商业模式和进取创业精神的优秀创业者，通过"孵化服务 + 创业培训 + 天使投资 + 开放平台"等公益性创业培训与天使投资计划，培育优质企业。

启迪之星的创业服务体系包括：（1）孵化服务。立足清华科技园对科技创业服务的经验，对创业企业提供全方位服务解决方案。（2）天使投资。为创业企业提供专业的投资服务，管理和参与启迪之星的孵化基金、华清策源课程基金、启迪创源领基金、区域基金等。（3）创业培训。依托清华大学、启迪控股资源为创业者提供导师匹配、创业课程、创业沙龙等培训课程。（4）开放平台。整合启迪控股内、外部资源，为创业者提供持续和全方位的开放式科技创业平台。

1　"启迪之星"培育计划是由清华科技园启迪控股发起。

启迪之星的运营模式及特点是：依托清华大学的产业及技术背景，综合整合创新资源。针对不同行业、方向的创业者、创业团队，设立垂直孵化器（如移动互联网、节能环保行业），提供孵化服务。

综合平台型众创空间
Integrated Platform Oriented Co-working Spaces

向创业企业提供线上线下相结合，包括媒体宣传、行业资讯、信息交互、互动合作、投融资对接、与第三方机构等资源对接在内的综合性创业孵化服务。

36氪

36氪[1]有备受投资机构关注的高效互联网融资平台，专注于互联网创业项目孵化的氪空间 Kr Space，是中国首创的"不收费、不占股、全球资本、平台服务"的新型孵化器。同时，36氪的科技媒体，是最前沿科技资讯的平台，以及互联网创业者寻求报道、接洽资本的必选入口。媒体、36氪融资（氪加）和氪空间三条产品线，构成36氪专注互联网创业的生态圈模式。

36氪的创业服务体系包括：（1）36氪融资。为创业者展示项目，吸引融资的平台，筛选并匹配优秀专业的投资机构和投资人，36氪融资团队由资深媒体记者、产品技术开发团队、专业财务顾问、数据人才组成。（2）氪空间。专注于创业项目的线下孵化器，提供办公空间、会议室、社群资源对接等基础服务，对创业者、创业团队不进行任何收费，不需要出让股份，并对优质团队提供一对一深度指导。（3）36氪主站。科技媒体。（4）36氪的各种线下活动。36氪开放日、WISE 互联网创业者大会、WISE Talk 主题沙龙、创业者酒会、氪空间路演日 Space Day、氪空间毕业礼。

36氪的盈利模式及特点是：收取创业者、创业团队与种子、天使、风险投资

---

1 36氪是北京协力筑成金融信息服务有限公司旗下网站，专注互联网创业。2010 年 12 月 8 日，36氪作为科技媒体正式上线，其名字源于元素周期表的第 36 号元素"氪"，化学符号为 Kr，一个稳定、独立，不易与其他物质发生化学作用的元素。

对接成功的佣金。36 氪是创业者、创业团队与种子、天使、风险投资双方的融资桥梁。

创业邦

创业邦 [1] 创业服务平台是为创业者提供创业资讯，包括传媒互动、创业孵化、投融资对接服务、创业辅导培训、创新产品演示、加速孵化等以创业投资为主，投资相关产业链增值孵化服务为辅的孵化平台。

创业邦的创业服务体系包括：（1）创业者及创业团队服务平台。包括创业邦网站、创业邦杂志、创业邦 APP、创业邦微信公众号等创业邦传媒；创新空间 DEMO Space，为创业者提供办公空间及加速孵化服务；创业邦成长营 Bang Camp、创业学院、创业邦公开课 Bang Class，通过大型创业集中孵化和培训、导师一对一辅导，向创业者、创业团队提供团队组建、产品开发、运营推广等创业孵化服务，及为更多创业者提供创业经验的互动交流合作平台。（2）创新服务平台。包括创新中国 DEMO China，进行创新产品及商业模式展示；互联网创新产品展示服务 DEMO8.com。（3）投资服务平台。包括创业邦天使基金，同时拥有美元与人民币基金，专注于早期高科技领域。创业邦融资服务，专注于早期创业者融资。

创业邦的盈利模式及特点是：通过门户网站流量、创业邦杂志等创业孵化服务获得盈利；通过股权投资，获得成长型红利。

i 黑马

i 黑马 [2] 是面向可资本化创业项目的创新型综合服务平台，是《创业家》杂志旗下黑马事业的线上平台。黑马事业除 i 黑马外，包括创业黑马大赛、创业商学

1　创业邦是清科（北京）信息科技有限公司旗下网站。成立于 2007 年 1 月，由美国国际数据集团（IDG）和清科集团共同投资设立，是中国创业者的社区和自媒体平台，并成为美国 *Entrepreneur* 杂志的中国独家授权合作伙伴。2012 年创业邦推出创业邦网站、《创业邦》杂志和各种创业类的活动。
2　i 黑马是《创业家》杂志社旗下"黑马事业"的重要组成部分，也是"黑马事业"的线上平台，2012 年 2 月 6 日，i 黑马网站上线。

院黑马营、创业者组织黑马会、创业投资基金黑马基金、多家投资合作伙伴黑马投资联盟。i黑马是黑马基金及黑马投资联盟官方项目对接网站。

i黑马的创业服务体系包括：（1）黑马大赛是创新型成长企业投融资选拔赛，也是创业企业的成长平台、展示平台和交易平台。（2）黑马营是服务于成长型企业创始人群体的专业机构，为创业者提供学习、融资、交流合作、咨询等平台。（3）黑马会是成长性公司创始人的合作体，以培训、分享、交流、互助、交换资源为特色，形成创业者共同学习、分享经验、资源对接的创新创业商圈，提高创业成功率。（4）黑马基金、黑马投资联盟，为黑马大赛获胜创业者、创业团队，及i黑马官网优质项目提供投融资服务。

i黑马的盈利模式及特点包括:（1）会员费或学费。黑马会收取每个会员会费；黑马营向每位学员收取学费。（2）平台服务费用。i黑马流量收益，及向投资成功的风险投资机构收取中介费。（3）广告收入模式。收取在i黑马网站投放广告费用，及《创业家》杂志通过发行和广告盈利。

导师辅导型众创空间
Coaching Oriented Co-working Spaces

针对创业者、创业团队创业过程中可能面临的团队建设、商业模式定位、商业计划书编写等困难，提供创业辅导及培训服务，提升创业者、创业团队的综合能力，导师可以包括知名企业家、风险投资专家、行业领域专家等。

联想之星

作为联想控股的早期投资和孵化板块,联想之星 [1] 为创业者提供"天使投资＋深度孵化"的特色服务。探索适合高科技成果产业化的机制，树立并传播科技成果产业化和科技创业的理念，发现并培养优秀科技创业人才，为早期科技创业企

---

1 联想之星由中国科学院和联想控股股份有限公司于2008年共同发起，通过免费创业培训、天使投资、创业联盟等扶持手段，发现和培养科技创业领军人才，孵化科技创业企业，推动科技成果产业化。

业提供天使资金，解决科技企业所面临的人才、资金、资源等困难。

联想之星的创业服务体系包括：（1）天使投资。投资于 TMT、医疗健康两大领域，积极布局人工智能、智能机器、互联网改造传统产业、生物技术、医疗器械等前沿领域。（2）创业培训。管理和运营"创业 CEO 特训班"，免费为广大创业者提供专业实战的创业培训，包括为创业者深度定制课程，实战派企业家亲身授课，专职辅导员全程关注。（3）增值服务。高管招募、产业加速器等。（4）开放平台。对接各类人脉及社会网络资源。

联想之星的运营模式及特点是：联想之星培训班融合科学院和联想的优势和资源网络，有创新优势的创业者、创业团队的培养理念与培养模式。

亚杰商会 AAMA

摇篮计划是亚杰商会[1]推动中国青年创业家成长与进步的一个公益项目，旨在更好地联合硅谷、北京、台北三地优秀创业者。亚杰商会以公益发展为理念，每年邀请 10 位科技、商业、投资金融界精英人士担任导师，甄选 20 位潜力创业家学员，帮助创业家成长。通过亚杰天使基金[2]提供投融资服务，通过亚杰俱乐部[3]促进创业家深度紧密联系、交流和合作，亚杰俱乐部是由导师和创业家学员共同发起创建的会员制俱乐部。

摇篮计划的创业服务体系为：提供整合性的创业投融资对接、项目路演、导师辅导培训、创业家交流互动社交网络平台等创业孵化服务。

摇篮计划的盈利模式及特点是：亚杰商会为非营利性机构，摇篮计划为非商业项目，不附带任何营利目的。

1　亚美高科技商会（Asia America Multi-technology Association），起源于美国，经过 30 多年的成功运作，成为美国商界最具影响力的亚裔科技商业协会之一。亚杰商会于 2004 年 12 月在北京正式成立，是由一批具有丰富经验和资源的成功企业家、投资银行家、管理咨询专家发起成立的。
2　2012 年 8 月，亚杰天使基金正式成立，该基金属于公益基金。
3　亚杰汇俱乐部于 2014 年 11 月 7 日正式开业。

北大创业训练营

北大创业训练营[1]是北大校友会发起的全公益开放教育平台,通过实战与行业理论相结合的创业培训、全链条的创业孵化,为创业者提供理论、技术、资金、场所等全方位的服务与支持,提出"创业教育、创业研究、创业孵化、创投基金"综合扶持创业的理念。

北大创业训练营的创业服务体系包括:(1)采用集中模块化授课方式,建立创业训练营,邀请北大知名教授、企业家导师、专家导师、创业家校友全程讲授,每期针对50~70位优秀创业者免费授课,从经典理论、实战案例、管理经验、法务咨询、投融资服务等各个维度提供创业孵化课程,全流程综合扶持帮助创业者解决创业问题。(2)引入天使创业投资基金,针对北大科技成果、优秀校友创业、海外科技转换项目,提供投融资孵化服务。(3)结业者将成为北京大学创业营校友会成员,纳入北大校友数据库,建立后续扶持、关注机制。

融资平台对接型众创空间
Financing Oriented Co-working Spaces

这类孵化器是利用互联网和移动互联网,专注于为创业者、创业团队进行全方位、一条龙式的融资全过程辅导及融资对接服务,使初创企业在快捷、方便中得到投融资的新型孵化器。

天使汇

天使汇[2]是连接创业者、创业团队与风险投资基金的互联网融资平台,性质属于众筹规则平台。

天使汇的创业服务体系包括:(1)全免费挂牌。创业者可向投资人展示自己的项目;项目专属页面,有助于建立行业信任度和专业度,吸引人才和用户;对

---

1 2012年6月,北京大学校友会联合校内相关单位共同发起"北京大学创新创业扶持计划"。
2 天使汇于2011年11月11日正式上线。

创业者进行融资培训，帮助创业者找到适合的投资人；隐私状态，可自主定义信息披露的范围；有高创业者友好度的标准投资协议。（2）快速合投。自主分配额度，随时随地快速融资，包括资本和资源。天使汇首页可展示机会和列表页置顶，通过持续媒体报道营造融资势头。收取佣金，融资额的2%；超募200%，佣金全免。（3）私募发行。一对一创业顾问指导，路演中心参加私密闪投，大屏幕挂牌敲钟全过程直播；协助尽职调查，快速完成融资，线上工商注册、股权变更等。不收取佣金，通过天使汇平台投融资对接成功后，天使汇财务顾问公司收取创业者、创业团队1%股权。

　　天使汇的盈利模式及特点是：通过项目融资后的佣金或者项目融资后股权获得成长红利。包括：（1）线上注册公司，快速方便。（2）融资渠道便捷，且创业大屏幕利于融资宣传。（3）融资成功创业项目，可以获得 tech2ipo.com 科技媒体宣传推广、专项报道。

创投圈

　　创投圈[1]是专注于为早期创业者和天使投资人服务的股权投融资平台。它有专业投资团队，对项目质量严格把控，不断更新优质项目库，更有清晰的流程设计，使合投规范、高效。

　　创投圈的创业服务体系包括：（1）商业方案提交。创投圈为创业者提供商业方案模板，帮助创业者生成专业的商业方案，并且能够一键将方案发给投资人。（2）项目交流。创业者可以在创投圈建立并宣传自己的创业项目，同时，创业者可进行互动，对线上项目进行点评，使项目更加完善。（3）项目推荐。创投圈经过严格的审核，通过多种推荐模式，会把优质项目推荐给合适的投资人，使投资人得到全面的项目推荐信息；投资人寻找感兴趣、适合自己的投资项目，同时有方案管理系统帮助投资人进行项目管理；站内投资人之间可以相互推荐项目，进行合

1　创投圈成立于 2011 年 6 月，是徐小平、李开复、雷军、曾李青、何伯权、包凡、蔡文胜、季琦等国内知名天使和创新工场共同投资的互联网股权融资平台。

作、跟投。（4）微博互动。站内微博系统和新浪微博连接，创业者可以一键发送至新浪微博创建话题，探讨业界资讯、讨论热点事件、发布招聘信息。（5）线下活动。站内项目有机会参加创投圈举办的线下活动。旨在帮助创业者增加和业内专业人士、投资人交流的机会。

　　创投圈的盈利模式及特点是：主要通过获得投融资对接成功的佣金的方式盈利。自有拓扑基金进行投资，和参与众筹的投资人共担风险。

参考文献
Reference

英文著作：

Martin Lawrence Weitzman. *Sharing Economy*. Harvard University Press, 1990.

Yochai Benkler. *The Wealth of Networks*. Yale Universty of Press, 2002.

Alex Stephany. *The Business of Sharing: Making it in the New Sharing Economy*. Palgrave Macmillan, 2015.

Böckmann M.. *The Shared Economy: It is Time to Start Caring About Sharing; Value Creating Factors in the Shared Economy*. University of Twente, 2013.

Steve Blnak, Bob Dorf. *Startup Owner's Manual: How to 'Get' Customers*. K&S Ranch. Incorporated, 2012.

Alvin E. Roth. *Who Gets What and Why: The New Economics of Matchmaking and Market Design*. Houghton Mifflin Harcourt Publishing, 2015.

Rustam Lalkaka,Jack Bishop. *Business Incubator in Economic Development : All*

Initial Assessment in Industrializing Countries. New York: UNDP, 1996.

Gallou J. F.. *Innovation in the Service: Economy the New Wealth of Nations.* Edward Elgar Publishing. Inc, 2002.

Culp R. P.. *A Test of Business Growth Through Analysis of a Technology Incubator Program, Unpublished Issertation.* Georgia Insitute of Technology. 1996.

Aldrich H. E.. *Organizations Evolving.* SAGE Publications Inc., 1999.

Geels F. W.. *Technological Transitions and System Innovations: A Co-Evolutionary and Social-technical Analysis.* Edward Elgar Publishing Limited, 2005.

NBIA. *The State of the Business Incubation Industry 1991.* Athens, OH: National Business Incubation Association, 1992.

Eliza Evans, PHD. *The Austin Model: Linking Capital to Innovation.* The University of Texas at Austin, 2004.

Hans Rijckenberg Msc. *High Tech-Industry Venture Capital and Governmental Frameworks.* IC2 Institute. Austin TX, 2004.

OECD. *Technology Incubators: Background Report.* Working Group on Innovation and Technology Policy, 1997. 1—26.

Adkins D.. *A Brief History of Business Incubation in the United States.* Athens, Ohio: NBIA Publications, 2002.

Monlar L.. *Business in Incubation Works: The Result of the Impact of Incubator Investments Study..* National Business Incubator Association, 1997.

Finkle J. A.. *Incubator Resource Kit.* National Council for Urban Economic Development, 1988.

Smilor Raymond, Gill Jr. Michael. *The New Business Incubator: Linking Talent, Technology and Know-How.* Lexington, MA: Lexington Books, 1986.

Louis G. Tornatzky, Paul G. Waugaman, Dems O. Gray. *Innovation U: New University Roles in A Knowledge Economy.* A Southern Policies Growth Board Report. Research Triangle Park, NC, 2002.

Porter M. E. , Emmons, W.. *Institutions for Collaboration, Overview.* Harvard

Business On-Line, 2003.

Smilor R., Gill, M.. *The New Business Incubator.* Lexington, MA: D.C. Health and Co., 1986.

Raymond W. Smilor, Michael Doud Gill, Jr.. *The New Business Incubation.* D.C.Heath and Company, 1986.

Chris Freeman, Luc Soete. *The Economics of Industrial Innovation.* The MIT Press, 1997.

Mark Dodgson, Roy Rothwell（eds）. *The Handbook of Industrial Innovation.* Edward Elgar, 1994.

Roberto Camagni（ed）. *Innovation Networks: Spatial Perspective.* Belhaven Press, 1991.

Lichtenstein Greg. *The Significance of Relationships in Entrepreneurship Development: A Case Study of the Ecology of Enterprise in Two Business Incubators.* National Business Incubation Association, 1992.

NBIA. *The Evaluation of Business Incubation: Projects.* National Business Incubation Association, 1993.

英文论文：

Marcus Felson, Joe L.Spaeth. *Community Structure and Collaborative Consumption : A Routine Activity Approach.* American Behavioral Scientist, Mar. 1978, 21（4）: 614—624.

Bart Van Ark. *The Productivity Problem of the Dutch Economy: Implications for Economic and Social Policies and Business Strategy.* University of Groningen and The Conference Board, Sep., 2003.

Lalkaka, R.. *Businesses Incubator as A Means to Small Enterprise Creation and Growth.* International Small Business Congress, 1994.

Lalkaka R., Shaffer D.. *1999 Nurtming Entrepreneurs, Creating Enterprises: Technology Business Incubation in Brazil.* International Conference on Effective Business Development Services, 1999.

Glad, Tatiana. Citizen Entrepreneurship: Creating Space for A More Collaborative economy. Organization for Economic Cooperation and Development. *The OECD Observer*, Jun. 2015 : 83.

Susan Fournier, Giana Eckhardt, Fleura Bardhi. Learning to Play in the New "Share Economy". *Harvard Business Review*, Jul/Aug 2013.

Tomio Geron. Airbnb and the Unstoppable Rise of the Share Economy. *Forbes*, Feb. 11, 2013 : 1.

Rishab Aiyer Ghosh. CODE : Collaborative Ownership and the Digital Economy. *Programming*, 2005, 47（13）: 1854—1855.

F. Bardhi，G. M. Eckhardt. Access-Based Consumption: The Case of Car Sharing. *Journal of Consumer Research,* December 2012.

Roy Rothwell, Mark Dodgson. Innovation and Size of Firms. *The Handbook of Industrial Innovation*, 1994 : 311—312.

Boon, S.D. and Holmes, J.G.. The Dynamics of Interpersonal Trust: Resolving Uncertainty in the Face of Risk, in Robert A. Hinde, Jo Groebel（eds.）. *Cooperation and Personal Behavior, New York: Cambridge University*, 1985 : 190—211.

Cannon S., Summers L.H.. How Uber and the Sharing Economy Can Win Over Regulators. *Harvard Business Review,* Oct. 13, 2014.

Eckhardt G. M., Bardhi F.. The Sharing Economy Isn't About Sharing at All. *Harvard Business Review*, Jan. 28, 2015.

Hamari, J., Sjöklint, M., Ukkonen, A.. The Sharing Economy: Why People Participate in Collaborative Consumption. *Journal of the Association for Information Science and Technology*, 2015, 2—13.

Lane, C. and Bachmann, R.. The Social Constitution of Trust: Supplier Relations in Britain and Germany. *Organization Studies*, 1996, 17（3）: 365—395.

McKnight, D. H., Cummings, L.L., Chervany, N. L.. Initial Trust Formation in New Organizational Relationships. *Academy of Management Review*, 1998, 23（3）: 472—490.

R. Rodrigues, P. Druschel. Peer-to-Peer Systems. *Communications of the ACM*, 2010, 53（10）: 72—82.

L. Zucker. Production of Trust: Institutional Sources of Economic Structure, 1840—1920. *Research in Organizational Behavior*, 1986, 8（1）: 53—111.

Julian Webb. Conditions for a Successful Incubator in the New Century. *APEC Incubator Forum Chinese Taipei*, 2003, 26（2）: 25—34.

Athens. The state of business Incubator Industry. *National Business Incubator Association*, 1998 : 11—15.

Birley S. The Role of Networks in the Entrepreneurial Process. *Journal of Business Venturing*, 1985, 1（1）: 107—117.

Hansen. Networked Incubators. *Harvard Business review*, 2000（5）: 74—84.

Rustam Lalkaka. Technology and Incubators for Promoting Enterprises in Developing Countries, Indonesia Incubator Program. *Workshops for Sponsors,Managers and Entrepreneurs*, 1998, 45（4）: 15—23.

Barras, R.. Towards A Theory of Innovation in Services. *Research Policy*, 1986(15): 161—173.

Allen, D., Rahman, S.. Small Business Incubators: Positive Environment for Entrepreneurship. *Journal of Small Business Management*, 1985, 23（3）: 12—22.

Allen D. N, R. McCluskey. Structure, Policy, Services, and Performance in the Business Incubator Industry. *A Entrepreneurship Theory and Practice*, 1990,15（2）: 61—77.

Sean M. Hackett, David M. Dilts. A Systematic Review of Business Incubation Reaearch. *Journal of Technology Transfer*, 2004, 29（1）: 55—82.

Aemoudt, Incubators: Tool for Entrepreneur?. *Small Business Economics*, 2004, 23: 127—135.

Aerts K., Matthyssens E., Vandenbempt K.. Critical Role and Screening Practices of European Business Incubators. *Technovation*, 2007, 27: 254—267.

J. L. Barbero, J. Casillas, A. Ramos, Revisiting Incubation Performance How Incubator Typology Affects Results. *Technological Forecasting and Social Change,* 2012,

79: 888—902.

Berkhout E.. Technological Regimes, Path Dependency and the Environment. *Global Environmental Change*, 2002, 12: 1—4.

Berkhout E.. Asian Development Pathways And Sustainable Socio-Technical Regimes. *Technological Forecasting & Social Change*, 2009, 76: 218—228.

Y. J. Bian. Bring Strong Ties Back in: Indirect Ties, Network Bridge and Job Searches in China. *American Sociology Review*, 1997, 62: 366—385.

A. Bollingtoft. The Bottom-Up Business Incubator: Leverage to Networking and Cooperation Practices in a Self-generated, Entrepreneurial-enabled Environment. *Technovation*. 2012, 32: 304—315.

J. Bruneel, T. Ratinho, B. Clarysse. The Evolution of Business Incubators: Comparing Demand and Supply of Business Incubation Services Across Different Incubator Generations. *Technovation*. 2012, 32: 110—121.

M. Caniels, H. Romijn. Actor Networks in Strategic Niche Management: Insights From Social Network Theory. *Futures*. 2008, 40: 613—629.

M. Colombo, M. Delmastro. How Effective are Technology Incubators? Evidence From Italy. *Research Policy*. 2002, 31: 1103—1122.

F. W. Geels, R. Kemp. Dynamics in Social-Technical System: Typology of Change Processes And Contrasting Case Studies. *Technology in Society*, 2007, 29: 441—455.

F. W. Geels, J. Schot. Typology of Socio-technical Transition Pathways. *Research Policy*, 2007, 36: 399—417.

F. W. Geels. Processes and Patterns in Transitions and System Innovation: Refining the Co. Evolutionary Multi-level Perspective. *Technological Forecasting & Social Change*, 2005, 72 : 681—696.

F. W. Geels. Technological Transition as Evolutionary Reconfiguration Processes: A Multi-level Perspective and a Case-study. *Research Policy*, 2002, 31: 1257—1274.

Grimaldi, Grandi A.. Business Incubators and Now Venture Creation: An Assessment of Incubating Models. *Technovation*. 2005, 25: 111—121.

S. M. Hackctt, D. M. Dilts. A Real Options-Driven Theory of Business Incubation. *Journal of Technology Transfer*, 2004a, 29: 55—82.

P.D. Hannon. Incubation Policy and Practice: Building Practitioner and Professional Capability. *Journal of Small Business and Enterprise Development*, 2005, 12: 57—75.

Hamen M.T., Chesbrough H.W., Nohria N.. Networked Incubators: Hothouses of the New Economy. *Harvard Business Review*, 2000, 78: 74—84.

Hu A.. Technology Parks and Regional Economic Growth in China. *Research Policy*, 2007, 36: 76—87.

Sarfra A. Mian. Assessing Value-Added Contributions of University Technology Business Incubators to Tenant Firm. *Research Policy*, 1996, 25: 325—335.

Pefia I.. Business Incubation Centers and New Firm Growth in the Basque country. *Small Business Economics*, 2004, 22: 223—236.

Phan P. H., Siegel D. S., wright M.. Science Parks and Incubators: Observations, Synthesis and Future Research. *Journal of Business Venturing*, 2005, 20: 165—182.

T. Ratinho, Henriques E.. The Role of Science Parks and Business Incubators in Converging Countries: Evidence From Portugal. *Technovation*, 2010, 30: 278—290.

F. T. Rothaermel, Thursby M.. Incubator Firm Failure or Graduation? The Role of University Linkages. *Research Policy*, 2005a, 34: 1076—1090.

F. T. Rothaermel, Thursby M.. University-incubator Firm Knowledge Flows: Assessing Their Impact on Incubation Firm Performance. *Research Policy*, 2005b, 34: 305—320.

J. W. Schot. The Usefulness of Evolutionary Models for Explaining Innovation. *History of Technology: An International Journal*, 1998, 14（3）:173—200.

M. Schwartz, C. Hornych. Cooperation Patterns of Incubator Firms and the Impact of Incubator Specialization: Empirical Evidence From Germany. *Technovation*, 2010, 30: 485—495.

J. L. Scillitoe, A. K. Chakrabarti. The Role of Incubator Interactions in Assisting new ventures. *Technovation*, 2010, 30: 155—167.

D. Siegel, E. Westhead, M. Wright. Assessing the Impact of University Science Parks on Research Productivity: Exploratory Firm-level Evidence From United Kingdom. *International journal of industrial organization*, 2003b, 21: 1357—1369.

D. Siegel, P. Westhead, M. Wright. Science Parks and the Performance of New Technology Based Firm: A Review of Recent UK Evidence and An Agenda for Future Research. *Small Business Economics*, 2003c , 20: 177—184.

Smith A., Stifling F., Berkhout F.. The Governance of Sustainable Socio-technical Transition. *Research Policy*, 2005, 34: 1491—1510.

Vanden Ende J., Kemp R.. Technological Transformations in History: How the Computer Regime Grew out of Existing Computing Regimes. *Research Policy*, 1999, 28: 833—851.

Westhead P., Storey D.. Links Between Higher Education Institutions and High Technology Firms. *Omega*, 1995, 23: 345—360.

Thomas O'Neal. Evolving A Successful University-based Incubator: Lessons Learned from the UCF Technology Incubator. *Engineering Management Journal*, 2005, 17（3）: 11—25.

Mohd Ghazali，Mohd Yuno. Building An Innovation-based Economy: the Malaysian Technology Business Incubator Experience. *Journal of Change Management*, 2002, 3（2）: 177—188.

David N. Allen, Mark L., Winbreg. State Investment in Business Incubators. *PAQ*, 1988（2）: 196—215.

Rustom Lalkaka. Technology Business Incubator to Help Build an Innovation-Based Economy. *Journal of change management*, 2002, 3（2）: 77—88.

Toterman, Henrik, Sten. Start-ups: Business Incubation and Social Capital. *International Small Business Journal*, 2005, 23（5）: 487—511.

Arnold C. Cooper. The Role of Incubator Organizations in the Founding of Growth-Oriented Firms. *Journal of Business Venturing*, 1985（1）: 75—86.

Sarfra A. Mian. Assessing and Managing the University Technology Business Incubator: An Integrative Framework. *Journal of Business Venturing*, 1997（12）: 251—285.

Sarfra A. Mian. Assessing Value-Added Contributions of University Technology Business Incubators to Tenant Firms. *Research Policy*, 1996（25）: 325—335.

K. F. Chan, Theresa Lau. Assessing Technology Incubator Programs in the Science Park: the Good, the Bad and the Ugly. *Technovation*, 2005（10）: 1215—1228.

Erkko Autio, Magnus Klofsten. A Comparative Study of Two European Business Incubators. *Journal of Small Business Management*, 1998（1）: 30.

D. Bruce Merrifield. New Business Incubators. *Journal of Business Venturing*, 1987（2）: 277—284.

Allen David, McCluskey Riehard. Streture, Policy, Services and Performance in the Business Incubator Industry. *Entrepreneurship Theory and Practice*, 1990（2）: 61—77.

Mian Sarfraz. An Assessment of University-sponsored Business Incubators in Supporting the Development of New Technology-based Firms. *NBIA Review*, 1993（3）: 7.

Mian Sarfraz. US. University-sponsored Technology Incubators: An Overview of Management Polices and Performance. *Technovation*, 1994（8）: 515—528.

R. Carroll. The Small Business Incubators as A Regional Economic Development Tool: Conceptand Practice. *The Northwest Journal of Business & Economics*. 1986, 12（2）: 24—43.

M. Hausen, Chesrough. H., N. Nohria, D. Sull. Networked Incubators. *Harvard Business review*, 2000, 78（5）: 74—84.

Richard Steffans. What the Incubators Have Hatched. *Planning*, 1992, 5（58）.

Colin H. Davidson, Pierre Goumain(ed). The Business and Industrial Incubator: A Tool for Local Development and Entrepreneurship, High-Technology Workplace-Integrating Technology. *Management and Design for Productive Work Environments*, 1989:

97—100.

Brandt, E.. Incubators: A Safe Haven for New Businesses. *Journal of Property Management*. 1991, 56（1）: 52—59.

C. M. Brown. The Business Factory. *Black Enterprise*, 1998, 29（3）: 119—124.

T. Tyzoon. Tyebjee, Albert, V. Bruno. A Model of Venture Capitalist Investment Activity. *Management Science*, 1984, 30（9）.

J. Barney. Finn Resources and Sustained Competitive Advantage. *Journal of Management*, 1991, 17（1）: 99—120.

R. Kazanjian. Relation of Dominant Problems to Stages of Growth in Technology-based New Ventures Finkle. J. A.. Incubator Resource Kit. National Council for Urban Economic Development, Washington, DC., 1988. *Academy of Management Journal*. 1988, 319（2）: 257—279.

P. Krugman. Increasing Returns and Economic Geography. Finkle. J. A. Incubator Resource Kit. National Council for Urban Economic Development. Washington, DC., 1988. *Journal of Political Economy*, 1991, 99（3）: 489—499.

O. J. Brooks. Economic Development through Entrepreneurship Incubators and the incubation Process. *Economic Development Review*, 1986, 4（2）: 24—29.

Anne Bollingtoee, John Pulhoi. The Networked Business Incubator: Leveraging Agency?. *Journal of Business Venturing*, 2005, 20（2）: 265—290.

Piero Morosini. Industrial Clusters, Knowledge Integration and Per-formance. *World Development*, 2004（2）: 305—326.

OECD. Technology Incubators: Background Report. *Working Group on Innovation and Technology Policy*, 1997:1—26.

Rothwell R.. Successful Industrial Innovation: Critical Factors for the 1990s. *R&D Management*, 1992, 22（3）: 221—240.

David N. Allen, Syedur Rahman. Small Business Incubators: A Positive Environment for Entrepreneurship. *Journal of Small Business Management（pre 1986）*, 1985（7）: 12.

Hisrich R. D., Smilor R. W.. The University and Business Incubator: Technology Transfer Through Entrepreneurial Development . *Journal of Technology Transfer*, Fall 1988: 14—19.

Colombo, M. Delmastro. How Effective are Technology Incubators? Evidence. *Italy Research Policy*, 2002, 31（7）: 1103—1122.

中文著作：

弗朗西斯·福山著，郭华译：《信任：社会道德与繁荣的创造》，桂林：广西师范大学出版社，2016 年第 1 版。

雷切尔·博茨曼、路·罗杰斯著，唐朝文译：《共享经济时代：互联网思维下的协同消费商业模式》，上海：上海交通大学出版社，2016 年第 3 版。

杰里米·里夫金著，赛迪研究院专家组译：《零边际成本社会》，北京：中信出版社，2014 年第 2 版。

克莱·舍基著，胡泳、沈满琳译：《人人时代》，北京：中国人民大学出版社，2012 年第 1 版。

罗宾·蔡斯著，王芮译：《共享经济：重构未来商业新模式》，杭州：浙江人民出版社，2015 年第 1 版。

唐·佩帕斯、玛莎·罗杰斯著，钱峰译：《共享经济：互联网时代如何实现股东、员工与顾客的共赢》，杭州：浙江大学出版社，2014 年第 1 版。

布莱恩·克雷默著，浮木译社译：《分享经济：如何缔造影响力》，北京：中信出版集团，2016 年第 1 版。

克莱·舍基著，胡泳、哈丽丝译：《认知盈余：自由时间的力量》，北京：中国人民大学出版社，2012 年第 1 版。

艾瑞克·罗威特著，范鹏、褚颖、张培智译：《共享经济：如何迎合商业、社会和环境需求及获取竞争优势》，北京：机械工业出版社，2016 年第 1 版。

杰夫·贾维斯著，南溪译：《分享经济时代：新经济形态，分享什么，如何分享》，北京：中华工商联合出版社，2016 年第 1 版。

鲁斯坦·拉卡卡著，毕晓普译：《经济发展中的企业孵化器》，天津：天津科技翻译出版社，1997 年第 1 版。

科恩、菲尔德著，傅尔也、傅志红译 :《他山之石，TechStars 孵化器的创业真经》，北京 : 人民邮电出版社，2012 年第 1 版。

迈克尔·波特著，陈丽芳译 :《竞争战略》，北京 : 中信出版社，2014 年第 1 版。

约瑟夫·熊彼特著，何畏、易家详等译 :《经济发展理论》，北京 : 商务印书馆，1990 年第 1 版。

安纳利·萨克森宁著，曹蓬、杨宇光等译 :《硅谷优势》，上海 : 上海远东出版社，2000 年第 1 版。

鲁斯坦·拉卡卡、丁亚·拉卡卡著，马凤岭译 :《科技企业孵化器》，上海 : 上海科学技术文献出版社，2006 年第 1 版。

马克·P.雷斯、金娜·B.马休斯著，景俊海、靳辉、贺凯译 :《成功企业孵化器的原则与实践》，西安 : 西北大学出版社，1997 年第 1 版。

萨利·海豪主编，王鸣、王宏卫、姜敬萍等译 :《企业孵化器实用指南》，深圳 : 海天出版社，2001 年第 1 版。

克里斯·安德森著，萧潇译 :《创客 : 新工业革命》，北京 : 中信出版社，2012 年第 1 版。

菲尔·麦肯尼著，苏西译 :《创客学 : 苹果公司也在偷师的创新课》，北京 : 世界图书出版公司，2013 年第 1 版。

阿尔弗雷德·马歇尔著，宇琦译 :《经济学原理》，长沙 : 湖南文艺出版社，2012 年第 1 版。

阿尔弗雷德·韦伯著，李刚剑译 :《工业区位论》，北京 : 商务印书馆，2010 年第 1 版。

迈克尔·波特著，李明轩、邱如美译 :《国家竞争优势》，北京 : 中信出版社，2012 年第 2 版。

颜振军 :《孵化与奋飞 : 如何投资、管理、进出企业孵化器》，北京 : 民族出版社，2000 年第 1 版。

孙凯 :《企业孵化器与在孵企业技术创新》，北京 : 科学出版社，2014 年第 1 版。

赵黎明 :《科技企业孵化器系统研究》，北京 : 中国经济出版社，2014 年第 1 版。

范伟军、周洪兵 :《科技企业孵化器建设 5 模式》，上海 : 上海科学技术文献出版社，2010 年第 1 版。

长城企业战略研究所编：《孵育未来：孵化器发展与创新研究》，桂林：广西人民出版社，2002 年第 1 版。

卢锐：《企业孵化器理论及其发展研究》，合肥：安徽大学出版社，2006 年第 1 版。

文章与论文

詹尼佛·梅里特：《孵化成功》，《商业周刊》，2000 年第 12 期。

李保明：《技术机会与技术创新的决策》，《科学管理研究》，1990 年第 5 期。

邢文刚、马钦海：《一种新的服务开发理念：可持续服务创新》，《商业研究》，2005 年第 17 期。

乔希·麦克休：《满是孵化器的国家》，《财富》，2000 年第 7 期。

李晓锋，王双双：《中关村"车库咖啡"：弥补创业前端服务不足的思考与启示》，《科技管理研究》，2013 年第 13 期。

黛娜·爱德金斯著，吴贻康译：《专业企业孵化器的运作与管理：客户企业的选择与毕业》，《2005 APEC"经济全球化与企业孵化器"国际论坛文集》，2005 年。

温肇东：《欧洲孵化器现状》，《（台湾）2002 年中小企业创新育成中心年鉴》，2003 年。

张臻：《解秘众创空间——众创空间能否坚持小而美》，《华东科技》，2015 年第 5 期。

《孵化器 2014 年年度报告》，《首席财务官》，2015 年。

王德禄：《众创空间对创新创业的启示》，《新材料产业》，2015 年第 6 期。

李双寿、杨建新、王德宇、付志勇、顾学雍：《高校众创空间建设实践——以清华大学 i.Center 为例》，《现代教育技术》，2015 年第 5 期。

李伟：《"众创空间"——新常态下经济发展新引擎》，《中国科技财富》，2015 年第 3 期。

李威：《美国企业孵化器发展的成功经验和启示》，《安徽科技》，2012 年第 4 期。

何伟平：《国内外科技企业孵化器的发展模式比较》，《生产力研究》，2008 年第 19 期。

比尔·汉德森：《加拿大及美国企业孵化器的发展》，《投资与合作》，2000 年第 8 期。

鲁斯坦·拉卡卡、火炬专家小组：《中国国际企业孵化器试点计划》，《国家科委火炬中心》，1997 年第 3 期。

国家信息中心信息化研究部、中国互联网协会分享经济委员会：《中国分享经济发展报告 2016》

主要参考网站：

百度文库：wenku.baidu.com

百度百科：baike.baidu.com

创客空间：www.zhlzw.com

路径空间官网：access-space.org

散文吧：www.sanwen8.cn

中国日报网：www.chinadaily.com.cn

中国科技网：www.wokeji.com

上海新车间官网：xinchejian.com

DRC 创億梦工厂官网：www.drcchina.com

柴火创客空间官网：www.chaihuo.org

北京创客空间官网：www.bjmakerspace.com

南京创客空间官网：www.do-idea.org

成都创客空间简介：www.zhlzw.com

广州梦车间官网：www.mongcj.com

3W 咖啡官网：www.3wcoffee.com

科技寺官网：www.kejisi.com

电源网：www.dianyuan.com

IC 咖啡官网：iccafe.tuweia.cn

传媒梦工厂官网：www.mcdiadreamworks.net

创新工场官网：www.chuangxin.com

乐邦乐成官网：www.leventure.cn

光谷创业咖啡官网：www.ggcykf.com

起点创业营官网：www.istartvc.com

融创空间官网：www.zhongchuangbj.com

飞马旅官网：feimalv.cn.yunlai.cn

搜狗百科：baike.sogou.com

新芽网：newseed.pedaily.cn

创客总部官网：www.91maker.com

启迪之星官网：www.tusstar.com

36 氪官网：36kr.com

创业邦官网：www.cyzone.cn

联想之星官网：www.legendstar.com.cn

北京大学创业训练营官网：www.pkucy.org

天使汇官网：angelcrunch.com

创投圈官网：www.vc.cn

图书在版编目（CIP）数据

分享经济时代的云孵化：众创空间大众孵化体系的
管理运营模式 / 安永钢著 . —— 杭州：浙江人民出版社，
2016.12

ISBN 978–7–213–07690–9

Ⅰ . ①分… Ⅱ . ①安… Ⅲ . ①企业孵化器—研究
Ⅳ . ① F276.44

中国版本图书馆 CIP 数据核字 (2016) 第 275663 号

分享经济时代的云孵化：众创空间大众孵化体系的管理运营模式

安永钢　著

出版发行：浙江人民出版社（杭州市体育场路 347 号　邮编　310006）
责任编辑：汪景芬
责任校对：张志疆　姚建国
特约编辑：方　丽
封面设计：墨白空间·韩凝
印　　刷：北京京都六环印刷厂
开　　本：690 毫米 ×960 毫米　1/16　　　印　　张：16
字　　数：197 千
版　　次：2016 年 12 月第 1 版　　　　印　　次：2016 年 12 月第 1 次印刷
书　　号：ISBN 978–7–213–07690–9
定　　价：42.00 元